全球治理研究丛书

全球治理与国家责任

"全球治理·东湖论坛2015"文荟

Global Governance and National Responsibility
——Anthology of the First "Donghu Forum on Global Governance"

欧阳康 ◎ 主编

中国社会科学出版社

图书在版编目(CIP)数据

全球治理与国家责任:"全球治理·东湖论坛2015"文荟/欧阳康主编.—北京:中国社会科学出版社,2016.11

(全球治理研究丛书)

ISBN 978-7-5161-9266-5

Ⅰ.①全… Ⅱ.①欧… Ⅲ.①国际政治—文集②发展战略—中国—文集 Ⅳ.①D5-53②D60-53

中国版本图书馆 CIP 数据核字(2016)第 262880 号

出 版 人　赵剑英
责任编辑　喻　苗
责任校对　胡新芳
责任印制　王　超

出　　版　中国社会科学出版社
社　　址　北京鼓楼西大街甲 158 号
邮　　编　100720
网　　址　http://www.csspw.cn
发 行 部　010-84083685
门 市 部　010-84029450
经　　销　新华书店及其他书店

印刷装订　三河市君旺印务有限公司
版　　次　2016 年 11 月第 1 版
印　　次　2016 年 11 月第 1 次印刷

开　　本　710×1000　1/16
印　　张　19
插　　页　2
字　　数　274 千字
定　　价　69.00 元

目　录

开幕式

主题报告

第一分论坛　全球治理的基础理论

第二分论坛　全球治理的具体实践

第三分论坛　全球治理与"一带一路"

第四分论坛　全球环境与资源治理

第五分论坛　理念创新助推全球治理

第六分论坛　全球治理与中国参与

第七分论坛　全球治理与社会、政治及文化

闭幕式

Contents

Opening Ceremony

Plenary Lectures

The First Sub-Forum: Theoretical Foundation
of Global Governance

The Second Sub-Forum: Practices
in Global Governance

The Third Sub-Forum: Global Governance &
"One Belt One Road"

The Forth Sub-Forum: Global Environment & Resource Governance

The Fifth Sub-Forum: Theoretical Innovation: A Boost to Global Governance

The Sixth Sub-Forum: Global Governance
and China's Participation

The Seventh Sub-Forum: The Social, Political and Cultural Issues of Global Governance

Closing Ceremony

开幕式

中共湖北省委书记、湖北省人大常委会主任李鸿忠致辞

尊敬的各位来宾，女士们，先生们，大家早上好！

欢迎大家来到美丽的东湖之滨，我们共同探讨"全球治理·国家责任"，这一人类共同关心的话题。借助这个机会，我代表中共湖北省委，湖北省人民政府对论坛的召开表示热烈的祝贺，对远道而来的嘉宾表示诚挚的欢迎。东湖论坛是我们湖北省政府打造的全方位的学术对话交流的平台，目前依托我们湖北省高端的学术资源、科研资源，增进湖北·武汉与世界的互动，建设具有世界影响力的学术研讨会。

武汉东湖宾馆在中国是有很高的影响力和知名度，因为这个地方是毛泽东主席在北京中南海之外居住时间最长的地方。他把这里称为"白云黄鹤"的地方，是非常有文化品位、具有诗意的地方，在这个地方毛主席会见了很多国家的政要，今天各位嘉宾和领导聚集在这里，为全球的治理和完善贡献自己的力量。

中国国家主席习近平指出，现代的事情需要国家共同商谈，追求国家正义，已经成为多数国家的共识。当今世界全球化进入高速的发展，各国的利益和命运，更加紧密地联系在一起，形成了"你中有我，我中有你"的命运共同体，很多事情不是一国内务，不是一国之力可以解决的。现在全球经济化，反对国际恐怖事件等事情需要大家一起协同解决。现在经济全球化，从一元单向转为多元治理。国家治理和省市治理在全球治理中承担主要的治理责任。

中国政府致力于推动国际经济治理体系的改革和完善，积极引

导全球经济秩序，促进国家经济秩序朝着平等、公正、合作、共赢的方向发展，随着国际治理理念和体系的完善，包括各国在内的主体通力合作，加强政府组织、非政府组织乃至高校研究机构之间的国际交流和合作，共同研究当前面临的全球性问题，推进全球国际治理活动，通过全球治理体系治理国家是世界各国的共同愿望。本次论坛具有这样的历史性使命。湖北省地处中国的中部，处在长江中游连接南北的国家地理中心位置。湖北历史悠久，文化底蕴深厚，远在 2500 多年前的春秋战国时期就创造了灿烂的楚文化，是古丝绸之路的重要路径，科教资源丰富，工业基础扎实。我们今天开会的地方是湖北省的省会城市武汉，武汉位于长江边上，早在 100 多年前被誉为"东方芝加哥"，在 20 世纪 90 年代初以出口贸易为主。当前我们湖北省正在贯彻落实中共十八届五中全会的精神，以创新、协调、绿色、开放、共享五大发展理念为引领，统筹我们的改革发展。大力实施开放先导战略，强抓"一带一路"、长江经济带、长江中游城市群。构建开放性经济新体制，加快建设内陆开放，推进武汉东盟、武汉日韩航线的建设，推进汉新欧、国际搬运枢纽，融入国际经济贸易链。支持武汉外国领馆区域的建设，密切与东亚、欧美等国家的联系，加强欧盟和发达经济体的合作，加强治理经济和贸易。近年来湖北省在面对金融危机、经济下行的方面在转型发展上积累了一些经验，但是我们面临大都市的治理、对相当一部分贫困人口的扶贫和脱贫、对生态文明保护等问题带来的许多挑战。这次论坛以"全球治理和国家责任"为主题，我们相信必然会为湖北带来先进的治理理念，开放的国际视野和十分宝贵的资源。我们热情地期待本次论坛圆满成功，祝各位外国使节在武汉生活愉快。

教育部社会科学司副司长徐青森致辞

尊敬的李鸿忠书记，尊敬的各位领导，各位专家，女士们，先生们，大家上午好！

很荣幸能够参加本次"全球治理与国家责任"国际研讨会，在此我代表教育部社会科学司向研讨会的召开表示热烈的祝贺，向在座的各位领导和嘉宾表示诚挚的问候。当今世界国际力量发生深刻变化，世界格局呈现出多样化趋势，能源、粮食、网络、气候安全等全球性挑战日益增多，全球格局变革处在历史的转折点。与此同时，随着改革开放的深入推进，中国作为负责任的大国，已经步入世界舞台的中央，全球治理需要全球各国的智慧和参与。近期习近平总书记在很多场合深刻阐述了全球治理的内涵和要求，推进主权平等、公平正义、公共安全，坚持共同发展、合作共赢、包容互鉴，推动全球治理民主化、法制化，推进全国治理向更加平等的方向发展。在新形势下，以审慎的目光、理性的思考、科学的态度，回答中国参与全球治理中的重大理论现实问题，是时代赋予我们的新课题。哲学科学工作者面临难得的历史机遇，也担任光荣的历史使命。今天来自各国的驻华机构、世界知名学府、知名智库机构和专家代表共聚一堂，共商全球治理大计，交流经验，凝聚共识。我相信研讨会的召开将深化我们对全球治理的认识，对全球治理工作具有积极的影响。

荆楚大地，人杰地灵，作为科教大省，湖北省人口密集，科研机构云集，教育能力位居全国前列。湖北省超前布局、多措并举取得了长足的发展。湖北省形成科教育人的特色，鼓励高校、企业和科研院所共同参与学科建设和科研研究。实现了高校特色产业和高效产业专业对接，提升了高校特色治理能力，目前湖北有多家协同创新中心进入到国家行业。湖北高校进入国家发展机制，优化创新要素配置，提升高校的师政服务能力，在国家首家高端试点之中也有湖北的一席之地，可以说高校试点的优秀经验在全球发挥了很好的示范作用。

近年来，华中科技大学具有了特色的文科发展思路，尤其是近年来学校抓住智库的建设，形成了学科建设和新兴智库建设和谐发展的良性互动格局，国家治理研究院也应运而生，研究院成立以后，聚集各大问题，不断提升咨政问题，多项咨政成果得到党和国家的重视，为新兴高校智库建设积累了经验，对全国的高校智库建设具有启发和借鉴作用。大学承担了人才培养、科学服务、文化传承的作用，在新兴智库建设中，大学具有独特的特色，在政策研究中占有很大的优势，中国高校资源非常丰富，积累了80%以上的科学智力力量，学科门类齐全，有利于汇集多学科的力量，可以对破解问题提供方案，有利于深入扩展人文交流和公共外交。在新形势、新要求下，迫切要求我们构建世界一流的大学和学科。深化综合改革，进一步整合优质资源，深化国际合作，不断提高建言献策质量，不断发挥大学的战略建言、政策研究、人才培养、公共外交的作用，全面符合国家的发展大局。

本次会议规模大，内容多，议题丰富，涵盖了全球治理模式和运行机制等方方面面，衷心祝愿在座的各位专家，利用这一平台，广开思路，广泛交流，推动中国全球治理的研究，提升应对全球治理的能力。最后预祝本次会议圆满成功。谢谢大家！

华中科技大学党委书记路钢致辞

尊敬的李鸿忠书记，各位领导，各位使节，各位专家，尊敬的欧阳康主席，女士们，先生们，老师们，同学们早上好！

经教育部批准，华中科技大学国家治理研究院联合中国世界和平基金会今天在这里举行"全球治理与国家责任"国际研讨会，我代表华中科技大学向莅临会议的各位领导和来宾表示欢迎，向长期以来关心、帮助、支持华中科技大学发展的各位朋友表示诚挚感谢。

女士们，先生们！500多年的世界现代史，在塑造人类历史进程和影响文明发展的同时，促生了一批具有国际影响力的大学。自1840年以来中国近现代史虽然至今尚不足200年，但是我们已经看到今天的中国正迈向全面建成小康社会，实现"两个百年"奋斗目标的伟大中国梦，中国梦和"一带一路"的伟大进程，无疑呼唤着中国的一些大学进入治理的问题以及全球层面、国家层面的治理问题。华中科技大学遵循习近平主席的意见，努力建设世界一流大学。长期以来华中科技大学关注环境与健康，关注智能制造与绿色制造，关注光电子与新一代通信，关注清洁能源与新材料，关注公共卫生和生物医药等领域。我们在环境领域，华中科技大学提出"大气、水资源开发的新技术"，加快水资源高效利用，改善生态环境。在清洁能源方面，华中科技大学牵头中国十多家机构与美国十多家机构合作，在湖北应城市建设了35MWth富氧燃烧碳捕获示范装置。在通信方面，华中科技大学光电通信实验室已经成为国家一流的试验中心。在基础大科学领域，如华中科技大学的脉冲强磁场，中国国家重大技术重要实施工程是世界上四大脉冲强磁场科学中心之一，将会促生一批理论和技术型成果。建设在华中科技大学的另一个国家重大基础设施工程——机理重力设备，上个星期已经破土动工。在卫生与治理方面，华中科技大学附属的武汉协和医院、武汉同济医院是湖北地区位列第一的医院，在国际上也有影响力。最近华中科技大学工程科学学科被国际评为全球前 20 位，计算机学科被评为 21 位，材料学科被评价为 50 位。

女士们、先生们！华中科技大学始终以引领社会各界为己任面向中国，落实中国"十三五"，面向世界，面向人类的问题，努力为"十三五"提供人才支撑和技术服务，努力为人民做出更大的贡献。

2014 年 2 月，华中科技大学成立了国家治理研究院，研究院诞生以来，一直得到中共湖北省委、湖北省人民政府大力支持和指导，在以欧阳康院长为首的全体专家、学者共同努力下，国家治理研究院举办国家治理的主题论坛，承担教育部、湖北省等一系列重要议题，在这里我要特别提到，国家治理研究院院长、教授对提出的治理华北方案引起了习近平主席、李克强总理和中央部委的高度重视。华中科技大学的国家治理学院的发展，一直得到湖北省委政府大力支持，特别是得到了李鸿忠书记的全程指导和关怀。2014 年 10 月李鸿忠书记到华中科技大学现场调研，执政办公，给予了持续强大的动力。湖北省委省政府对本次会议提供了大力的支持，李鸿忠同志专门做出指示，将本次会议列入将来的东湖论坛当中，华中科技大学将以此为契机，努力打造"东湖论坛"为高端学术平台。为增进中国和世界的相互交流，推动中外学术交流做出积极的贡献！最后衷心祝愿各位领导、各位嘉宾，身体健康，万事如意，谢谢大家！

中国世界和平基金会主席李若弘致辞

尊敬的李鸿忠书记，尊敬的傅秘书长，甘副省长，尊敬的各位驻华使节和各位朋友们，刚才开完世界气候大会，湖北省委省政府就关注到全球治理这个大课题，我们由衷的高兴，再一次体现关心祖国，促进和平发展和多边合作的新形式。

这次来的各位驻华使节代表团是有代表性的发展国家，比如说突尼斯国家，它们茉莉花革命的爆发，最后成功推翻本·阿里政权，它们的民主、开放为世界民主做出了表率。马尔代夫致力于气候变化行动，牵头岛国联盟，保护国土完整和海洋资源。巴基斯坦国家是受气候影响最严重的国家之一，又是反恐国家之一。古巴在拉美共同体发展和控制艾滋病毒的传播中发挥着积极作用，摩洛哥在节能减排方面发挥示范作用，这些国家和中国一同共享全球治理。在全球治理中要维护本国的权利，也要符合各国利益。在国际治理理念与行动、实效上如何协调平衡，在资源配置上人才、智库、资金、信息如何进行南南合作和南北合作，政府、企业和非组织机构如何跨领域合作，还有文化多样化，跨宗教合作，可持续发展目标等，我们希望通过这次东湖论坛不仅取得学术成果，同时，华中科技大学国家治理研究院和中国世界和平基金会可以起到桥梁作用，以人文外交、社会责任、多元文化、跨领域合作等驱动模式将国际资源推动起来，促进各国间友好城市的交流，友好行业的合作。建立国际智库联盟的价值体系，为湖北省"一带一路"的战略运行和经济、文化走出去建设、跨领域城市群的发展、PPP 项目做出贡献。

　　我很荣幸，华中科技大学是我的母校，在此我谨代表中国世界和平基金会和北京和平文化基金会以及我代表的国际组织和驻华使节代表团，感谢湖北省委、省政府和华中科技大学的盛情支持和款待。希望这次论坛可以成为国际品牌的论坛，长期办下去，越办越好，祝福本次大会圆满成功，谢谢！

华中科技大学国家治理研究院
院长欧阳康致辞

尊敬的李鸿忠书记，傅德辉秘书长，甘荣坤副省长，尊敬的徐青森司长，尊敬的各位驻华使节，尊敬的海内外嘉宾，大家好！

"全球治理与国家责任"国际研讨会隆重开幕。请允许我代表主办单位，代表华中科技大学国家治理研究院全体同人对亲临本次活动的嘉宾、领导和同学表示感谢。向一直关心和支持我们的院士表示最诚挚的感谢，谢谢你们！

刚才听了李鸿忠书记代表省委省政府的讲话，听了徐青森司长代表教育部的致辞，听了路钢书记对华中科技大学的殷勤的嘱托，听了世界和平基金会李若弘主席的致辞，我深受感触，大家对于全球治理热切的期盼，对于全球治理和国家责任的深刻关心，激励着我们一定要开好本次会议，一定要做好以后的工作。请允许我对本次活动汇报一些内容。

全球治理在国家治理中的定位，我们制订了每年开一个国内学术会，一个国际学术会的计划。至 2014 年 7 月我们开了农村集体所有制研讨会，会后确定了 2015 年国际会议的主题，也就是全球治理与国家责任。李鸿忠书记 2014 年 5 月 4 日到华中科技大学视察中，对我们提出了推动全球治理体系和国家责任的重大体系，推进国家治理体系和治理能力现代化若干重大问题研究。在初步完成省市治理问题之后，我们进一步研究湖北省治理和现代化提出一系列的方案。随着国家和省级研究的深入，我们深感中国的和平崛起，特别是我们能否抓住特殊的国际机遇，而且也直接受到全球体制的制约和影响。为此，中国要很好地适应和融入全球治理格局，也要融入推进和引领全球治理体系的公正和发展。2015年入夏以来，我们又在紧锣密鼓筹备这次会议，我们看到中央政治局于2014年11月12日集体学习和研讨全球治理问题，习近平主席做了极为重要的谈话，中央领导高度重视，表明这件事情的重要性和紧迫性。大家知道全球治理研讨会的预备有较长的周期性，我们本次召开的会议是中央政治局学习全球治理问题以来，首次以全球治理为主题的学术研讨会，习近平总书记的重要讲话给我们的研究提供了强大的动力并指明了方向。党的十八届五中全会通过我国"十三五"发展规划的建议，是中国共产党诞生以来最为关注全球治理的一个规划，作为中央十八届五中全会精神的宣讲人员，我一直将十八届五中全会精神带到每一次宣讲中。在对相关领域和单位的调研与各方的接触中，我深感中国发展所有的领域都与世界格局发生内在和深刻的联系。从国家治理、省市治理以及县乡治理的各个领域，到政府治理、企业治理、市场治理各个方面都离不开国际环境和全球治理的大局。

而世界格局和全球治理的每一个变化，都间接地影响着中国。而当今的世界出现了一个非常奇特的现象，几乎所有的领域都出现了一种特殊的顺双向背反。

第一，经济一方面全球化，而世界各国的经济多极化发展，国家的利益和全球利益之间出现了诸多共同的方面，也出现了诸多分化的方面。人类面临的危险在每一个层面展现出来，从最低的生态层面，全球面临着灾难，而从最极端的现象，恐怖主义成为全球的威胁，他们有生态、能源等问题，在这样一个背景下，人类如何治理好全球，已经需要极大的智慧、勇气和全球的协调。习近平总书记要求我们要善于把握国际和国内两个大局，从理论和实践的角度，深刻指出了全球治理和国内治理的内在相关性。我们认识到，中国的"十三五"将在全球治理体系下迅速的变革中展开，中国必须清晰地认识和自觉适应这种变局，以消除对中国发展的不利影响，也应该协同发展，引领这种变局，始终向有利于中国崛起的方向发展，以促进我们良好发展的条件，因此我们要更好地推进中国治理体系的全方面构建和治理革命性的提升，甚至可以说，通过内外兼修而建构体系，既能引领中国全面建成小康社会，又能有效适应和引领全球治理格局的综合治理体系，发展出真正能够"治国平天下"的能力。这既是中国和平崛起的重要条件，也是中华民族伟大复兴的重要标志。2015 年 1 月 9 日光明日报理论周刊政治版刊登我的一篇短文《全球治理变局与中国治理能力的时代性提升》，中国的"十三五"将在全球治理体系的迅速变革中展开，大家可以去看我的这篇文章，有不同的意见欢迎批评指正。

第二，关于全球治理与东湖论坛的定位，我们筹备本次全球治理与国家责任的国际学术会已久。但是我们把它提升到东湖治理 2025 年治理，超出了我们原先的设想，今天这个会议能够在湖北东湖宾馆召开，这要归功于省委省政府的关心支持，归功于李鸿忠书记的敏锐和胆识。李鸿忠书记亲自召开"十三五"专家座谈会，我在汇报了"十三五"的一些思想以后，也汇报了这次会议的思想，邀请李鸿忠书记参加本次会议，李鸿忠书记对本次会议做出了高度的评价，也邀请外宾参加了此次会谈。李鸿忠书记 2014 年五次到华中科技大学视察，专门向我们下达了省级治理体系，我们完成了这个课题。再来解释国际的这些情况，我们发现省级治理我们已走到省级制高点，同时我们对湖北省的治理方案，也提出了"十三五"方案。展示了省委省政府主要领导的政治敏锐和学术共识，引领我们努力的方向。

本次会议的筹备得到了省委办公厅、省政府办公厅、省外办和东湖宾馆所有单位的亲切指导。湖北国家治理研究院的发展，一直得到湖北省相关单位的支持。今天各位领导来到我们的会场我们非常感谢。华中科技大学党委非常重视本次会议，给予了直接的关心。刚才在会见外交使团的时候，李鸿忠书记谈了湖北省在全球治理中的地位，并谈了很多全球治理的想法，我非常赞同。我们的会议得到教育部的高度重视，教育部正在接受中央巡视组的巡视，委派徐青森副司长专门参加本次会议进行致辞。这一切给予我们极大的鼓励，外交部邀请了驻华大使来参加本次论坛。全球治理东湖论坛的开启是天时、地利、人和汇聚东湖之滨的一个契机。

举办东湖论坛不仅仅是必要也是合适的，对中国与世界都有意义。就其自然地理位置而言，武汉不算是中国地理中央，武汉在国土东南片，人口最密的低端，习近平总书记和李鸿忠书记都提出了"建成支点，走在前列"的要求。近年来，湖北武汉生态建设和政治党建做出最大的建设，对中部崛起提供了重要的战略机遇，关注湖北省"十三五"未来发展，汇集湖北高院，造就湖北高峰，引领中国发展。现在说，还不够。只有顺应、引领世界才能更好地发展和引领中国与湖北。某种意义上可以说，湖北的跨越式发展，首先是思想的跨越，只有当我们站在中国和世界的高端来看湖北和武汉，才能更自觉、更成功地走向未来。我每次走到东湖宾馆就会想，毛主席为什么除了北京之外，在武汉东湖度过最长时间，他在这里看东湖，看世界。我甚至在想全国谁能够更好地走向世界，才能最好地引领世界；以内向外，以外向内，才能更好地制定出发展战略。本次论坛我们在这里共同谋划和讨论全球治理与国家责任。中国治理智慧的升华点，成为中国治理的交流点，治理交流碰撞的殿堂。

第三，关于全球治理与国家责任的会议主题，本次会议以全球治理与国家责任为主题，我们希望它能够从理论与实践的基础上展开，在邀请函中我们提出了五个方面的思考题，包括全球治理的经验与碰撞、基础与价值，包含国际组织的作用和中国责任。在这里包含了发展中国家和发达国家，全球治理与新国际组织等，与会的代表来自 10 多个国家，既有发达的国家，也有落后的国家，既有强国，也有弱国，大家从不同的角度看全球治理，带来自己的真知灼见。我们安排了两个主论坛，三个分论坛，我们希望为各位提供更多的交流机会，希望为全球治理奉献智慧和建议。

我们一定会共同努力把这次会议开好，谢谢大家！

主题报告

没有帝国的区域整合

廖子光

几个月前，我在维也纳开了一个会，这个会讲的是区域整合，是一个国际发展大话题，我写了一篇论文，当时读了很多文献，都是在全球层面讨论的，所以我非常高兴在这里跟大家谈一谈全球的问题。

说到论文跟我们在这里展示的还不太一样，我的论文是《没有帝国的世界秩序》，也许是我提交不够及时，大家可以到我的网站去读我论文相关的内容。

最近几个月有很多人讨论世界秩序的问题，从这个角度来讲，也是基辛格博士的书带来的广泛讨论，这本书是他自己关于世界秩序的一些看法。请大家可以去读一读。

当然很多人会讲，那个书里面的内容并不是很准确。全球的局势虽不太好，但也不是很差。从2007年开始，金融危机爆发，在1971年的时候，也爆发了一场金融危机。

之前很多人谈到霸权主义的问题，布雷顿森林体系倒塌以后，还是通过美元来支撑，这种体系是不可持续的，美国等很多国家都面临政府的赤字问题。从某个角度来讲，法国用美元就会受到质疑，因为美国有很多黄金储备来支持美元体系。所以要支持一个货币需要大量黄金的储备，美国说在二战的时候救过你，希望在金融危机时候也能得到一些帮助。有一些事情很严肃，曾经在英国的时候，也存有很多的美元，当时尼克松说，我们有一个新的法律。我们货币的支持不仅是黄金，而且是来自政府相关政策和政府公开宣布的内容。大概是在一战的时候，人们不断思考黄金和货币之间的关系，当初世界金融危机的时候，人们一开始思考如何去构建新的社会秩序，美元实际上就是一种纸币而已。那么我们就用这种纸来代表所有的财富，这样行吗？

很多的美元代表着财富，但并不是在所有的地方都是通用的。比如说对有一些非常依赖这些货币的国家来说，它们会遇到一些问题。所以最近有很多人讨论区域的整合，是一个非常大的话题，我们有很多相关的例子，比如说欧元区是一个区域整合的例子，是一个庞大、非常具有雄心壮志的区域整合。那么我们也想说，现在情况并不是太好，现在欧元区的政府，也想解决它们所面临区域的问题。因为欧元并不是一种能够解决其中区域所有问题的货币。所以说，这个货币能够解决的问题是有限的，不是一个区域当中一个国家的货币，而是区域中间整体的货币。我们知道希腊就借助这样一个机会，借了很多债，借这些债都没有了极限。所以在全世界我们都说，欧元区，包括其他地区是有问题的。

如果你读论文的话，你会发现德国对希腊无限借债是不太满意的，当然有一些机构，中国也加入了，并且形成了联盟。我想说的就是如果你只有很多的欧元，其中所存在的风险，货币所代表财富的价值和生产的价值之间会有一些差异，这种超越了它所代表这种价值的体系，就使得劳动力的价格开始下降。其中就会存在一种不可能画成圆的圈，他们就把很多的产品卖到国外，包括中国也把很多产品卖到国外。当然这是通过出口来推动国内的经济发展。之所以这么做的原因是因为国内的经济，很多公司都依赖于出口来提升自己运营的效率，包括营收。如果这家公司说在出口，那说明这家公司运转得还不错。

如果说中国的出口，中国持有很多外汇货币，那么这些货币产生的风险就会比较大。也同样会影响到国内经济，中国一直在进行改革开放，无论是政府还是非政府组织当中人们都非常理解这一点，但是他们也有很多事情无能为力，因为整个经济是取决于美元的。所以我之前写了一篇文章，其中就讲到了"美国的霸权主义"，不仅跟中国有关，跟其他国家也有关，中国是有能力来塑造新的货币体系的，不仅可以用人民币，也可以用美元，货币的量是可以使用的，其中也可以取得一些好的效果。对销售经销商来说，他们不一定非得用美元、欧元来付款，中国把很多商品运到美国，获得美元再用美元来购买一些其他的产品，比如说石油。整个过程当中，都会涉及所有的霸权主义，就是所有的货币的霸权主义，也就是所有美国货币的霸权主义。通过国际贸易中美元的交换和置换，也是美国政府一个很重要的全球策略。国际局势实际上并不允许说你能够实施所有这些学者的建议。WTO就要求所有的成员国就按照这个规则要求来做事，并且同时不能够影响到世界储备货币，也就是美元。

所以，世界贸易组织更像是一个保障性的组织，好像保障只有美国而已，从美元的角度来讲。中国经过了很多年的谈判和磋商才加入这个组织，大概是八年前加入的。最后我们就发现，其实很多时候，我们可以看到世界贸易组织这个组织并不是那么好，举一个例子，我们有很多国际的银行，比如说欧洲的银行，很多债务它们无法使其得到平衡。在这个时候，很多国际组织就会保护这些银行，当然有一些银行是这种国际合作的银行，还有一些国家的银行跟国家的福利体系有联系，比如说退休体系，如果这个银行倒闭了，这个国家的人就无法享受这个国家退休的福利，等等。这些银行会很好地帮助商业界来完成非常复杂的任务和项目，高盛公司也谈到，这是国家高速发展时期的一个特征。

国际的经济很难一下子有所改善，我的观点是我们要重塑一种国际的经济。大家知道美国的美联储和政府，它会告诉你这个事情的情况在改善，但是并没有改善，他们只是在说而已。这个事件在资金流动上在加强，但是在其他方面还是有很多问题。现在有人提议，世界经济患了一种病，比如说冰岛这个国家，有很多英国人挣这个国家的钱，而且他们的营利模式非常好，所以这些英国的银行就非常乐意去借钱给冰岛人民或者项目，然后他们拿到这个钱再到世界货币组织逐渐变成比较富的银行。冰岛所采取的策略就是，你已经拥有了我们很多的资源，所以在遇到经济危机的时候，不好意思，我们不能偿还某些债款了。你不偿还就会损伤你的信誉，但是他们说信誉已经在某个方面受到了损伤，尤其是在经济下滑的情况下。

比如说有很多福利，都受到了影响，国家甚至还有一些示威游行等，政府在里面的作用我们需要思考。有人批评前一届政府，但现在的政府还是在做类似的事情。但是在冰岛的这些英国银行，也非常欢迎这些借款，呈现他们很慷慨的形象。英国的撒切尔夫人说英国的经济非常好，还有他们的劳动力。当时英国的撒切尔夫人说对经济我们没有其他的选择，我们只有用这样一种方案。因为我们是一种资本主义市场经济，但是在当时来看，这种看法并不是所谓的明智之举。到底当时发生了什么事情？

从现在角度来讲，我们整个世界经济效率还是比较好的。我们已经设法不断去减少整个全球生产体系当中的人力成本，但是产生了一个问题，就是说越来越多的人的收入在减少，同时有一大批人他们的财富在不断积累。其中可能就会有一种情况，大部分的人会受到这种剥削的感觉，尤其是在劳动力市场上，你如果想去很好地运营商业，你需要很好的信誉，如果没有信誉，生意做不了，你只能回家。这个教训告诉我，并不是由债务所驱动的，而是由信用所驱动的，这才是正确的方向。充满信誉的人，尤其在整个体系当中，政府的信誉是最大的，它应该是能提供背书的，如果政府的信誉出现问题，可能会出问题。

（哈佛大学教授）

马尔代夫驻华大使
穆罕默德·费萨尔发言

非常感谢，女士们，先生们，大家早上好！

我非常荣幸能够来到这里，并且和大家分享一下关于全球治理方面我的一些看法。马尔代夫作为世界上最小的一个独立的国家，我们认为现在的全球治理框架是非常重要的，能够让不同的国家协同合作，马尔代夫是最早加入联合国成员国的一个岛国，今年实际上是我们加入联合国的五十周年，也是我们独立的五十周年。

马尔代夫很早就申请加入了联合国，那个时候它刚刚成为独立的国家，这说明我们加入全球社区的决心，我们希望创造更好的未来，起到非常重要的作用，尤其是我们如何加入全球的经济组织，我们的经济体如何被调控，并且我们的全球货币如何进行传输，我们的共同安全如何得到保障，我并不是一个专家，所以我不会评判这个系统的性能。但是作为一个适用主义者，我个人的观点是我们应该可以有更多的成功，我们需要对现状进行一些改革，尤其是在21世纪，正是因为这个原因，马尔代夫和其他的国家共同致力于全球治理方面的改革。

马尔代夫需要联合国一起进行系统的改革，我们相信21世纪系统的改革需要一个全球化的解决方案，当我们谈到联合国71次大会的时候，主席说，我们联合国的发展目标是要选举性地发展，我们面临更多的贫困问题，我们关注的中心是人，他们的利益需要得到保护。我们在联合国遇到很多阻碍，为什么我们的安理会只讨论枪和炮的问题，为什么我们安理会不谈和平的问题，不谈人民多维化的问题。为什么这些讨论集中在一个机构，我们觉得不同的问题需要从不同的角度来审视，这是我们应对危机的唯一办法。在现实中，我们主要的问题是需要真实的解决方案，我们面临新的挑战，我们需要以不同方式来面对我们的工作，需要以不同方式开展我们的工作。这样做有三个原因。

第一，我们认为多边和多维的合作是解决所有问题的方法，就像部长说过的，不能把这些问题，分门别类，不同看待。比如说我们看到欧洲难民的情况，发现是内战使人民流离失所，这是战争带来的经济、生活的损害。

第二，我们需要大国，这个体系是一个多边合作的体系，我们需要全球多边合作和共同协同。但是今天有一些具体的措施，我们全球合作并没有做得非常好，对地区间、地区外的合作没有做好，为了更有效地合作，应在多元化的角度形成多边的论坛，比如说我们刚刚举办的联合国大会。

第三，世界格局复杂交错，比如说在上海股市一个暴跌，可能会导致世界所有国家都受到灾难性的影响，会给我们制造很大的压力和恐慌，使我们这些小国家更加依赖大国、更加脆弱。

女士们，先生们，现在我呼吁大家，我们不仅仅是双边的对话，多边主义需要我们在新的事情上协同合作，我认为多边合作仅仅来实现多边主义还不够，我们需要包容更多多边主义，尤其是我们全球的公共产品，还有我们的气候变化，对于我们这些发展中国家和岛国面临的危机，现在我们需要找到不同的解决办法。我们需要避免过度的对话以及经济的牵制。

下面谈一下"一带一路"，我认为这是我们可以协同合作得很好的办法，可以看到未来。我们怎么样以不同的做法来完成我们的任务？习近平总书记在 2015 年提出"一带一路"，一个是陆上丝绸之路经济带，一个是海上丝绸之路，为我们带来了很多贸易和投资。但是还有一些好的概念没有很好地整合，我相信这些举措可以改进我们之间共同通力合作以及国家间多边区域合作发展目标。"一带一路"有一个重要的愿景，我们要重燃古代丝绸之路的精神和希望，希望开展和平的工作，公开和包容。在文件中指出，我们新世纪面临很复杂的挑战，这需要我们全球合作体系通力合作，并且在和平和发展、合作和共同利益的前提下开展我们的工作。我们"一带一路"一定会实现我们双赢的工作，不同国家都有自己的特异性，每个国家所需要的东西都是独特的、不同的。

每个国家确实都是不同的，它们的需求是不同的，所以它们的解决办法也不同。民主的基础是我们所有的公民在决定国家政策制定时能够发出声音，所以国家需要有我们这样民主的权利，决定我们如何发展。实现合作，我认为对"一带一路"是一个重要的元素。

在第十届南亚发展论坛上，我们以信任、真诚为基础，以"一带一路"为基础，来实现我们多极化的发展目标，实现我们经济全球化，文化多样化，更好地使用我们的科学技术，并且增进地区合作。

女士们，先生们，21世纪确实带给我们非常多的希望，尤其是全球治理系统改革，这个当然是建立在互相信任以及全球合作的基础上。我们再回顾过去全球治理的情况，看到随着时间不断演变，不断适应今天现实的发展，重蹈覆辙并不是一件好事，我们要运用我们的系统，以新的技术为基础，为不断演进、不断变化的现实社会找到解决问题的方案。融合全球治理的系统，让它变得更加多元化，更加互利，同时得到共同发展。这是全球所致力的，希望大家生活愉快，感谢。

突尼斯驻华大使塔雷克·阿姆里发言

　　非常感谢，首先我想感谢会议各方来参加这次会议，那么我准备了一个视频，这个视频先不放。我想感谢所有人，特别要感谢我的朋友李先生，那么我一直把他叫作我的朋友。大家知道如果你到一个地方，你得有一个朋友，有一个兄弟，有了他们很多事情就容易办了。他是我的老大哥，他帮我了解中国，并且他做了很多努力，帮助我们外交界了解中国、理解中国、感受中国。我觉得中国很多方面做得非常棒。我们需要知道未来的方向包括在中国哪些方面是成功的，哪些经验我们可以借鉴，哪些举措我们也可以回去实施，对于我们来说这就是治理上的合作。

　　我没有准备书面的东西，我可能比较自然地非正式地跟大家谈一谈。我刚开始用英文讲，待会儿会用法语讲。刚才穆罕默德·费萨尔教授讲到冰岛和英国的例子，最后我想问一个问题，您能不能给突尼斯提一个意见，避免我们重蹈希腊的覆辙。经济风暴席卷了很多国家，欧盟是其中之一，很多方面都受到了影响，其中包括政策的制定、移民的问题。比如说冰岛，他们拒绝支付他们的债务。从治理的角度来讲，他们是不是尽到了政府治理的责任了呢？

　　比如说社会主义阵营，包括其他的阵营，不同的阵营可能会面临不同的挑战，曾经的苏联，现在的俄罗斯，现在的美国都面临不同的挑战，在中国，我相信中国在未来可能会扮演更重要的角色，因为我是一个外交官，所以我在选择措辞的时候，也要非常的谨慎，因为我生活在中国，工作在中国，所以，我首先要表示我的感谢。但是我想说的这些，不是简简单单这个原因，我是一个外交官，我希望通过一个观察者的角度来看中国，中国对世界的贡献非常大，中国的政策也是基于很多历史，包括非结盟运动成员等，这些都是中国国际政策的一些基础。我的确非常赞同这些策略，但是我觉得国家和国家的关系，就像人和人之间的关系、朋友跟朋友之间的关系一样，我们需要不停地分享，所以借此机会我想呼吁中国更多和世界国家分享自己的理念和想法，中国是如何成功推动经济发展的。

我在 2007 年的时候，作为游客游览过中国，我先到日本，再到中国。2013 年的时候，我就正式被任命为大使来到中国工作，仅仅在五六年当中，我看到了翻天覆地的变化。这样一个国家如何取得如此巨大的变化，五六年就可以取得这么大的变化，尤其是在经济方面，社会、文化方面也取得很大的进步。我们看到很多的改善，甚至包括人民的素质、教育，甚至包括法律的制定、实施，还有人民日常的行为准则，都有很大的提升。所以中国的进步是很大的，同时中国面临的挑战，也依然是存在的，因为大家知道美国只有 4 亿的人口，但是在美国也存在一些贫困的问题，包括医疗体系，在美国有一些人去不起医院，付不起医疗费，奥巴马就说过，这个医疗体系只有不断地改革，才能够真正算是一个国家的成功。然后他推动了一些医疗体系改革的法案，在美国就遇到很多的挑战。大家知道中国有 13 亿人口，我们要给这么多人提供医疗保障，提供希望，这是非常重要的。我知道中国人都充满希望，他们的希望越多，就会变得更加富有，更加的健康，内心的希望是一股强大的力量。我想说，中国在未来世界上可以扮演更多的角色，更大的角色。我也希望中国在未来不仅是平衡全世界的力量，平衡世界威胁的一股力量，中国之前一直是这样一股强大力量，也希望中国成为世界的领袖，就像习近平总书记之前提到的，他在很多会议当中提到过这种所谓"一带一路"复兴的计划。我觉得这个计划是非常重要的一个计划，因为我们把资金动员到不同的机制当中，这些政策也得到了实施，我觉得像我们这种发展中国家来说，突尼斯、塞内加尔都希望成为"一带一路"里面的一员，尽我们最大的努力向我们的人民介绍这项计划，使其融入我们的社会当中，并且以一种崭新、明智的方式展现给我们的人民。

很多国家都面临同样的问题、同样的挑战，比如说恐怖主义和极端主义，贫困还有非法移民，江、河、湖、海的污染问题等，现在我们可以用"一带一路"的计划，给我们区域的和平、稳定、合作，为世界带来更多的和平与稳定。

为什么很多政策和策略没有很好地实施和执行，可能很多时候原因在于人，我不是经济学家，我用词可能并不确切。我们发现我们的经济在衰弱，是因为人民不愿意去多花钱，比如说100美元，之前可能会花掉80%，但是现在可能会存起来用来应对未来的问题。现在可能只花20%，80%留给未来，因为大家知道，无论是传统的媒体还是新型的媒体都在塑造一种让大家不太舒服的负面情况，人民是需要自信的，对国家、对家庭、对社区的信心。

还有一点，我想谈一谈。我的妻子今天也跟我一起来到现场，我想讲一点，她可能听了不太开心。我想说的是女性未来会在全球治理当中扮演重要的角色，我希望她们能让我代表她们女性来发声。突尼斯是在整个伊斯兰世界女性解放最好的国家，对我们来说女性解放是一个非常好的事情。我们改革的经验也可以跟其他的女性来分享，我们用一种非常新颖和创新的方式来实现我们的政府治理。面对很多危机、安全上的问题，在探讨解决方案的时候，我们不是一个人在战斗，我们可以寻求多方伙伴来共同合作。在现代历史当中，我们今天讲到"公民社会"的概念，"公民社会"包括工会、市民社会，这都可以帮助政府来解决社会的问题。还有各种人文的联盟、人权的联盟，还有一些组织机构，因为推动人权获得诺贝尔和平奖，女性在里面扮演了很多角色，很多女性获得国际大奖，是因为她们关注女性和人权的保障。政府、议会以及各个组织都可以贡献出自己正面积极的力量。当然有些利益方面相对比较敏感，像我们国家在社会过渡的阶段，就是非常重要了。我们如何去很好经历这个过渡，不仅是政治过渡，还包括社会的过渡，文化和经济方面的过渡。在中国大家正在经历经济的转型和过渡，中国如何将经济推向另一个高层次，比如说像日本、韩国那样的转型，那么这种过渡和转型，的确需要付出努力。在突尼斯我们也经历了一些经济的转型，所有的这些事情当中，我们需要思考的就是需要更多的合作、协作和决心，如果没有国与国之间的合作，我们无法找到共同的解决方案。但是，我是非常的乐观，未来可能有黑暗的方面，但是我们需要去塑造未来，所以希望我们的未来能够扮演更重要的角色，谢谢大家！

塞内加尔公馆街参赞
谢赫·蒂迪亚内·萨勒发言

非常感谢，我想感谢上一位演讲嘉宾，我认为你带来一些分享的想法非常有趣，但是很抱歉，我需要用法语进行我的演讲，我的英语并没有突尼斯大使的英语这么好。

主席先生，各位大使，尊敬的与会者大家好，首先请让我向大会举办方表示感谢，本次的议题有非常重要的意义。今天研讨会的主题是全球治理，全球治理这样一个理念，以一个超国家的监管模式在全球范围内实施组织规则。可以说，政治领域的全球治理是由联合国指导，那么经济金融是由世界银行和国际货币组织引导，随着新兴国家的崛起，世界格局发生变化，原有的全球格局已不适应世界发展。因此成立了20国集团，它事实上是7国集团的扩大，以满足世界各国人民的诉求。中国在国际事务中发挥了非常重要的作用，中国将在2016年举办G20会议，对此我表示期待。

安塔利亚会议上达成了全球治理计划的共识。因此在几年来，20国集团是全球经济和社会发展的集团之一，目前全球治理更多的是一个憧憬，一个方向，一个正在希望完成的愿望，无论在经济、政治、文化领域，全球治理还没有实现。

女士们，先生们，世界上因为参与全球治理而遭受最惨重损失的是非洲，问题非常大，然而对于这些问题的解决，尚未达到决策层面，更不要提执行层面。看到诸如联合国改革、世界货币基金组织改革中遇到的重重问题，你们便能明白非洲的处境。爱因斯坦说，在这世界的生活之所以危险，不是那些把世界变得危险的人，而是对这些危险置之不理的人。虽然塞内加尔不是大国，没有雄厚的资源和财力，但是始终致力于建立公平、公正的全球治理，我国2000年作为受邀国，参加了7国和20国首脑会议，充分体现了这一点。

我们也很好地运用参与会议的机会，在会上提出非洲的经济危机、打击腐败等问题。每一次与会我们都会重提那些让我们无法忍受的不平等问题，这些问题会引发冲突，成为不稳定和不确定因素。

再次请允许我运用塞内加尔总统的讲话。

第一，维护良好的国际秩序，积极促进多边主义。

第二，支持联合国在全球治理中的作用，在此我很高兴地告诉大家，塞内加尔第三次当选联合国安理会非常任理事国，任期2年，在191票中以127票获选，票选高于埃及以及其他各国。

第三，意识到当今全球治理的关键在于应对气候变化以及打击恐怖主义的斗争，塞内加尔将做好充分准备应对以下挑战。一是建立一个美好的世界，只要我们认为世界是多元的，拥有平等的地位，这一点就完全可以实现。二是联合国改革，对塞内加尔来说，尽管有许多不足和短处，联合国是一个面对安全、人道主义、政府挑战的国际组织，因此联合国的巩固和改革是必需的。三是在经济和金融领域的全球治理改革对新事态展现了一个更公正的态度。如果改革不具备包容性，没有将非洲不应该处于全球治理的边缘这一点纳入考虑，那么改革将不会有所成就。

第四，严厉打击非法资金流动，非法资金流动每年在非洲造成300亿元到600亿元的损失，这些资金超过了非洲的流动资金。非洲仅需要回收17%的非法外泄资金就可以解决所有的债务问题以及解决自己发展资金的问题。麦基·萨勒总统的呼吁在土耳其首脑会议上达成了共识，面对偷税、漏税等问题，20国集团也提出了新的国际准则。

第五，近些年世界存在这样一种复杂的现象，为了这些现象，塞内加尔突出了可持续、可协调的机制。塞内加尔总统也曾说道，只要不公正、不公平还存在，世界永远也不会安宁。

　　女士们，先生们，正如我们所看的，一些决策塞内加尔愿意代表非洲发声，但是泥菩萨过江自身难保，塞内加尔希望达到一个共同的发展，照顾弱势群体。

　　塞内加尔国际发展方案也已出台，社会正义建设为塞内加尔第三大支柱。若不考虑最广泛人民的需求，那么国际治理不能达到繁荣，若有一方面排斥平等或自私自利排斥合作，那么各方合作不会成功。由中国发起的创举"一带一路"、金砖银行我们国家都欢迎，塞内加尔诚挚希望这些政策的发展可以扩大主题，扩大融资基础，促进在 2030 年实现可持续发展目标，最终消除贫困。中方这一系列创举为它在 20 国集团担任的角色增光添彩，这一系列举措也可以促进经济增长，是一个很好的举措。

　　在此我引用习近平总书记的话作为结束语，"只有共同发展才是真正的发展，只有可持续发展才是好的发展"。谢谢大家！

中国与欧盟

——改革与治理的伙伴

宋新宁

首先非常感谢华中科技大学邀请我参加这个会，我选择的是中国与欧洲这个主题，在我看来治理问题是中国和欧盟非常重要的问题，另外中欧在治理问题上的合作，实际上对全球治理和区域治理应当说都有非常重要的意义。我的发言主要有三个内容。

第一，中国与欧盟全面战略合作伙伴关系新的内涵。治理问题已经成为一个新的内涵。2003年以来，中国和欧盟都在致力于建构一个全面战略伙伴关系，当然现在存在很大的争议，就是说中国和欧盟之间的全面战略伙伴关系是已经建立了，还是正在建设的过程当中，按照中国官方的说法，是中欧之间已经建立了全面战略伙伴关系。我对此是有质疑的，我认为这个全面战略伙伴关系并没有完成，仍然是在建构的过程当中。

之所以这样，在过去的十年当中，在我看来，中国与欧盟之间的关系，其中一个很重要的问题，双方在对双方战略伙伴关系是什么，它的共性是什么，特性是什么，不仅在双边关系中，中国在欧盟、在世界的关系上是什么，实际上并不是特别的清楚。但是在我看来，2013年以来，中国新的领导层已经在过去若干年，在中欧战略合作伙伴关系争论的基础上，有一个相对比较清晰的理解，也有了一个相对比较清晰的说法。这就是2013年习近平总书记在会见欧盟领导人的时候，提出来的中国与欧盟都在做前人没有做过的事情，中国与欧盟是现在世界范围内两大和平力量、两大市场和两大文明发源地。从这个角度来讲，我觉得就比过去泛泛地讲中国与欧盟战略伙伴关系，中国的地位有了一个更加清晰的说法。也就是在这个基础上，我们知道去年中国外交被称为欧洲年，习近平总书记去了欧洲三次，李克强总理去了两次。习近平总书记提出了在中欧之间要建设文明、和平、增长、改革四大桥梁。习近平总书记发出了对欧盟的第二大文件，对欧洲提出了文明、和平、增长、改革四大关系。这让中欧合作伙伴关系更加实在。相比较过去泛泛地讲，中欧战略伙伴关系有了内涵。

相对中国对外的72个战略伙伴关系，大家说这个太多了，如果你跟谁都是战略伙伴关系，这个战略伙伴关系有什么意义所在？我们可以看到在中国和欧盟的关系当中，这个战略伙伴的关系比较清晰。但是这是我的第一点看法，实际上中国与欧盟，在建立一种新兴的战略伙伴关系。我们讲中美是一种大型的关系，我们跟中欧是战略伙伴关系。这反映了中欧双方的共同需求，也反映了中国在欧盟双方的作用。

第二，从我们学术研究的角度讲，我们仍然对现在官方的四大伙伴关系存在某些质疑。2014年习近平总书记访问欧洲之前，我们曾经提出这样一个看法，在中国外交部正式发布对欧政策文件之后，我们仍然有这样一个看法。涉及治理，实际上跟改革相关，所以我的主题实际上是中国和欧盟改革和治理的方案。我们实际上是把官方的四个伙伴关系都加了一个对应，我们的看法，和平的伙伴经济加上安全，增长的伙伴加上发展，改革的伙伴加上治理，文明的伙伴应该加上文化。最近人民大学欧洲中心发表了若干篇东西，是从这样一个角度来讨论。在我看来为什么是改革和治理，不仅仅是改革。我觉得我们的说法有点"太中国化"。前段在人大开了一个会，叫"话语体"，这个话语体是要用中国的说法，但是中国的说法不能"To Chinese"，其中你的说法要让你的伙伴理解和认识。所以我们更倾向于讨论中国与欧盟治理比改革更重要。

第三，在中欧改革和治理的关系当中，如何看待双方在这方面的共同点，或者双方在这个方面能够具有的特定的贡献。我觉得中国和欧盟在改革和治理的伙伴关系当中，至少包含三层含义，应该说还是比较特定的。

一是中国与欧盟双方各自内部的改革与治理，在这个问题上，改革没有问题。实际上我们也知道，不仅仅是改革，还有一个很重要的问题是治理问题。最近这几年出现的债务问题、难民问题，新近出现的恐怖袭击事情，实际上给欧盟提出了一个很重要的、内部自身改革和治理能力进一步提升的问题。

十八届三中全会实际上确定的改革开放目标，其中一个很重要的就是要推进国家治理体系和治理能力的现代化，或者是我们大家经常讲的，中国面临的"第五个现代化"，"第五个现代化"就是治理现代化的问题，所以我们看待从内部的改革和治理，中国和欧盟都面临相同的问题，相同的任务，在这方面中国跟欧盟是可以相互借鉴和合作的，我们也知道中国跟欧洲开展了一系列的活动，中国跟欧盟之间共同治理的论坛和对话，包括区域、政策等一系列的内容，这些对我们双方具有很重要的意义，是可以借鉴和合作的。

二是区域治理，中国和欧盟在区域治理方面的相互借鉴和合作，从这个角度来看，改革的方面问题比较少，治理的问题比较多。欧洲一体化，在世界范围内创立了一种区域治理的模式，它是一种模式，但不是唯一的模式，这种模式就目前来讲，应该说在世界范围内是最成功的。中国现在实际上也在致力于跟周边国家的区域合作和周边国家的治理问题，周边国家的经验是可以借鉴的，可以看到中国在跟周边国家的治理跟欧洲的合作是不一样的。这两年我们可以看到，我们提出的"一带一路"和欧盟的合作问题，实际上可以借用欧洲的治理方法，欧洲现在提出要加入欧洲复兴银行。中国积极地加入亚投行，中国也在积极参与亚洲的治理。在这方面有借鉴，也有具体的合作。

三是中国与欧盟，或者中国与欧洲在全球治理领域当中的合作。中国和欧盟，作为世界上最主要的经济体，中国是最大的发展中经济体，欧盟应该说是最大的发达国家经济体。我们过去讲美国是第一大经济体，中国是第二大，实际上欧盟是第一大，美国是第二大，中国是第三大，欧盟的经济是超过美国的，是第一大经济体，在经济、文化、社会繁荣当中面临相同的挑战，欧盟建立了公平的国际秩序，中国跟欧洲是良好的伙伴，中国与欧洲在全球治理当中的合作，是在全球治理机制建构中不可缺少的。我的发言完了，谢谢大家！

（中国人民大学国际关系学院教授）

"和平+1"是全球治理的软实力

李若弘

尊敬的与会各位专家、学者们，尊敬的各位驻华使节和外交官们，各位朋友们，很荣幸与华中科技大学国家治理研究院共同举办这个论坛，我就"和平+1"是全球治理的软实力这一主题结合多年来的工作实践，谈谈自己的一些体会和看法。我将从理论基础、社会效应、创新路径谈一下方法。

第一，目前中国社会组织在对外交往和参与全球治理的过程中存在的主要问题。NGO 在全球治理过程中发挥着政府和企业不可替代的作用，但中国 NGO 在国际经济社会发展格局还不成熟，真正被国际社会关注和中国政府从政治上肯定还是在 2008 年汶川大地震开始，应该说当代 NGO 在改革开放的社会经济发展和本土公益慈善事业中做出了不可否认的贡献，但如何将社会责任扩大到国际范围、服务世界，是国际政治和国家对外形象的需要。

全球化导致全球性的公共问题日益突出，中国的崛起对社会组织参与全球治理提出了更高的要求。增强中国 NGO 在全球治理的话语权，包括发展目标、应对气候变化、反对恐怖主义、文化多样性、反贫困、粮食安全、难民移民等国际事务，使其成为中国为国际社会贡献软实力的重要组成部分。既能保证中国 NGO 国际化和国家对外战略协调，又将中国寓于新兴的国际秩序之中，给全球治理增添中国民间力量。全球治理的三大主题即包括各国政府、国际组织和非政治组织、企业。近 10 年来，中国 NGO 在参与全球治理事务中取得了积极进展。由于社会组织参与国际事务法规、政策和管理体制的影响，加之 NGO 在国际化的规模较小和能力不足，因此目前我国 NGO 在对外交往和参与全球治理过程中存在三个主要问题。一是政府认识不够，政治制约因素多。二是缺少援外导向、资金扶植不够，整体力度不够。三是社会组织的认识问题制约参与全球治理事务。

第二，扩大社会组织对外交往，有效参与全球治理。

国际社会本质上是一个极其错综复杂、唇齿相依、福祸相连的世界。在诸如全球化与国际分工、低碳经济、保持可持续发展、建立国际政治、经济新秩序等领域，仅仅依靠单个国家和联合国无法应付自如，和谐世界的核心必定是持续和平、共同繁荣。在这个目标的建设过程中，我们感觉到 NGO、私营企业和多边机构的共识和行动，具体来讲，NGO 作为强有力的非国家行为者和国家社会的重要参与者，以自身的适应力、组织力、公信力和提升力，在世界舞台上发挥着巨大的作用，产生了促进、倡导和监护效应。

当今世界是一个开放的世界，我中有你，你中有我，相互影响、相互制约。任何一个国家都不可能孤立地或是在环境敌对的状态下求得持续发展。随着全球化的深入推进，各国间的联系越来越紧密，和平共处，交流合作的意愿越来越强烈，但由于历史传统、文化特色、意识形态的差异对国家利益的追求，国家间的和平共处、交流合作还存在不少障碍。而 NGO 超越了政党与政党、政府与政府、企业对企业、企业对政府的单线对接模式。突破了国家、地域、党派、种族、宗教、意识形态、利益等方面的束缚，成为促进和平、促进国际合作与发展的"中转网"。

中国古代一位致力于和平的智者墨子，他是战国时期著名的思想家、教育家、科学家、军事家和社会活动家，墨子以"兴天下之利、出万民之害"为己任。四处奔走，宣传"行以，勇谋兼备、士志于道"。

在国际交往上，NGO 促成合理的内容还会涉及文化、宗教、体育等方面。最突出的例子就是奥林匹克运动会。

全球化的浪潮席卷了整个世界，全球治理成为必然，从全球经济领域看，经济全球化发展、各国经济的相互依存以及现实的和潜在的全球经济危机的存在，要求建立对全球经济进行有效的管理机制，特别是金融全球化的发展已经远远超过了各国政府的管理能力和管辖范围，使之难以提供必要的管理机制和合作安排以确保金融和经济稳定，防止全球秩序的破坏。从安全领域来讲，人类整体的生存威胁已经摆到首位，全球化给人类带来巨大福祉的同时，也给我们带来了巨大的危机，这些问题单靠一国政府不可能解决，损失的将不是一个国家的利益，而是全人类的利益，国际的合作成为必然。

中国NGO正在探索用中国NGO的语言、形象、方式与国际政府与民间组织交流，以志愿精神进行公益追求，随着改革开放的深入，拥有的资源越来越多，民间自由度越来越大，现代信息的传递也越来越快。人们开始关注国际事务，在反贫困、维护妇女儿童利益、环境保护、老年生活、教育、医疗、社会服务和紧急救援等事业中与国际合作迈出了可喜的一步。同时，多视角地支持正义主张、国家统一、民族团结、帮助国际受灾地区和欠发达国家、多领域关注文化交流、国际贸易与海外投资、帮助地方招商引资和扶困济贫。

和谐世界是一个理性、包容和丰富多彩的世界。世界文明与世界的多元性、多样性、差异性，包括发展水平、发展模式、社会制度、价值观、国情的多种多样，应本着"和而不同"、"和而利人"、"求同存异"、"共存共荣"的原则与精神来处理。NGO虽然不是社会制度、法律、政策的最终制定者，但是它们具有不可忽视的诉求公益、传播思想等倡导作用，是有序参与全球治理的重要机制，体现了赋权与平衡的意义。

世界政府不是超越国家权威的统治，而是各国企业NGO在治理结构上的平等合作，它坚持强制和资源的结合，主要推动权利全球共同体的意志。

中国NGO在探索用中国的NGO的语言与民间企业交流，以政府的意愿进行交流，一个丰富多彩的交流，需要推动文化的发展文明，需要最终文化的多样性，包括发展水平、发展模式、社会价值观、历史背景和人口状况。从和而不同、求同存异到共同发展，它们具有不同的诉求公益、传统思想和政策制度，体现了赋权与平衡的意义。NGO 不仅能够对国家间国际组织的条约、承诺、计划和项目落实搭建合作平台，还可以通过各国机构所通过的决议和条约的实施，促进各国政策在国际上做出承诺，积极地行使监督职能，许多国家的政策、宣言和协议的制定和实施，也处在 NGO 的监督之下，NGO 可以推动信息渠道和实体参与的透明度，监督政府及政府间国际行动，维护公众利益。

NGO 体现了新兴的国际模式，为全球治理提供了重要的资源，体现了全球治理的治理价值。建立 NGO 为基础，以人文社会责任为基础的人间外交体系，NGO 与政府的区别是什么？政府是你做，NGO 是我要做。体现了爱心志愿者的主动精神。NGO 与企业的区别是什么？我回答还是六个字"为自己、为他人"，NGO 是凭着自己的敬业精神做无私的奉献。帮助他人、自己与社会、社区，乃至世界范围和谐相处，NGO 不仅在中国国内的社会、经济乃至政治事务中扮演着日益重要的角色，而且在国际事务中的作用更加显著。中国 NGO 与国际交往，伴随中国 NGO 的不断成长而逐步表现出来。改革开放以来，伴随着中国走出去战略的开展，各类组织、国际非政治组织在中国项目的开展，中国 NGO 参与国际活动也逐步增多。在交往中呈现涉及领域广阔、形式多样的特点。从交往形式看，参加各类重大国际会议，参与国际合作项目，维权，抢险救灾，开展文化教育能力，涉及各个领域。从交往层面看，NGO 的交往动向有联合国国际政治，地区性非政府组织，具有镇压色彩的行业组织和代表草根阶层、特殊人群的不同形式的社会团体。而国际 NGO 主要活跃在农业、教育、体育、艾滋病防治、妇女儿童、社会发展、人权、宗教、环境等领域。在社会公共生活中扮演着重要角色，服务型 NGO 已成为公共服务的重要提供者，中国在南南合作与南北合作，实现"一带一路"，"互联网+"的国家战略中，发挥 NGO 国际联盟作用，对免检外交"引进来、走出去"以及中国在国际社会的话语权和大国形象具有良好基础和长远意义。NGO 随着时代的发展和社会不平衡的现状而逐步成长扩大。NGO 正呈现出国际化的发展趋势，成为国际舞台上真正的倡导者和行动者。NGO 作为人民外交的主体力量在各个领域发挥着独立的作用。

再说 NGO 的社会效益,我们用了一个"和平+1"全球战略实践。经过 30 多年的改革开放,中国已经成为世界第二大经济体、贸易体,为世界在经济增长、减少贫困、和平发展做出了巨大贡献。而建设中国特色的新兴智库,既是中国提高软实力的战略需求,也是适应中国不断提高社会地位和特殊地位的需求。中国在世界上要处于优势地位,不仅要重视硬实力,还要重视软实力。国际关系中,频繁而畅通的智库外交,可以为国家的整体外交提供创新型和前瞻性的战略思想支持。我国采取的是以政府为主导的外交战略,在当今世界随着公民力量不断壮大,NGO 已经成为影响全球治理的重要力量,这些国际性的 NGO,正通过在国际社会的公益实践影响着世界范围内的公益趋向。与政府和企业相比,NGO 的影响是软实力,但其影响是长期的、巨大的。从国际经验看,NGO 参与全球治理主要采取四种形式,一是以 NGO 身份参与到各种国际会议,发表相对独立于政府和企业的观点并开展广泛的国际交流。因为政府要选票,其实要钞票,而 NGO 要的是公信力。二是 NGO 立足于本国,结合联合国千年发展目标,以各国听得懂、看得清的语言行文,策划有特色的品牌,这需要媒体关注、企业参与,这样才有参与度、透明度,逐渐发展成有区域性、国际性、有代表性的 NGO。三是 NGO 与国际组织以及属地国 NGO 发生关系,参与国际社会中的热点和难点问题,推动 NGO 的国际化。四是 NGO 与海外设立不同类型的项目相互联盟,进行数据管理,使其专业人才能够属地化。

从我国 NGO 参与全球治理的实践看,还存在体制、机制、制度、环境等诸多方面的制约。在这种条件下 NGO 参与全球治理面临许多的困难和挑战。

一是思想观念上,很多中国 NGO"走出去"的理念是狭隘的民族主义和国家主义,没有把国家利益融合在全球利益和全球普遍接受的公益价值中。要把握外交资源的运用,政府要与民间、民间与民间通过"和平+1"在文化、体育、艺术、文化等方面开展交流,用软实力提高国家的品牌价值和公信力、影响力和文化认知度,建立国家间的感情，使民众支持本国的外交政策和主张，理解和认知外交价值。

二是缺乏政策依据。NGO、民办非企业单位和基金会缺乏法规，没有在海外设立办事处提供政策依据，在审批程序和财税、外汇等对非营利组织没有一个业务指南。

三是在人才队伍上。西方的国家非 NGO 领导人和管理者大都出身于西方经营阶层，他们有着较强的专业能力和较丰富的实践经验，而我国同等水平的人才相对缺乏。

四是 NGO 参与全球治理需要强大的资金支持。而中国 NGO 用来支持国际事务中的资金水平大大低于西方发达国家。

五是中国 NGO 和政界、商界、学界媒体之间缺乏媒体互动机制，没有打出组合拳。这无疑会影响 NGO 在国际层面与政府和企业之间的合作。

由于时间关系，作为长期免检外交和慈善公益的中国世界和平基金会，我们秉承的是国家和平、公益，搭建中国政府与民间多领域的合作交流，我们是以供给义工团队，创立了一个可持续发展的人民外交、社会责任、多元文化、跨领域合作的四轮驱动价值体系。在缓解地区冲突，支持战乱国家重建家园，帮助发展中国家和弱势群体的行动等方面受到国际社会的高度赞扬，中国"引进来、走出去"、"一带一路"等国策与联合国"千年发展目标"、全球可持续发展战略相融合，中国世界和平基金会以国际和平事业为己任，成功地探索了一条"和苑—和谐—和平"的 NGO 发展大道。我们愿与世界各国同行一道，为全球治理和人类的可持续发展事业做出不懈努力！

（中国世界和平基金会主席）

试论以五大发展理念引领全球治理

潘 垣

我的发言题目叫"试论以五大发展理念引领全球治理"。大家知道在以习近平为总书记的中国共产党提出了创新、协调、绿色、开放、共享五大发展理念，这五大理念不仅符合中国的国情，而且在相当程度上也适用于当今实际关系的处理和应对全球的诸多矛盾和难题。长期以来世界上的冲突矛盾一直不断，错综复杂又相互交织。许多矛盾还有一些深远的历史渊源，比如说土耳其跟俄罗斯之争，我认为这些所有的动乱，这个根源，就是全球经济发展的极度不平衡，所以形成了当今世界贫穷和富有、落后和发达的巨大反差。

半个世纪以来，人类过度地开发，发达国家对全球资源过度地消耗，导致全球气候加速恶化，已经越来越影响全球生态环境，这就加重了全球治理的难度。所以习近平总书记说，世界各国都是命运共同体。

在这种情况下，我个人认为，全球治理即要从当前的事态治标，所谓治标就是达到某种妥协，从长远考虑，作为治本，治本就是全球以可持续发展为宗旨，实施五大发展理念的全球可持续的共同发展，全人类可持续的共享发展。按照我们中国的经验，叫作先试点，再推广。

我个人认为，最现实、最合适的示范工程，就是"一带一路"建设。通过"一带一路"建设，惠及沿线国家和人民，进而带动全球发展。

下面我就华中科技大学近年来在实施创新发展和绿色发展方面的一些例子，主要涉及大气、水资源的开发和绿色新能源技术。以及他们的"一带一路"沿线国家发展的意义做一个简单的介绍。大家知道土地、水资源、能源这三个资源是一个国家最基本、最重要的深层次资源，其中尤其是水资源最为重要，大家知道，前不久马尔代夫缺水，因为这个气候变化海平面上升，没有水了。

2015 年的达沃斯年会上全球风险报告指出，对人类影响最大的威胁就是全球水供应危机，因此，破解水资源短缺问题，确保水安全是我国最迫切的重大需求，也是全球治理的重大课题，这里我着重对带电粒子催化人工降水新技术开发大气资源做了一个计划，这个项目已经纳入"十三五"规划，即将发表。

我国水资源匮乏，人均仅占世界均值的四分之一，而且在时间、空间上分布不足，湖北年降雨量是 1000 毫米以上，但是到新疆东部降雨量不到 100 毫米，我们有一半的国土处于干旱和半干旱状态。加上全球气候变化对我国的影响非常大，比如说天山退水 30%，二十几年后，哈密地区有可能成为第二个罗布泊，这对丝绸之路的代价太大了。所以我们可以这么说，大家看看这个地图（略），那个红线，是中国著名的科学家胡焕庸先生说的，中国 90% 在东边，不到 10% 在西面。习近平总书记在 2014 年讲，保证国家的水安全意义太大了。

水是怎么来的，我跟大家简单科普一下，从地球上讲，地球物理学科来看，地球物理有三圈，我这里就水循环圈展开论述，所有的地表水来自于海洋，地表水 70% 是海洋，30% 是腹地，大气循环，蒸发到陆地，然后流入海洋。中国的水汽从哪里来？大家可以看到，太平洋、印度洋两个方面，所以中国气候是一个季风带季候，冬天是西北风，夏季东南风、西南风等，可以从这里看出，我们国家的大气水资源很丰富，权威的专著和国家的资料可以看到，中国的大气水资源真正降到地面只有 16% 到 18%。这个数据告诉我们，大气的水资源潜力巨大，这就是我们科技工作者要努力的方向。所以引发新兴人工降雨，从技术上解决这个问题，实现大气水资源高效规模化的开发，正是当今我们国家科技工作的重大的一个课题。所以我们把它作为一个创新发展和绿色发展的一个重大的议题。

这个目标就是应对全球气候变化，保障国家水安全，改善我国的生态环境，推进国土改造，扩大我国可用有效的国土面积，确保丝绸之路的畅通。这些如果能够逐步实现，将维护我国西北地区的战略繁荣，战略意义深远。

从这个图（略）可以看到，这是传统的人工降雨，如高射炮、火箭、飞机降雨等这些方法有一个大的问题，这个降雨的办法理论基础早在 20 世纪 30 年代由一个瑞典人和一个美国人建立。对我们国家来说，50 多年没有变，它的问题是降雨的条件太苛刻，所以气象部门说这不叫"人工降雨"是人工"增雨"。我们通过调研，从 20 世纪 70 年代开始，国外的科学家发现，这个水汽带电粒子，可以有效地加速凝聚更多的水汽，发现这个现象就提醒我们，利用带电粒子来进行人工降雨是有可能的。进入 21 世纪以后，国外就开始了这方面的研究，这里我介绍几个，这是墨西哥的，它利用带电粒子降雨，年降水量增长了 30% 到 60%。二是阿联酋，利用这个方法实现了 52 次降雨，这是打破纪录的。三是在澳大利亚平均降水提高 55%。我们看到报道，最近在阿曼地区，提高了将近 20%。在国内还没有其他单位研究的情况下，我们学校在 2010 年开始这方面的研究，后来我们联合兰州大学和国家电网防灾减灾实验室，开展了理论研究和实践研究。理论上，从单粒子物理模型到我们实验，传统的人工降雨是水滴往下碰，碰到了就降雨。带电粒子有电场，电场给水分子激化，形成了耦分子，通过放电来进行降雨。它的优势是，第一是靠电场的效应，不受温度的影响。传统的人工增雨是热效应，利用云，要求在云层这个范围内才能降雨。带电粒子要求不高，只需要在云里面的相对尺度达到 90% 就可以下雨。

所以在这种情况下，我们和国家电网一起合作，通过实验我们发现只要带电粒子达到 10 的 105 立方就可以实现下雨。

这种现象在中国能不能实现？我们以西北地区为例，祁连山地区就是我们丝绸之路的走廊，大气水资源只有 14.5% 降下来。内蒙古鄂尔多斯地区只有 7.8%，新疆地区少得可怜只有不到 2% 的水汽降下来。在三江源地区也只有 8% 到 24%。这些数据说明，西北地区的大气水资源潜力巨大，因此我们就在这几个典型的地区进行了分析。

我们发现在高山地区，祁连山、天山水汽最高的地区，离地面只有 1000 米的样子，而在原区大概是 2—3 千米，但在盆地就要 4—5 千米。在这种情况下，我们提出了两种模式，这是中国人自己提出来的，一种叫高山型的，对高山型我们采用春冬降雪，在高原地区我们实行降雨，采取空中移动降雨。根据中国科学院院长的要求，我们做了霾的试验，无须降雨，霾从 400 个单位降到 100 个单位。我们认为在原理上、技术上这个新技术都是科学可行的，而且要求大大地放宽，对大规模的开发大气水资源是完全有可能的。所以我们提出从基本原理、关键技术的研发，到外场实验，到示范工程，到第一个大开发规划，我们称之为天水工程，解决我们上千年的西北地区水资源问题是完全可能的。

我们报道准备申请项目的一些细节，就不讲了。整个工作我们分三个阶段进行，实验做完了以后，就是外场实验，地点在祁连山区和黄土高原，我们本来是准备在鄂尔多斯做实验，但是后来我们考虑到甘肃省领导更加重视，我们就把黄土高原定在东部的隆东地区和天水地区之间。

这是示范工程，我们准备在新疆的东部哈密地区和喀什地区，这都是高山地区，喀什地区是天山的东麓，然后是在黄土高原以及三江源，这是确保北极的水，中线的南北水调的水源地区进行。到第三阶段就实行天水工程，我们将在甘肃的祁连山，新疆的天山南北、昆仑山、阿尔金山等北源，以及华北平原、黄土高原进行开展。在这些地区，高山型也就是以降雪为主，这是属于绿洲经济，新疆所有的河流都发源于高山，流下来汇集到塔里木河，我们希望把绿洲的面积扩大 50%。

这里为什么选择在祁连山这个地区，因为它东边是沙漠，西边也是沙漠。所以习近平总书记去了甘肃，告诉那里的领导，不要让石羊河附近成为罗布泊。在平原地区的这些地方，我们就采取了空中带电移动基站，这是我们的专利，我们设计这样一个东西在这个地方喷射电子，需要有一个碳纤维的守恒。

它的重大意义是什么？采取这个办法可以大幅度增长我国的地表水资源，现在的水是用水、取水，但是地球上总的水量不变，是靠天吃水。采取大气取水，可以增加我们对水资源的使用，改善我们的环境，并能显著扩大西部有效土地面积。

最后一点，通过技术经济合作，首先惠及"一带一路"沿线的巴基斯坦，中亚五国，实现共同发展、共享发展，从而向世界人民展现出一个示范或前景。谢谢大家！

（中国工程院院士、华中科技大学国家治理研究院研究员）

世界历史视野中的全球治理与国家责任

欧阳康

尊敬的各位来宾，大家好！谈到全球治理和全球责任的想法，作为会议的主办方，这对于我来说是一个非常大的挑战，也是一个机会，我进入到一个非常不熟悉的领域，从国家治理、省级治理，进一步跃迁到全球治理。我把自己的演讲思路做一个汇报。我的论文是世界历史视野中的全球治理与国家责任。我自己是搞哲学和世界跨文化比较的，面对全球这样大一个话题，如何入手，我想首先还是要从方法论来入手，当今世界的理论和方法有很多，我用一种方法综合，就是世界历史理论的方法。

第一，人类历史由民族历史过渡到世界史、全球史发展，要把每一个时段纳入到一个更加长的时段，把每一个局部的利益的诉求和人类利益的总体发展和分配联系起来，这样的一种世界历史理论，从当年的卡尔·马克思，到现在的很多历史学家都在用它，要我们超越各个国家，各个国度已有的利益，站在一个很大的视野中看世界、看国度、看民族、看眼前。如何更好走向一个大格局、走向一个大未来、走向一个更加整合的健康的未来？所以世界历史理论，对我们今天来讨论全球治理和国家责任有极为重要的意义。

第二，如果以这样一个方法来看待世界历史，尤其是世界现代史，我们看到了什么？我说就是看到了人类在灾难中不断增强国家间的合作，人类从现代以来，进入到现代社会几百年的工业文明的发展，实际上仍然是基本以国度作为单位来展开的，在各个国家的发展当中，讨论本民族的利益，这是天经地义的事。国家的任务就是在确定的领土范围之内，来部署自身的经济发展、政治体制和文化建设，等等。现代化迅猛的发展，迫使人类打破了国家之间的界限，邻国之间的国际交往，逐渐转变为国际化的交流。这一种转变交往是有形和无形的，通过健康和损毁的途径来展开。所谓的有形就是国家之间建立各种交往途径。无形就是通过经济、文化的交往，不知不觉相关渗透，相互学习。所谓的健康就是大家积极地去推动世界文明的进步，促进自己与他国之间，很多国家之间，甚至全球之间的交往。所谓的毁损，往往是以战争为自己开路。我最欣赏，也最感可悲的就是20世纪的历史，人类是由真正的国际化走向了全球化。

我曾经在《中国社会科学文摘》发表文章，专门论证现代化和全球化之间的区别，我以为现代化有几百年，全球化实际上就几十年，20世纪是一个全球化的历史，20世纪的全球化，值得我们人类反省，最大的标志是以两次世界大战为全球化开路，这是一个非常可悲的事情。一些国家的经济获得了发展，于是要求相应的政治版图甚至是领土的扩展，带来的就是两次世界大战。但是人类有一个特点，就是从战斗中变得更加聪明，从毁损中变得更加健康。

第一次世界大战也建立了一些世界新体系，但是没有很好地发挥作用，当时的巴黎和约、华盛顿的体系等，二战以后，很明显从两次大战，尤其是1930年的经济危机当中，人类知道如果不能够好好地管理自己的经济，人类就不会很好地发展，世界也不可能很好地发展。所以建立了首次有效的治理体系，我看来就是三大方面，第一个就是联合国作为一个政治组织，到现在仍然发挥重要的作用，其中最重要的五大常任理事国，作为一个大组织，这里面的组织具有否决权，这样对保护世界各国，尤其是弱国和小国发挥着积极作用。

第二个组织就是世界贸易组织，世界贸易组织为世界经济建立了一个低关税的发展体系，同时以布雷顿森林体系建立了一个发展体系，世界总体上处于一个较好的发展态势。苏联解体以后，世界体系进行了变革，形成了一超多强的世界格局。美国从经济、政治、文化很多方面都很强，一个超级大国在总体引领世界，但是它的力量正在弱化。而原有的一些大国，包括俄罗斯、欧盟，欧盟的整合实际上在很大程度是挑战了美国一家独大的情况，同时中国的经济崛起，形成了一个五强的格局。这五强有一个特点，只有美国是全部强大，其他的都是局部强大。这就导致了经济、政治上的不协调，就需要打破这个格局。每一个国家都希望把自己优势的地方表现出来，就导致了一个变局，这些变局原有的组织在发挥作用，而且有一些组织在发生变化，所以出现了亚投行、"一带一路"等，可以看到世界格局发生了变化。变化体现在很多的方面，我那篇文章里面研究了四大方面，一个是和平的问题，和平与战争到底如何去转换，世界总体和平，战争的威胁随时存在。就像俄罗斯飞机掉下来，就导致了俄罗斯跟东欧的一些问题，国度之间的危机仍然存在，这些危机影响人类。以人类毁灭自身为关键来维护人类自身的安全，这个体系能走多远，是对人类的一个考验。

第三，发展的问题也是这样，现在一个现代化的水平在某种意义上决定着在全球体系中的发言权，这个体系在打破，尤其是金砖四国，尤其一些弱小国家的崛起，代表了全球经济全新的态势，而这种态势现有的体系很难真正把它反映出来。在这样一个背景下，产生了TPP，还有TIPP，对全球的经济和政治会带来影响。当国家处于发展的时候，当蛋糕在做大的时候，各国对一些小的丢失没有意见，可以有一些大的经济来弥补它，但是当经济疲软的时候，就需要维护自己的利益，哪怕一个小的危机都会引发大的危机。包括美国这个大国，都非常敏感，各个国家都会维护自己的利益。社会信息化，现在建立一个新的以科技分工水平为主的生产体系，这个生产体系是人类在各国总体发生变化时提出的解决办法。但是人们在不同的国度，拥有不同的发言权，使得这一生产体系的建立产生了问题。

第四，我们讲全球善治的问题，我认为全球善治非常困难。我们到底有没有一个全球意义上的善治，在什么意义上？我们可以分很多的层次，比如说在底层层面，所有地球人要生存这样一个基础，就是生态问题。巴黎大会为什么能开到如此的规模，我们的总书记去了为什么如此受欢迎，就是因为我们只有一个地球。现在的增长已经到了极限，再过三四十年这个极限会反映在我们每一个人的身边，包括我们的北京、武汉不断产生雾霾，这个在中国的古代是不可想象的。

对高端的层面，就是我们人类各国如何能够更健康地发展自己，能够实现它，作为国度、民族的价值，各个国家民族价值体现都受到挑战。美国是最发达的国家，它也遇到了问题，与发展中国家不同的问题。为什么国家提到脱贫问题如何严重，我们有7100万的贫困人口，像非洲、拉丁美洲的贫困群体挑战了国家的发展，这里面有一个问题就是全球价值分化，这种分化以国度、行业、地区、民族、文化都内在地相关起来，这个价值体系是一个复杂的价值体系。我们对全球治理提出全球善治的目标，很难在现治的意义上，达成一个无条件、无差异的共识，都是以有条件，各个国家的立法来带动的。在这样的情况下，中国怎么办？

中国"十三五"是一个重要的机会，是一个绝好的机会，是一个决不能放过的机会，是一个需要抓住的机会。中国的崛起本身促进了世界的变化，中国经济总量一变，中国的地位一变，世界对我们的态度也变了，原来欢迎我们现在不欢迎。那么中国发展对世界的意义，确实可以从多重角度来理解，中国一度宣布要和平崛起，但是其他国家都不相信。这个背景下，我们只有一条路，认清全世界人类文明发展大道，无论有多大的干扰，把中国的大道和人类文明发展大道内在地融合起来，我们仍然走在人类文明发展大道上。把这个做好了，我们不仅以中国的实践，解决了世界上五分之一人口面临的问题，而且能够探索一条道路。

我们需要向三个方面发展。

第一，我们解决中国问题就是解决世界问题。第二，我们如果做好上面这一条，就能够为世界提供一个落后的大国治理的经验，能够实现发展的良好的模式。第三，如果我们走得更好，也许会闯出一条世界发达国家也需要向我们学习的道路。这个对中国共产党和国家有非常大的挑战，我们希望在未来继续地思考和探索。谢谢大家！

（华中科技大学国家治理研究院院长）

全球治理赤字与中国未来的作用

金灿荣

我发言的题目是"全球治理赤字与中国未来的作用"。大家应该有一个感觉，2015年世界的形势是比较灰暗的，不是很积极的。总体来讲有三个特点：一是世界经济继续低迷；二是大国的地缘政治博弈更加激烈；三是恐怖袭击的威胁比以前严重。西方世界的文化首都——巴黎，2015年遭到两次恐怖袭击。在比较灰暗的基调后面有一个原因，就是全球治理赤字。

全球治理赤字表现在恐怖袭击、难民、气候变化加速和全球金融市场不稳定等这些问题上，这些问题的突出导致对全球治理的需求产生。

与此同时，非常不幸，全球治理的供给是下降的。现在全球治理的领导者是欧洲和美国，中国是参与者，但不是领导者。问题是，现在这两个领导者都遇到了困难，欧洲有意愿参加、解决这些问题，但有心无力，欧洲如果能把自己的问题解决就可以了，现在却很难提供实质性的引导。美国是有力无心，美国是三个经济体当中最好的，我去了美国，发现美国有很多好的建筑，另外军事能力首屈一指，但是美国现在有两个问题，第一个问题就是奥巴马政府现在全球战略的中心是在亚洲，现在天天关心我们中国，不关心别的地方，我们不需要他关心，但是他天天关心我们，我们要他关心中东、非洲、俄罗斯周边的问题，他不关心，只关心我们，这是第一个麻烦。第二，美国公众现在不支持对外干预，因为过去十年打了两场仗：阿富汗战争和伊拉克战争，公众对这两场战争很失望。

从军事上来讲，美国是胜利的。但是美国输了战争，这个战争应该不花一分钱，却花了六万亿元。所以美国公众现在出了一个新独立主义，再加上奥巴马的战略重点在中国，所以导致美国不愿意对前面提的全球问题提供帮助。问题在增加，对问题治理的需求在增加，但对这个问题治理的领导力是下降的，所以就有全球治理赤字，这个直接后果是世界秩序混乱，这也就是为什么基辛格老先生92岁高龄出了一本书，是因为他非常担忧世界秩序。世界秩序乱了，对所有国家都不好，一个稳定的秩序是符合大家利益的，世界秩序不好，对大家都不好。但是对中国尤其不好，因为欧、美、日三个经济体开始收缩，它们在海外的投资、人员交往在收缩，中国刚刚开始走出国门，今天中国青年人当中，大家知道有一个很时髦的段子"世界那么大，我想去看看"，中国人有钱了，非常像20世纪50年代的美国、80年代的日本，每一个国家从农业化出来，突然觉得自己有钱了，那么他就喜欢到外面去花钱，中国正好处在这个阶段，人要往外走，挡都挡不住。我们有一个湖北的老乡，跑到巴基斯坦山区去自助游，这个地方一般人不敢进去，进去了以后就被抓住了，要求我们政府交500万美元，9月初中国政府说把他救出来了。还有一个资本正在往外走的问题，2015年中国将成为净资本出口国，我们对外出口是世界第三，1991年我们是世界第31位，中国的对外投资在2016年非常有可能超过英国，上升到世界第二，五年之内会超过美国成为世界第一。这就是一个很麻烦的事情，世界秩序不好的时候，中国的人和资本在往外走。

在这样的背景下，中国政府开始关注全球治理。中国政府一旦重视全球治理，中国的行动能力就比较强。中国政府是一定要做，我们的行动能力很好。我相信我们在全球治理会做得很好，会参与很多。

从2015年9月到现在，习近平总书记在国外做了很多演讲，中国肯定会成为未来全球治理的一个重要参与者，我觉得这毫无疑问。现在中国刚刚开始思考全球治理，就我目前理解，我们的全球治理哲学还没有形成，全球治理的政策还没有形成，还在摸索当中，我们只能从习近平总书记最近的讲话中得出几个有限的结论。

我们推动的全球治理大概有如下四个特点。

第一，中国的全球治理是以联合国为轴心的，美国的全球治理是以美国的联盟体系为轴心。但是中国的全球治理一定是以联合国为轴心，这是一个不同。

第二，美国的全球治理把安全放在第一位，但是坦率地讲，这个安全是不均等的安全。但是中国的全球治理强调发展优先。所以在 9 月 26 日联合国发展峰会上，习近平总书记专门提到了一个数据，尽管世界经济有很大的进步和繁荣，但是今天地球人仍旧有8.5 亿人在生物学上饿肚子，这是世界的耻辱。坦率地讲，这是当今全球治理的失败，以当前我们人类的资源和能力养活 150 亿人是没有问题的，如果充分利用农业资源加技术，养活 150 亿人是正常的。但是现在有 70 亿人，还有 9 亿人吃不饱饭。

第三，强调全球伙伴网络。2014 年我们在中央外事工作会议上提出一个建议要开办全球伙伴网络，希望中国跟全世界成员国的地位是平等的，这个跟美国的体系是有矛盾的。美国的体系是有等级的，中国是希望建立一个平等体系。

第四，中国全球治理的政策还是不干涉内政原则。美国是干涉内政的，美国希望你跟着它的体系走，你不听它的体系，它会干涉你的内政，他认为枪杆出民族。但是中国认为社会应该和平共存。这是我根据习近平总书记最近的讲话理解的四大中国特点，强调发展优先，强调全球伙伴关系，强调和平共存，等等。

谢谢大家！

（中国人民大学国际关系学院副院长）

"跨欧亚发展带"作为
"一带一路"的交互平台

尤瑞·葛罗米柯

　　首先，非常感谢邀请我参加这次非常重要的研讨会，并且给我一个机会能够跟大家分享一下关于全球治理的看法。俄罗斯对于全球治理来说，就是要求我们有很好的设备和基础设施。这样可以帮助我们脱离现在所面临的一些危机，我认为这是现在的重中之重。中方和俄罗斯也在紧密合作，比如说我们的"一带一路"。

　　下面我想讲的是我今天的主题，就是"一带一路"交互平台和"跨欧亚发展带"，我们有自己的智囊团，并且开展紧密合作。与现代文明开展很多合作和对话，在 2015 年我们出了一个蓝皮书，尤其是"一带一路"的创意，我们觉得对俄罗斯的经济发展很有作用，2015 年 5 月的时候习近平总书记跟我国官方进行了会谈，我认为"一带一路"战略是一个很好的战略，能够促进经济和商业的发展，并且能较好地运用新丝绸之路进行贸易往来。在不同的政府间都会进行对话，并且保证能够满足不同国家的利益诉求。这其中包括几个概念，比如说陆上和海上丝绸之路，经济和贸易之路，同时也提到了整个地理和政治的重要性，不同的机构尤其是在欧亚大陆地区的机构都应该协同合作，我们需要好好地确定实施这些策略，真正促进欧亚地区基础建设的发展。同时，欧亚地区对于基础设施的建设，出台了很多新的举措，我们要很好地使用传统技术，同时要使用新的技术。那就是说整个欧亚地区的发展，需要中国的参与，并且与中国的货币储备也是紧密相关，我们的国际投资者必须要增进参与，跟随这些策略要进行政策导向。其中有一个问题，关于我们全球金融的主导，尤其是在我谈到的这些项目当中，他们都是短期会影响我们长期的发展。这个全球金融体系也是至关重要的，我们希望能够很好地提高我们基础设施建设的能力。这个和 19 世纪的情况有些类似，那个时候刚刚修建铁路，俄罗斯当时从法国银行借了很多钱，当时在 1987 年，还有内战等这些情况都影响了金融和经济的发展。这个概念是为了更好促进我们经济的增长，但是我们要区分增长和发展这两个概念的不同点，我们看了很多国际机构专门的文件，没有很好地解释什么是增长，什么是发展？

我认为将发展和增长这两个概念相比较，应该有一些金融的指数，可以在里面进行参考。并且能够很好地利用新的技术和基础设施建设，我认为这才能称为真正意义上的发展，新的理论成果和新的政策的建立跟我们不断改善国家治理是紧密相关的，我们需要更多科技革命来促进经济增长，我们需要在欧亚大陆不断完善基础设施建设，对于这些所有政策的实施，在欧亚大陆地区我们需要促进更多的繁荣。也就是说我们这个新的体系，应该是由不同的货币来支持的，尤其是参与国、发展国，所以对于不稳定性这方面来说，我们需要更多的备选方案，我们应该有新的技术不断地得到研发，能够使用于不同的领域。这个对于我们整个技术、对于我们基础设施的建设、对东南亚乃至东欧的发展都是至关重要的。现在我们看到欧亚大陆地区的发展是区域性的，我希望有更多跨区域性的合作，比如说能够更好地融合俄罗斯更多的项目，比如说跟中方合作，因为通过这些方式，俄罗斯可以很好地在欧亚地区获得更好的发展。

欧亚大陆地区是非常广泛的，对于我个人来说，我们需要集思广益，能够更好地探讨话题，尤其是我们现在发展所迫切需要的一些东西。同时我们需要一个新的发展概念，能够更好地促进我们的经济增长，还需要更多的金融指标，能够很好地指导我们促进经济的繁荣。我们在信息、科技、工业、产业等方面的方法、技术都需要不断的革新，所以从这一点来看，现在我们这个项目发展的目标是非常清楚的。那就是在国家间、文化间，用一个非常自由的方式，可以很好地应对各种危机，创造一个很好的安全区，应对我们的危机。我们需要使用政治、地理、文化等方面的知识来解决这些问题。同时我们也需要协同合作。下面说说走廊的发展概念，对于地理经济这个方面来说，在现在世界经济的背景之下，我们有很多的移民在移动，并且有一些地区工业化还没有真正完成。对于整个欧亚大陆的发展，我们需要基于文明、基于尊重我们传统的基础上来进行发展。我们需要非常好的策略性的对话和概念。同时整个欧亚大陆的基础设施建设仍然是重中之重，这就是我们的工业发展走廊计划。

这能够很好地促进我们基础设施的建设和发展，例如高铁，希望我们的技术不断革新能够促进我们整个交通系统的发展，还有我们的电缆、新能源的利用，还有我们的发电，希望我们能够很好地为我们的经济发展提供这些资源，一定要为经济的发展做好保障。这里谈到的都是整个地缘经济的概念，我想强调的是，所有的这些政府和国家还有我们中国提出的"一带一路"的战略，一定要注意在实施的时候要保护各国不同的文明，我认为非常重要的一点是，希望中国在协同合作方面的经验作为一个好的传统知识延续下去，能够更好地指导欧亚大陆国家。我们希望最终实现一个多边文化繁荣的状况。其中的文化元素，都能够得到尊重。非常感谢大家的聆听，谢谢。

（莫斯科国立大学教授）

全国治理的亚层级问题

杨宜勇

很高兴参加今天上午的会议，上个月美国的公共管理协会在南洋理工大学也召开了全球治理的会议，今天有幸在武汉参加由中国世界和平基金会和华中科技大学国家治理学院共同举办的全球治理研讨会。全球治理已经成为一个非常火爆的话题，那么我先谈一下我自己的一些初步的认识，全球治理初步阶段的认识。我认为全球初步治理1.0，就是诞生了ILO组织，1949年诞生了联合国。全球治理1.0，我觉得它的特点就是反殖民化，民族要独立，国家要解放，民主发展成为世界发展的潮流。全球治理2.0，就是两次石油危机之后的产物，第一次石油危机和第二次石油危机，特点就是全球的危险化。所以是跨国公司最大化扩大了国际公司和国家生产可能性，提高了国家经济潜在增长率，在这个治理过程中，也有所谓的华盛顿共识和北京共识，我看北京共识公开还没有被承认过。与此同时，贫困在加深，南北问题进一步突出，那么南北合作无解，南南合作被动地兴起。当年说全球的资产阶级合作起来，但是后来没有合作起来。

我们看全球治理3.0，就是两次金融危机之后的产物，现在全球的无产者联系起来，美国的劳联、残联与中国工会合作，南北合作的问题开始启动，我觉得会引来全球治理4.0时代，就是文化治理的时代，由两次恐怖事件造成，一个是纽约的9·11，一个是2015年巴黎发生的。

第二，对全球治理主体性的认识，过去是美苏两霸，华约、北约。当时我们搞的计划经济，不是中国特色的社会主义，而是苏联特色的社会主义，当年我们是集中精力发展生产关系，我们的目标是打乱旧世界，不合作，不结盟。思维也是敌对的，包括华约和北约的思维也是敌对的，现在一天天好起来。在冷战结束之后，主导者变成了G7+1和现在的G20，现在共同治理的主体日益多元化。我认为由过去两个世界的对立，演变成大概的三角关系，这个三角关系是我个人的看法，以美国为代表的日本、欧盟，以中国为代表的东盟和非盟，也不能完全代表，以俄罗斯为代表的东盟等。中国特色的社会主义，我们现在是集中精力，发展经济的。但是未来我觉得中国作为大国的责任会进一步凸显，所以我们也搞了"一带一路"，两次世界大战，国内经济危机爆发，在全球寻找出路。中国不会走老路，我们搞和平发展的"一带一路"的战略，我们与周边国家共同开发、共同成长，与发达国家平等地对话，引领增长。过去邓小平先生搞这个开放，用他的话来说，从经济学解说，不求所有，但求所在。习近平总书记搞"一带一路"就是不求所在，但求所有。这个境界不一样，是由于发展阶段不一样造成的，中国愿意在全球治理国家中间尽用自己的可能，最恰当地担任。

第三，全球治理，为什么会产生？就是有公共性的问题，有国家的外部性问题，才有全球治理的必要。如果没有国家负的外部性问题，那么全球治理就根本无从谈起。全球治理话题演变的路径，也是始终坚持导向的。过去我说的，以前可能华约北约的时候是意识形态，是价值观。中国1978年开始搞改革开放之后，我们讲的经济利益，我们讲价值链。现在大家更关注气候和健康环境，墨西哥城到今天还没有治理好。还有一个是文化系统，恐怖主义的兴起，这不能归结于某个文化的问题、某个宗教的问题，但是全球治理未来需要文化的互相尊重、文化的互相影响。在全球来反对恐怖主义是下下策，恐怖主义是要来防的，恐怖主义蔓延，过去十年二十年我们遗忘了，错失了什么，是需要我们全球很多国家来反思的。

第四，回到我今天的主题，我觉得全球治理很热，不能一下子越过主权国家进入全球治理，主权国家有220多个，220多个国家一起开会，这个会没法开。所以说 2008 年以后，以全球化为表征的全球治理出现了严重倒退的情况，WTO 总干事长说，美国抛开 WTO 搞了 PPP 和 TPP。后来中国的习近平总书记没有办法搞了"一带一路"，我只能向西，向南发展。习近平总书记说"以前很多问题都是多边来解决的"，有框架。而现在许多问题的解决需要两国元首一起谈，不是谈一个问题，是谈十几个问题，一揽子解决，我觉得很有意思，这就是我认为的全球治理在倒退。比如说高铁项目需要国家元首的介入，比如说双边自贸区建设风起云涌。同时全球治理需要对民主国家的概念提出挑战，我们要真正达成全球治理，主权国家要实现部分主权的共享，不让出部分主权，全球治理就没有空间，在民主主权国家之前就没有太大的空间，就不具有未来长期可成长性。所以说我提出来全球治理要加强亚层次建设，我今天强调可以是两个视角，但强调其中一个视角，一个是洲际间的治理，第二个是条块，比如说气候大会、国际劳工组织等，所以我觉得在地区治理，区域治理方面最成功的就是欧盟，它从 20 世纪50 年代到现在也经过了 60 多年的时间。从欧洲的煤钢联盟，到今天的经济共同体，到政治共同体，到欧洲议会，我觉得这是一个很清晰的发展路径。但是它又有走得太快的问题，欧盟太大，现在有一点失控。过去 15 国，今天的 28 国。但是我期待亚洲有亚盟的出现，亚盟的出现对亚洲的发展是有好处的。过去全球治理的功能是不到位的，也是不成功的。有两种解决方案，一种就是进行流程再造，以联合国为中心进行流程再造，第二个就是另辟蹊径。

（国家发展和改革委员会社会发展研究所所长）

中国亚洲基础设施投资银行
倡议的多面性

艾大伟

对于全球治理我们的亚投行能起到什么作用？在亚洲能起到引导的作用，并且对于全球的治理，中国现在都希望能起到领导的作用。其实我们看到从前的一个传统，比如说关于亚洲，关于非洲传统的一个构架，是这个 PPT 表现的，现在的 G20 到 G7、金砖国家的扩展是这样的，中国伴随地区治理重要的角色，尤其是"一带一路"的战略。所以今天我们所谈的这个协同合作，当然是与结构紧密相关的，中国以及其他的新兴国家，还有亚太地区的国家，我们这里可以看到中国和其他的一些国家作为资助国提供了一些合作，比如说南南合作，还有一些新的赞助，对于全球治理的概念它们之间有共享和竞争的关系。对于我们在图（略）中看到三个 PPT 因素都是有不同的，我们需要协同合作来探讨全球治理的问题，这个可以给我们一个背景，尤其是我们的"一带一路"。

其中最重要的一个特征就是如习近平总书记所提出的，许多的权威机构，我们可以看出，它的计划都是非常大的，从 2012 年开始他提出了韬光养晦，后来提出了奋发作为。他希望能够很好地巩固中国在其中起到的作用，并且能够真正地实现中华民族的伟大复兴。这是他的一个战略视角。其中有一些非常重要的因素，那就是和美国新的力量合作的关系，但是其中重要的一点就是美国必须要尊重中国在亚洲的利益，中国实施"一带一路"战略，在亚洲，在欧亚地区，中国是引导了全球南部治理的战略。习近平总书记提出了"一带一路"，还有亚投行的合作。这是 2013 年 9 月和 10 月在中亚以及东南亚地区开始实施的周边外交策略，这是一个跨欧亚走廊，在东南亚比如印度尼西亚，港口的建设尤其要在海岸线上。"一带一路"和我们的丝绸之路都是希望能够很好地联系欧亚地区的每一个角落，能够很好地促进中国经济的发展，并且建立中国的领导地位。这个概念就是要建立一个"命运共同体"。在这个背景下，亚投行在亚太地区开始筹集资金能够很好为"一带一路"提供资金援助，这就是我们的背景。

亚投行的观念和发展的历程，在 2013 年 10 月，习近平总书记发了几项通告，那么在 2014 年 1 月我们进行了讨论，中国最初只邀请一些友好的亚洲国家进行讨论，并不是对所有的西方国家进行开放，对此美国也是持一个消极的态度。有一些人对此事持有怀疑和批评的态度，在 2014 年 6 月的时候，印度受邀加入。在 2014 年 10 月有 21 个亚洲国家签署了成员国，在北京进行了签字仪式，这个期限延期到 2015 年 3 月 11 日，在 2015 年美国宣布加入，还有一些经合国家也宣布加入。习近平总书记强调世界银行以及亚行与亚投行合作的重要性，并且表达了合作的意愿。我们最初希望亚投行发展"一带一路"策略，它是怎么帮助"一带一路"的实现？那就是发行债券，提供基金的援助。中国在其中持有大多数，当然北京是亚投行的总部，其中 75% 的投票权都是来自亚洲的成员国，25% 来自非亚洲成员国。同时也有非成员监管的理事，现在我们已经有 57 个成员国参与，其中有 21 个是来自经合组织国家，同时我们聘请了来自其他国家的组织专员，我们希望建立一个绿色、高效、廉政的服务体系。

中国对于亚投行有什么样的期望？是为了自己的利益，还是为了全球共同的利益？亚投行实际上是刚刚成立，所以我们还不太清楚具体的发展方向。但是对于我们的"一带一路"，肯定是一个国家目前最重要的战略，也会为其他国家的经济提供发展的援助。我们的进出口、投资市场，人民币的国际化，中国文化的独立性以及军事的战略意义都会非常重要，并且在欧亚地区建立一个命运共同体，是一个双边的治理机制，当然是由北京的总部来进行管理的。

在 2049 年，亚投行应该是在欧亚地区有一个主导作用，在军事方面也会有一个主导作用，欧亚地区会提供一些能源建设，比如说经济增长所需要的资金。但是与华盛顿还没有达成一个共识，其中受到了一些批评。中国提出的全球南部的加入和合作，对全球做了非常重要的贡献。从什么程度上来说亚投行对中国投资财政方面的利益起到很大的作用，尤其是欧亚地区，以及它的政治和运作是否会透明？这是大家重视的问题。

对环境会有什么影响？通过和亚投行合作和建立相关的项目，中国赢得了尊重，并且分享了财富。亚投行可以帮助中国学习在国际上最好的做法。尤其是在金融方面，中国同时也会获得更多尊重，因为它可以提供更加开放、公正、包容的管理。能够很好满足亚投行成员国的需要，并且能够提供很好的服务，谢谢大家！

（约翰霍普金斯大学高级国际研究学院教授）

治理现代化与新兴国家崛起

林跃勤

大家上午好！非常感谢华中科技大学国家治理研究院的盛情邀请，有机会向大家学习，昨天和今天各中外嘉宾对全球治理和过程责任方方面面发表了真知灼见，获益非常多，非常感谢。

我想借这个机会围绕一个新兴国家的治理创新和崛起的话题进行一个论述，大家知道治理是一种制度的建构、秩序的维护，是发展保障的导向，全球治理是各国治理的综合体现，全球的善治有赖各国、各区域的治理优化和改善，每一个国家都对全球治理负有责任，正如每个家庭成员对整个家庭的繁荣和谐负有责任一样。全球200多个国家和主体，对全球的发展与治理的名义权利和责任是一样的，但时间各种条件不一样，权利义务以及能力是有差别的。大国在这个过程中间，应该说对全球的发展和治理负有更多的责任。金砖国家与新兴发展中的大国，它在追赶发展中，要求提升自己的治理话语权，同样对改善治理做出更多的贡献。但目前包括金砖国在内的新兴和发展中国家对国内治理和全球治理的贡献，与其身份地位、诉求、能力不相符。我想通过这样一个比较的视角，看看这个情况。

我讲的主要内容是为什么治理重要，新兴国家在构建善治面临什么样的困惑，再就是新兴国家如何治理创新？通过改善内部治理和全球治理做出更大的贡献。我的发言大致是这三个方面的内容。

大家知道增长或者发展与治理秩序是一个国家正常有效的协调车子的两轮，每一个国家都能够达到发展繁荣和善治的话，整个全球的发展和治理就能够得到充分的保障，治理影响和确定新兴国家的兴衰，过去新兴国家因为贫穷、落后，特别致力于赶超化，这是超物质财富的创造，做大蛋糕，2015 年的情况在发展方面取得一定成就以后，实际上治理的问题及秩序的问题，和谐稳定日益凸显。所以改善治理的挑战日益强烈，随着自身经济实力的提升，对全球话语权的要求越来越高，应该承担的责任也越来越大，两者之间的诉求和能力，做的贡献之间还是不匹配、不对称。

国家善治，就是对一些新兴国家、一些经济体，提升影响力，对全球善治的影响力，也是独特的，也是显著的。

但是现在新兴国家在治理方面面临一系列的挑战和困境。一个是治理的能力还是比较弱，水平比较低。最近大家知道东航一位病人，下不了飞机，机场和东航之间不能协调，让病人在飞机上等了一个小时，都没有人抬下来，差点让这个病人爬下来，这就是协调的问题。治理的质量效益比较差，协调配合差，效率低，效果不佳，治理的机制不够先进，法制化、机制化存在问题，国际参与度比较低，议题设置力比较弱，如金砖国家，金砖国家治理能力滞后，金砖国家的 GDP 在全球前十，但是营销环境、经济自由度、科技创新水平，还有一些内发展指数等，大家都可以看到，一般都是在 40 位以后，甚至 100 多位。再就是我们可以从世界银行做的六大衡量治理水平、能力、效率来看，金砖国家多个指标方面都是远远低于美国等发达国家。像话语权与问责，政治稳定且不存在暴力和恐怖主义，政府效力、规管的质量，法治，还有一些腐败控制等，从这一系列的指标上可以看出，像金砖国家、印尼都落后于美国为首的发达国家。这表现出我们的治理要做出很大的努力。

如何通过内部创新治理推动全球治理的创新，达到国家善治到全球善治，首先发展中国家人口、面积、资源占了全球的半壁江山，那么你对全球的治理负有责任，搞好内部的治理，解决好家务事，本身就是为全球善治做出了贡献。现在很多全球问题就是来源于发展中国家或者是新兴国家，这些国家每天都是灾难、污染、暴力等问题。不输出问题，不制造矛盾。要承担各种义务，比如说参与救灾、维和等，还有搞好体制机制的创新，提升治理的效能，要与时代、全球化、知识化、社会化进行治理，不要搞自己的特殊化。加强国际的交流合作，要提高国际治理的标准，俄罗斯高效改善营销环境，这方面已经受到世界银行的表扬，普京总统提出要从2012 年到 2018 年达到第八位。印度提倡网民线上反腐，巴西致力推动民主，还有推动生态发展。再就是南非消除种族，包容发展。包括中国在减贫方面，各个国家在相互借鉴经验，改善内容的治理，同时推动全球的治理。这方面都各自有自己的优劣点。在推动全球治理方面，也做了很多，中国，包括其他的金砖国家也日益重视参与，从 2006 年以后，我们在联合国大会期间，我们的财长、外长、行长聚会，到金砖峰会等，这都是全球治理集聚合作方面一个非常重要的体现。未来在这方面还有更多努力的空间。通过金砖国家的努力，肯定能够改善自己的治理，同时可以实现全球善治。谢谢大家！

（中国社会科学杂志社主任）

中巴经济走廊与"一带一路"的机遇

泽米尔·艾哈迈德·阿万

大家好！我是泽米尔·艾哈迈德·阿万，巴基斯坦科技参赞，我来介绍一些巴基斯坦的国情，中巴关系，中巴经济走廊，还有一些合作的机会。

巴基斯坦于 1947 年 8 月 14 日独立，巴基斯坦是一个古老的民族，我们有几千年的历史，以前我们跟印度是一个国家，是英国的一个殖民地。巴基斯坦现在有 2 亿人口。很早就跟中国建立了外交关系，是非社会主义国家里第一个认可中国的国家，新中国 1949 年刚成立的时候，欧美发达国家认可的国家是台湾，不是大陆。1950 年 1 月巴基斯坦派了一个高级代表团访华，他们说，我们跟中国有很悠久的历史，两千年前中国的一位和尚玄奘，到巴基斯坦宣讲，玄奘当时讲课的大学是我的老家。佛教发源地在阿富汗跟巴基斯坦的边界，但是阿富汗没有佛教了，这个发源地还是在那个边界。巴基斯坦跟中国是全天候的友谊，我们很早就跟中国开始建交，巴基斯坦不管国内发生什么变化，跟中国的关系不变，一直很友好。中国跟周边的国家有时候很好，有时候一般，有时候差一点，但是跟巴基斯坦从来没有矛盾，一直是很好的。所以我们强调是"全天候的友谊"。两个国家的领导见面常提我们的感情比海深、比山高、比蜜甜、比钢硬，我们是真正的"铁哥们"。

你们从图上（略）可以看到巴基斯坦的风景，你们喜欢巴基斯坦吗？风景好看吗？欢迎到巴基斯坦旅游，到巴基斯坦是免费办签证，很方便、很简单、很容易。"一带一路"是一个哲学道理，一个非常强的理论，发展经济的一个模式，不但是发展中国的经济，而且发展周边一些国家的经济，对整个世界都有贡献。不但是经济，对安全、和平也有大的贡献，这是一个非常深刻的理论。我们认为中国人民的梦，也是巴基斯坦人民的梦，我们要共同正视这个梦，完成这个梦。21 世纪的丝绸之路有好几条线，一个是通过俄罗斯到欧洲，还有一个是经过南亚、缅甸、孟加拉国再到欧洲。最短、最方便的、可能性最大的就是通过巴基斯坦，只要巴基斯坦同意，完全可以实现。如果到了其他国家，问题会越来越多，经过巴基斯坦是问题最少、最短的、可能性最大的，我们今天第一条做得好，下面会做得更好。

其实巴中经济走廊这个概念早就存在，但是这是 2013 年李克强总理访巴的时候提出的，巴基斯坦总统 2013 年访华的时候就签订了这个协议。这个走廊的概念是从新疆喀什到巴基斯坦通路，高速公路、铁路都连接起来。大家知道沿海大城市发展很好，再要发展就是内陆要发展，青海、内蒙古空间很大，新疆生产的东西要运到国外，先要运到上海、广州，有 4000 公里。但是从新疆到巴基斯坦的港口只有 2000 公里，这里减少了运输阻力、运输成本、运输时间，对贸易来说非常有利。这样的经济走廊是非常有意义的。

大家可以看巴基斯坦位置在伊朗、阿联酋的附近。目前运输的一条线路，从东欧到欧洲，这是从新疆到巴基斯坦，这样走的话非常方便，目前中国只有一个太平洋，太平洋的问题很多，南海的问题、钓鱼岛的问题，通过巴中经济走廊，中国有了阿拉伯海、印度洋，这非常有意义。

习近平总书记 2015 年 4 月访问巴基斯坦的时候，有 50 多个企业家，见证了 51 项双边合作文件，但实际上民间的投资比较大，是国家投资的 10 倍。目前在中国市场有一定的饱和，竞争很大，利润越来越薄，要发展事业还是要在海外发展，海外要发展，巴基斯坦非常欢迎，巴基斯坦的政策很灵活、很优秀，鼓励大家来巴发展，特别对中国朋友们来说，都是自己人了，什么事情都好商量，保证你们发财，保证你们赚大钱。

巴基斯坦非常保护外国企业，也保护企业人员的安全。我们跟中国有一个自由贸易区，这是一个非常好的地方。其实巴基斯坦跟中国的政治关系非常好，市场非常大，2亿人口，巴基斯坦的政策很灵活，也很支持，你们要发展事业，还等什么呢！你们不要从明天开始，我希望从昨天开始在巴基斯坦发展事业。

（巴基斯坦科技参赞）

NGO 在国际政治领域对个体的潜在影响

李　钊　齐海滨

大家早上好，非常荣幸能来到这里，作为华中科技大学的一个学生跟大家交流。我是中国人，因为这篇论文最初是用英文写的，所以我用英文跟大家介绍，我的话题是"NGO 在国际政治领域对个体的潜在影响"。

大家知道非政治组织在守护着很多的价值，它们是公民社会的启动者、运行者，这其中有很多相关的问题，我们是可以进一步讨论的。在其他论坛上我也做了相关的介绍，根据 2013 年国际组织报告，NGO 所关注的一些领域是比较特别的，它们关注的领域都有两个共同特点：第一就是它们都会有明确的目标；第二它们相对比较孤立，关注一个话题就不会关注另外一个话题。有一些 NGO 组织对政府有敌意，另外一些 NGO 组织跟政府是有合作的。

NGO 组织经常会关注一些比较精确的目标，它们有特定的关注点，关注的领域、关注的目标。包括一些社会企业，它们也都会有明确的运行的领域，从这个角度来讲，它们通常会在社会中产生巨大的影响，这个影响究竟何在，我们可以看一看这个数据，这个数据就简化了整体的数据，我们做了一个模型，我们有 A、B、C 三种状态，有 α、β、γ 三个领域，为了区别它们最大化的结果，这里面我们就会通过交叉因子进行分析。如果有一些 αA、αB、αC，他们能够最大程度使得 A 国的国民生活得到提升，大家可以从图（略）上看到我们有 αA、αB、αC 的组织，我们就对三个领域和三个国家进行交叉分析，我们就可以得出其中 A、B、C 最优化的组合。每个国家在

NGO 的选择和运作上，可以按照一定模式进行组合，并且形成比较优化的运行模式。比如通过一些联盟组合，去掉更多人为因素，它们运作的效率实际上会更高。每一个区域非政府组织的功能化，包括它们的工作也作为其中一个分析因素。我们得出一个结论，在 NGO 的构成方面，有一些 NGO 所运作的话题是一些比较抽象的、理念方面的话题，这是我们赋予研究的一个变量，一个社会当中相关的资金，一些非法劳工的情况，他跟社会当中管理机制观念是非常密切的，NGO 组织的治理模式，它们视角之间的关系做成一个变量，包括它的外在威胁和内在的价值。从治理方面，包括民主的因素、运行的模式，这些方式我们进行一些梳理后，可以很好地帮助 NGO 组织来创造公民社会。当人权在一个社会中被视为有普遍价值的时候，就可以很好地对其他的行业，比如说经济、劳工方面产生正面积极的影响。真正的威胁不是 NGO，而是它们采用的一些工具和策略，国际社会当中，很多 NGO 都用各种各样的工具、网络媒体等，他们对政府指证，甚至对个体产生相关的影响。在国际政治当中，NGO 正确的定位，那应该就是在政治当中会呈现客观成果，会呈现一些负面的效果。

但是这些相关的理念在 NGO 当中是非常重要的，如果我们把 NGO 从整个政治当中移开，公民社会是很难高效实现的。比如说，政府当中的一些权力的制衡，我们可以很好地通过公民社会当中的非政治组织来进行实现，当然很多人讲到和谐的问题，在整个司法过程当中，政治所发挥的作用，有一个调控、平衡以及分配的功能。NGO 其实并不是所谓的制造和谐最终的工具，有时候是推动挑战一些平衡社会的动态。

所以说它跟传统政商的和谐平衡的观点是有一些出入的，它不是纯粹说人与社会变成纯粹意义上的平等、和谐，而且进行一种政治上的平衡，来达到社会的制衡。每一个 NGO 所代表的都是每个群体利益，所以不同的 NGO 组织就需要政府的机构进行一定的调控，这样才能达到一个整体意义上的协调，而不是说从不同的程度来进行妥协。总之，在社会组织当中 NGO 的作用是非常重要的。

（华中科技大学国家治理研究院研究员）

中国依靠历史文化和价值认同参与国际领导和国家发展

詹姆斯·A. 洛亚科诺

我想提一些重要的观点，我们的哲学家们、思想家们在不断地谈到我们的现实，但是我们必须采取行动，而不只是谈。思想家的探讨是无止境的，所以我们今天讨论的话题是中国依靠历史文化和价值认同参与国际领导和国家发展。这个问题是我研究的方向，另外也是两个具体的会议，我们的习近平总书记在 2015 年 5 月的时候，参加了一个 60 年的纪念日，就是我们的万隆会议。

当时他做了一个非常重要的讲话，有关全球治理和国家责任。另外一个会议是在白宫，当时他的夫人也出席了，他谈到和强调我们需要注意的一点，就是关于"全球治理"。所以我想花一点时间来谈这个在白宫的会议，习近平总书记谈到了五个原则的问题，"和平共存"是周恩来总理在 1953 年提出的，对和平共处五项原则，提到：互相尊重主权和领土完整，互不侵犯，互不干涉内政，平等互利，和平共处。对我们来说很重要，中国的历史，曾有九次扩张的历史。也曾经干涉了其他国家的发展，我们所提到这样一个互相的概念，首先我认为是中国提出的，这是一个非常重要的概念，中国是世界上的一个经济大国，中国也感到必须要参与到全球的合作中去的责任，这样才能很好地指导全球的发展，作为全球发展的领导者，能够更好地促进人类生活和地球的发展。当我们谈到和平、战争、生态环境等问题，这些也是我们要考虑的，因为这保证了人类的基本生活。实际上有很多机构和国家没有参与到这一项工作中，当 1953 年第一次会议的时候，建立了和平共处十项原则，我认为这是对周恩来总理提出的最初原则的扩展。在 2015 年 9 月习近平总书记跟美国总统会见时，谈了很多国际上的事务，谈到中国、美国与新兴大国的关系，我认为这个非常重要。金教授讲了，中国还没有准备好进入全球治理的角色当中去，但是它仍然感觉有这样一个需求，它必须不断地让自己能够具备这样的能力。能够参与到，能够领导。就像习近平总书记曾经在万隆会议上提到的，这就是我们提到的相互性和相互协助的概念。

联合国也希望和其他国家一起协同合作，中国看起来是一个发展中国家，但是对于美国来说，中国是一个发展很好的国家。另外一点很重要的就是，美国的人民对他们来说非常重要的一点就是民主和人权，它们是人民所有共同的追求。同时我们也意识到，不同的国家有不同的历史进程和现实，我们必须尊重来自不同国家的人民。让他们有权利选择自己的发展模式，能够独立地进行发展，我认为互相性、尊重、平等、认同，这就是我们所强调的重点，这也是我们中国领导人来到美国，所带来的一些非常重要的概念。同时也是同其他大国建立关系的基础，所以我认为中国已经进入这种新兴伙伴关系中，它不是在等待进入，而是已经随之而动，并且我们看到了其内部的发展。在 1991 年，我参加了在北京举办的会议，2010 年当我再次回来时，我不相信这是同一个城市，同一个国家，它的建筑都很新。整个中国发生了翻天覆地的变化。现在的现实是什么？我想说的是什么？我所研究的领域是价值观和思想，中国能够这样做，因为中国的价值观是来源于非常久远的历史，同时也是我们习近平总书记所强调的，也是习近平总书记带给美国人民的，并且我们也要看到，中国人是谁，有什么样的价值观，他们不断演变什么样的价值观。我们千年的文化是独一无二的，属于中国人民。就像美国的文化，巴基斯坦的文化，所有人类的文化，我们确实要了解我们的文化和价值观。并且这是我们认识自己的一个重要标志，这是我们身份的象征。

中国，如果没有这样的价值体系，是不可能取得今天的成就的。这是在尊重历史前提下所取得的成就，世界上没有任何一个国家，在文化未被认同的前提下取得前所未有的成就。所以当我们看到这种文化价值观的时候，我想指出一些非常有趣的现象。中国的一些社区，尤其是在华盛顿的华人社区合作，他们不说普通话，但是大多数说粤语，之后的问题是，我去了新加坡，中国的文化，我在那里也体验到了，我看到了一些相似点，非常的相似，他们的价值体系，他们的工作准则，他们的专注度，他们的社区，还有他们的贡献。在整个发展中，不仅体现了移民的责任感，在传统的中国思想中，还有中国人的自我认同中，所汲取的一些思想。我是一个美国人，但是我不想傲慢地说我知道中国、了解中国，我知道他们的文化在哪里，应该向哪里发展。但是我可以很谦逊地说，我不是一个专家，但是我已经亲眼看到了这样的文化，我来过中国很多次，我了解中国的文化有很多的渠道，也许是从新加坡华人、也许是从美国的华人身上了解的。

中国很多人信佛教，也有人信基督教，或者其他的宗教，中国是在中国共产党领导下的社会主义国家，是一个注重价值观的国家。大家带着相同的价值观汇集在一起，一起发展，这是一个重要价值观的选择的基础，每一个人都知道这是什么，面对自然的挑战，面对困难，面向和谐。我们不想被淘汰，这就是中国人还有全世界的人都需要关注的一点，这是我们历史过程中的一个进程，我们看一下中国的历史，对中国国家的发展，对其他国家的发展起到一个什么样的作用？从这些历史进程来看，中国人需要解决自我的认知，这个认知是来自价值观和文化，我今天想说的就是这些价值观，习近平总书记曾经提到这些价值观体系的概念，认为只关注经济发展和军事发展，现实的人的元素被完全忽略了。如果我们只看经济和军事发展，那么谁会控制这个世界。我们知道通常就是这些大国。在我看来习近平总书记所谈到的价值观和理念，能让我们更清地认识现实，更好地发展。不断地发展对中国人民至关重要，因为现在我们经历了很多的发展，当然在很多方面有很多的问题。比如说现在生态保护的问题等。不仅是中国面临这样的问题，美国同样面临，还有其他的国家都有这样的问题。只是形势不同而已。

　　所以，自我认知是来自于人，来自于文化，来自于历史，他自己发现了自己的价值体系，他们属于人民，帮助人民自我认知，所以我认为这个自我认知的东西是非常重要的。然后他们能够开放自己，了解自己，找到自己的组成，决定自己的发展，这个我们必须尊重。这也是国家治理中的重要组成部分，这对国际化也是至关重要的，能够很好地帮助世界不同的民族进行对话。有时候我们看到尤其是在西方，他们的价值观不重要，因为我们看到科学的进步，现代化、现代价值观是没有科学基础的，你不能证明哪一个价值观更好，哪个更重要。这个对我们的文化，价值观的欣赏是我想提倡的一个概念，我们必须要关注每个人都是不一样的，我们谈到德国，它是一个很大的经济大国，因为有着移民的问题，德国需要劳工。我在德国居住过，我看到这些人，如果在德国没有工作力就没有未来。这就是价值观的问题，德国没有了价值观，没有了自我的认知，是属于一个移民的国家，所以这个价值观非常的重要，对于我们每个人，能够很好地欣赏和感激，并且吸纳自己的价值观，这是我们所传承下来的，我们是一个完整的人，你可以自己选择把价值观扔掉，它就会消失，也许你会强迫接受这个价值观，因为我自己没有一个本身的价值观，我只能接受别人的标签，受到外界的影响和压力，这是我想讲的重点，谢谢大家！

（美国价值与哲学研究委员会委员）

中国作为全球治理的平衡与稳定因素

米勒蒂·阿吉雷·迪亚斯

　　大家早上好！我的发言内容是中国作为全球治理的平衡与稳定因素。首先代表古巴使馆感谢中国世界和平基金会，还有会议的主办方，让我们有机会来跟大家分享关于"全球治理"这样一个关键的话题。中国作为全球治理的平衡和稳定因素，中国是创新之源，包括科学发现，包括造纸、食物、印刷从古代就是创新之源。在历史上中国也有很多跟外国合作的机会，中国不断地推进世界的和平发展。2013 年在莫斯科州立大学的国际研究院就有一位讲者说到"随着世界不断地整合，各位就像是同一艘船上的船员，我们需要互相地尊重，才可以制造出共同的和平与发展"。中国对世界的和平做出了巨大的贡献，也承诺遵守《联合国宪章》，在莫斯科论坛上我也讲过，习近平总书记当年讲道，我们要不断地、大力推进国际合作，并且将国际合作推向一个新的高度。中国在很多方面都跟国际治理关系非常密切，比如说我们今天讲到的技术转移，包括卫星发射等。

　　从 1970 年到现在，中国发射了非常多的卫星，使得一些偏远地区的通信水平都得到提升。中国对于世界方面做出的贡献，还包括亚洲投资银行，我们也非常有信心，这个新的体系未来也会做出非常大的贡献。现在已经有很多的会员加入其中，包括 53 个国家。在海外资源开发上，中国也不断跟其他的国家进行合作，这也是未来共同繁荣之源。中国已经走出全球范围之内的金融危机，并且中国很坚挺地向世界做了一个应对危机的榜样。中国也不断地践行着国际法的原则，作为国际货币基金组织、世界银行、世界贸易组织、联合国中重要的一员，中国已经为西方的治理树立了一个榜样。中国现在也是在树立自己的治理榜样，比如说我们今天讲的亚洲基础设施投资银行，包括亚洲投资银行等，这都是在国际治理中一些新的举措。国际货币基金组织将人民币作为储备货币入篮，这是国际货币组织非常重要的一步。之前包括香港、澳门回归中国，也代表了和平解决主权问题一个很好的范例。不同国家深入地理解、促进他们共同的利益。在之前就很少见，但是最近这些年做得非常好，中国给区域带来了和平与稳定。自古以来中国就利用丝绸之路跟周边的国家进行贸易往来，在 20 世纪以后贸易不断地扩展，中国跟拉丁美洲通过海上丝绸之路进行交流，中国也是拉丁美洲第二大贸易伙伴。中国这种贸易交往也很大程度上帮助了拉丁美洲抵御全球的金融危机。中国和拉美的部长级论坛不久前在北京举行，李克强总理也出席了会议。就在上周他们成立了第一个部长级常设沟通的机制，把拉丁美洲、古巴跟中国的关系变得通畅。无论是大国还是小国，中国都是基于平等的理念进行对待。古巴非常欢迎中国所提出的新的思路，感谢大家，这是我跟大家分享的内容。

（古巴使馆三秘代表古巴大使）

联合国在全球治理中的作用

周尊南

　　谢谢大家！上午好！首先我要感谢欧阳院长给我一个机会来参加这个会，这个会很好，我绝对不是外交词汇。我昨天听了大会的发言，今天刚才几位的发言，我发现在我们国际关系和对外关系研究的领域，现在真正是青出于蓝而胜于蓝，我这一代确实是新中国成立以后，我们党培养的第一代，但是我现在发现青年一代的外语，无论是现在科技技巧，还是学术水平远远超过我们那一代。但是我们那一代有权威在。我今天要谈谈我的学习体会，"联合国在全球治理中的作用"，刚才金灿荣教授讲到联合国是一个平台，我完全同意。现在全球治理谁来治理？我们现在一直强调要改变不合理的政治经济秩序，要建立真正的公平合理的秩序。这个秩序是怎样形成？这也跟联合国有关，联合国成立70年，联合国为什么要成立？当时是基于二战的历史教训，为了维护战后的国际和平与安全，成立了一个联合国。但是联合国成立以后，在国际事务中每年真正发挥的作用有多少？有一段时间被大国，特别是被美国挟持了，1950年美国宣布决议，说我们中华人民共和国是侵略者。我们在联合国的合法权益也被剥夺了。随着我们在联合国合法权益的恢复，我们战后解放运动的兴起，很多国家纷纷独立，这样联合国在国际事务中的影响，也逐渐地扩大。

　　今天我们要治理，刚才金教授也讲了，美国、欧盟、俄罗斯，它们现在都不可能还像过去那样主宰世界。今天的全球治理过程中，联合国应该更好地发挥它的作用。联合国怎么发挥它的作用？

这就要回到联合国成立时候的宗旨和基本原则。很重要的几条，就是不干涉内政，尊重民主主权的完整，不使用武力和武力威胁。在1953年周恩来总理提出和平共处五项原则，现在我们要全球治理，出现了很多问题，比如说气候变化、难民问题，习近平总书记就提出了一个问题，在联合国的框架下，全世界现在200多个国家，它的会员现在是193个。中国作为一个主权国家的成员，中国人民的事情自己办，世界的事情需要世界的人民商量来办。联合国确实是一个很好的平台，联合国要处理全球治理事务，要有规矩，这是习近平总书记在巴黎大会提出来的，需要有一个法、一个国际的规范。我们提"依法治国"，能不能提"依法治世"，最好就是《联合国宪章》和联合国相应的国际关系的基本准则。

　　大家现在讨论全球治理、利益共同体、主权让渡等问题。我觉得不干涉内政，尊重他国的领土主权，不使用武力和武力威胁，这些基本的东西，就是国际法治的基础，也就是国际规范的基础。比如说国际安全的问题，维和部队只有联合国出兵，这样就有秩序。有一些国家打着人道主义的旗号，干预出兵是不行的，还是需要联合国统一部署，世界巴黎大会的举行，也是联合国主导的。还有一些地区问题的解决，特别是面临反恐，现在反恐，美国也在反恐，别的国家都在反恐，是双重标准的。反恐我们特别要强调联合国主导，有一个民主、平等、正义的国际规则和国际秩序。

　　联合国秘书长潘基文讲，支持联合国在国际事务中发挥更大的作用。我们对联合国的支持是实实在在的，我们不仅提高了在联合国经费的投入。现在的联合国的维和行动，中国派出维和部队的人数也是世界第一。通过联合国在世界事务中发挥主导作用，这有利于维护世界的和平和安全，也有利于促进世界的发展、进步。今天很高兴金教授提出这个问题，我们要加强联合国的作用，透视在全球治理过程中间，联合国怎么发挥作用？这需要我们在座的学者深刻研究，这样有利于我们中国在联合主张下的全球治理中，发挥更大的作用。谢谢大家！

（原外交学院欧洲研究中心主任）

从自我系统到生态系统：
全球治理的新挑战

T. 艾尔·哈里发

　　早上好！很荣幸来到这里，首先我想感谢一下华中科技大学邀请我们在这里会聚一堂，论坛的目的就是为了谈论我们的共同命运。尝试从全球的视角找到本地的解决方案，并且把这种讨论不断地扩展下去，这个机会非常好！这两年我们分享了很多经验，分享了很多想法，和很多睿智的学者讨论我们如何面临 21 世纪的困难和挑战。人类在 200 年前就有一些新的教条，新的规则出现了，我们通过这些规则来审视自己，我都知道些什么？我们都了解些什么？我们相信我们在许多方面都跨越了极限、不断去追求完美，但是这个过程很难，我们在其中会经历一些痛苦，但是我们一直在思考，我们能够把这种创立的系统、创立的理念，进一步推进，进一步向前。

　　的确，今天这个体系遇到了一些问题。我谈一谈我个人的一些观点，有可能是错的，但是我一直觉得这一点是很有意义的。中国一直都希望成为国际社会当中负有责任的一员。即使在古希腊、古罗马的时代，用那个时候的视角来看待中国，中国也是一个非常有责任的国家。并且中国也共享着全球的共同命运，所以中国的治理从夏商周开始，中国 2000 多年前，就已经开始有治理的理念了。

　　所以，从这个角度来讲，我觉得这个论坛就是希望能够回答可能是两千年前先人们提出的问题，他们所想的观念，就是我们人类今天所面临的问题。中国的崛起一直在我们的生活当中，在世界人民生活当中都扮演着很重要的角色，比如说丝绸、印刷术等，我小时候看很多好莱坞电影，当时中国人很少，但是现在好莱坞电影里面中国人的面孔越来越多，中国的影响也越来越大。谈论一下我们的现实。

我们今天的现实，有结构性的问题，当然在这方面还有一些研究，也不可否认，我们还有一些风格，是我们结构性的风格，这个风格使我们在社会、经济和精神方面产生了分割。我们如何才能面对这个挑战并且能够打造这种联系，现在的问题和症状是比较明显的，就是这种间隔。

尤其是对中国这样一个大国，也在思考这样一个问题，人和人之间，包括基地组织、IS 组织等都是我们面临的与人性相对的挑战。另外，我们还有一些经济、社会方面的挑战。我们创造了很多各种各样的体系，原材料国、石油国等，我们需要去审视一下，如何把世界各国政府会聚到一起，来共同推动一个新的社会责任。大家的方式可能不一样，我们都可以参与进来，把这种风格填补，并且走到一起，用各种革新性的方法来解决我们共同面对的问题。

同样，我们还需要去看一看未来，看未来的方式要理解过去，并且去审视过去为未来所用。很多问题的解决方案都是基于过去的经验来处理的，比如说我们在生态方面的解决方案，是比较明显的。我们把地球似乎看成了一种无尽资源的来源，但实际上并不是如此，这种无限的增长真的是我们想要的吗？我们到底能走多远？我们是不是要把地球不断地往下挖，是不是真的没有界限，我们需要无限地做下去吗，这种生态和资源的分割也是存在的。我知道现在中国和美国联手来处理大气变化的问题，印度现在很多方面做的没有中国好，在我们做的过程中，需要我们付出很多代价，这种代价是幸福的代价，也是 GDP 的代价。如果说你不幸福的话，要 GDP 有什么用？那可能只是更多的钱、数字而已。这就会构建出我们的一种选项，很多时候发展有可能是正向的，也可能是负向的，正向就是不断地发展，负向就是不断地下降。

2008 年雷曼兄弟的垮台，引发了一系列的问题，比如说实体经济受到了很大的威胁。因为金融危机发生的时候，很多人在某一些领域的投资就会下降。我们要谈论这一点，中国要成为关键的领导者，他们有很多的资源，有很多的人力资源，有很多先进的技术，有强大的资金。我们如何用我们所拥有的一切去影响世界，这是我们要面临的问题，我们如何真正去壮大这些实体的经济，实在的经济。很多国际的组织，比如说国际货币基金组织，他们也在想可以为哪些项目投资。信用是非常重要的，如果你去银行贷款，银行的人就会去关注你的信誉，很多人都希望能够为社会做正面、积极的付出。当然在这一点上，中国也可以做出很多的变革，我们可以跳出这个结构和框架，比如说国际货币基金组织、世界贸易组织等，这些组织都是各种各样的框架。这是我们的传统的一些框架，它们是有好处，是有一些好的解决方案，但是我们要往前看，我们要往前走，我们就是要去思考我们最本质、最本源的东西，我们追求的是什么？我们最终的目的是什么？我们要创造相应新的构架和结构，这是我们认真思考的问题，不仅是梦想而已。

我们相信中国未来是可以承担引领的责任，我们之前讲到权力力量的平衡，力量的变革，当然中国在世界舞台上一直是非常有力量的，我相信未来依然如此。中国能够使世界平衡的格局发生一些变化，能够提供一些新的解决方案，使生活在社会底层的人民生活水平能够得到提高，我相信未来中国讲到外交政策的时候，也会提到这一点，这也是我们未来需要去关注的方面，世界今天的格局需要一个新的思路、新的思考方向，希望我们今天聚集在这里，能够帮助我们未来的方向，能够关注更多的现实，能够关注我们实用的解决方案。今天大家坐在一起讨论，我们如何在现实中实现所谓的国家责任，这不仅仅只有一个框架在那里。

我们现在的确很关注环境污染、收入差距、贫富差距，有一些人有身份危机、恐怖袭击等问题，我们的确需要去改变。我们都知道污染，包括德国车和美国车要竞争，这些都是污染资源，所以我们要去找替代的方案来解决这些问题，比如说替代交通，替代能源，资源的分配等。大家知道在德国安装了很多太阳能电池板，有大量中国的电池设备进入德国，进入欧洲，因为我们的经济是基于能源的。所以，很多这些想法和原始的框架得到了提升，产生了效率。非常感谢！我们有这样的机会来坐到一起来讨论这样重要的问题，所以感谢大家，这就是我要分享的内容。

（摩洛哥驻华大使顾问、中摩友好协会秘书长）

治理模式争辩：北京共识和华盛顿共识之争如何形塑非洲

达雷尔·欧文

　　谢谢，非常高兴来参加今天的研讨会。我讲的是关于中美策略，尤其是关于北京共识和华盛顿共识之争的问题，这两个共识如何改变非洲发展，大家在PPT上可以看到内容。

　　从北京共识和华盛顿共识来看，非洲发现了新的重要性。并且我和其他小组讨论的专家都同意，中国在其中也找到了新的重要性。就像我们会议的主题，全球治理和在全球所扮演的角色。但是我想分享有一些关于全球治理兼容性的问题，在非洲我们可以看一下中国的投资关系认为是互赢，关于中国和非洲的合作，我们看到有600亿的投资金额，今天我们看到了整个国家和非洲，以往我们说是由大国主导，比如说美国，我们认为这种转变主要是来自欧洲国家本身，花费非常高。我们应该意识到突尼斯他们避免了相关问题的出现，我们看到其中也有诺贝尔和平奖的颁发，对于非洲的经济发展，中国对其援助是有批评存在的，可以说世界银行他们可能会觉得中国建立的这个亚投行会影响他们的世界银行的发展。

　　同时还有其他的一些国家，批评指责中国的银行利用其地位和情况，尤其是西方的一些国家，还有其他的借贷者，很多国家人民借债的情况，这是一个趋势，也是批评的来源。我们现在想看一些这些大国在非洲起到的作用，我想说的是，我们看这些大国所提供的治理模式，我们应该看一下新的一些理论，比如说中国和新的知识基础，比如说大数据，这可以解释一下我们新的资源是如何获得的，特别是市场对资源的获取，常常是我们的最初动力。尤其是在非洲事务中的参与，非洲是一个不断增长的市场，不管对于亚洲的商品还是中国来说，美国还有很多的电力公司，我们可以在 PPT 中看到。美国历史上，在政治经济、自由市场上都提供了很多非洲方面的援助，但是中国主要是和现有的机构合作，与现有的社区结合，他们都是希望能够达到获取资源的目的。美方的批评是说，比如说华盛顿共识，条件很多。比如说前提条件，这样造成了不平等的交换。在军事上的军事联盟，并且引起了一些不平等的问题，但是中方很好地协助了现有的权力机构的发展。我们来看一下中国在此的举措，在非洲发展的援助上，周恩来总理 1964 年带给非洲五项和平共处原则。习近平总书记前两周的开幕词也谈到了这个内容，我认为非洲和中国有共同的未来，我们长此以往都是好朋友，我们有着相同的立场，相同的利益。习近平总书记为非洲的发展资助了 600 亿美元。

下面我谈到的是银行的研究文本，尤其是关于我们的国家治理有重要的指导意义，有一些指数，我们可以看到，包括了依法治国、透明度、可信度等，这可能对任何一方都是有压力的，无论是中方，还是欧洲、美国，它们都可以调整自己的海外援助，并且也要注意到它们可以保证诚信度、透明度，还有依法治国方面。

我们看一下西方发展的模式，它们有着好的意图，但不能保证有好的结果。在 1964 年中国软实力的崛起，还有其他的竞争政策，他们都是非常不同的。超越 60 年的西方文明和发展，对于非洲来说是非常重要的一个时间段。美国的系统，比如说跟博茨瓦纳进行了合作，进行了一些疾病的防治，比如说艾滋病等，在中国我们在抗疟疾方面做了一些贡献，我们全世界人民都感谢她的贡献，就是我们刚刚获得诺贝尔奖的屠呦呦教授，中国跟美国有长此以往的合作，比如说美国的众议院正批准一项提议，就是要建立非洲的电站，这是希望美国所称的缓解非洲能源贫困的状况，我们可以看到 PPT 里面有具体的内容。它叫作"电力非洲项目"。他们认为非洲缺少电力，对教育和医疗得不到补偿，他们认为教育和医疗都需要电，所以有一个非政府组织的提议就是关于电力方面的，其中包括非洲的 50 位高层领导要求有更多方面的能源的援助。美国能取得成功，我们能说美国在政治经济方面对非洲的援助是成功的吗？还是说他们的这种合作关系是基于美国自己利益的立场呢？美国想要建立在非洲人民中间的信任，树立良好的形象，让他们相信美国可以帮助他们减贫。中国在过去 20 年也提供了很多的援助，我们可以看到民众对中国的信心是有增长的。

能不能跟非洲的相关机构和政府合作，促进其发展？比如说我们的法律框架，很多人都认为，中国依法治国还需要加强，他们认为这是中国的一个弱点。当然这个所有的是基于其信誉和关系的，我们可以看到十八届五中全会，前面也提到了，我们现在一定会坚持依法治国，我们认为中非的双方一定会提供更多的机会，我们会利用更多的体会，有北京共识，有华盛顿共识。大家可以看一下我提交的会议论文，看一下美国关于战略性保障的条款，战略性保障可能行得通，但是今天我们嘉宾谈到了，我们要注意到我们政府治理是有很多不同的模式的，比如说非洲和突尼斯的治理模式是不一样的，还可能会有很多新的变化，它可能不是北京共识，不是华盛顿共识，它可能是来自于社区。社区自己的国家，社区自己制定、自己认可的共识从武汉的历史来看，我们可以看到共识在政府间达成的变化，通过一些研究我们可以看到，1911 年时期的治理模式，还有当时中国的崛起、出现、成立等，我们所需要注意的就是平等的权利，但是常常权利决定一切，比如说美国冷战时期，当时的权利确实是很重要的，我认为中国的治理模式，需要行得通，需要基础设施，需要提供就业机会，并且发展科技，这个可能会帮助非洲的发展。我们也希望非洲的社区能够达到这样的意见，他们需要减贫，他们需要中国的帮助。当然他们有自己的决定权，他们是一个文明社会。在非洲我们实现和他们的合作和发展并不是那么的遥远，北京共识中，当然也采取了此类的做法，我想感谢我们小组的专家，感谢各位的聆听，谢谢大家！

（华中师范大学教授）

老子思想与全球治理

王利文

　　谢谢各位，讲一点历史，讲讲老子的思想和今天全球治理有没有关系，老子是2500多年前的人物，世界遇到的危机，2500年前老子都预料到了。所以在加拿大开世界资源学会时，我说老子是一个世界上最大的思想家。到今天老子的文章有5000多字，我只讲四个字：道、德、和、合。

　　老子讲的道是客观的、自然的，即我们认识的、尚未认识的总和。他说要"道法自然"，这个道的规律，不仅是看得见摸得着的规律，好多看不见、摸不着的规律都要学习，都要遵守，不遵守就打到自己的脚。

　　德就是美的，有爱心、宽容、仁爱等，如果是黄、赌、毒就是丑的，我们发现在很多世界论坛，不是上到天花板，就是踩到底下，没有德，人类的社会就是在一个道、一个德中进行合作。所以"道法自然"这个理念非常值得尊重，因为你违反了自然规律，伤害了自然，我们都看得到恶果。比如污染，比如地球像洋葱一样地被剥开，一层一层地挖掘，因此水、土壤花了大价钱，很难取出来，要符合自然规律去做。他说"无为而无不为"不要为一些事情去把动物和植物伤害了，为了人类的利益去伤害地球。

　　道和德必须要遵守。德是必须遵守的，比如黄、赌、毒不能去沾，还有一种是心里面的，就是清心寡欲，心是清的，不能去沾那些东西，还有一个寡欲，有一些东西不能去消费，没有哪一个地球可以让人类去消费，所以看到这个结果，一定要去遵守。

　　道德这个字在中文里面是两个字，在英文里面是一个字，是完全不同的概念。

　　还有一个是和平的"和"，这个和是达到平定天下叫和平，这个"和"字有几层意思，第一是和缓，不管是国家间的关系、部门间的关系、家庭间的关系，把紧张的气氛和缓下来，把刀枪放到一边，缓和紧张的气氛。第二是和解，就是不管有多少矛盾，内在的、外在的、历史的、现实的，各种冲突，需要人类用智慧解决问题。先把紧张的气氛缓解下来，然后和解，解决问题。第三是和好，四海之内皆兄弟，恢复兄弟关系。和好之后还不够，因为我们发现家里面也经常发生矛盾，吵得一塌糊涂。第四是和谐，和谐了才能生活得更美好。第五是和而不同，不是说我嫁给你就全随你了，一定要有不同，国家也是一样的。大家不是都穿西装，吃西餐，去欧洲城堡。"甘其食、美其服、安其居、乐其俗"，就是穿你爱穿的衣服，吃你爱吃的东西，乐其俗，你有自己的风俗习惯，有自己的文化传统，所以这个"和而不同"是一个非常好的概念，在当前的全球化过程当中，我们一定要追求和而不同，保存自己多元、独特的文化习俗和文明，让文化能够共存，让文化能各自发光，在这个基础上才可以进行公平的交易，传统的文化，人员的走动，但是这个走动，老子也有一个思想，他就不赞成过度地走动，你可以旅游，你可以做生意，但是不要大规模地迁移，变成移民永久居住，因为每一个民族都是在特定环境下生存的，走乱了会带来很多的问题，当然这是老子的想法。

　　第四个字就是合意的合，合意是非常重要的概念，中国三国里面说得好，天下大势，合久必分，分久必合。中国原来是一个分得很厉害的国家，夏商周，夏的时候我们有 1 万多个国家，打来打去，商的时候有 1000 多个国家，都是一些小的城邦。周的时候是800 诸侯去伐纣，周整合成了 7 个国家，这个合是很多年前就做得很多，在秦始皇时期七个国家整合成一个国家，秦汉打下中国的版图。在中国的历史上，分了很多次，从历史上分的时候，纷争特别多，战争特别多，老百姓受苦。但是在统一了之后 200 多年这个过程当中，老百姓可以安居乐业，得享太平。所以这个国家的整合，成区域的一个板块的合一，是一个好的趋势。因为老子一个"合"的思想就是"天人合一"，就是兄弟之间彼此不再打架，上天高兴，给予祝福，这就是太平盛世，天下太平，兄弟之间不和睦，就打架。"天人合一"非常重要的一个方向，要反对"天人分裂"，不管是民族、国家、宗教的矛盾积累得很多，如果都靠打来解决，受累的是老百姓，给老百姓带来很大的困难。所以在这个世界上要反对分裂，因为你挑动一个国家的民族矛盾、宗教矛盾，两边打起来，很难说谁好谁不好，即使他不好，里面也有好的东西，好的里面也有坏的东西。所以促进"天人合一"，反对"天人分裂"，这是一个非常好的教训。2000多年，中国人没有好好地去讲，但是在今天中国应该把自己的文化传统解释给世界听。看看老子2500多年前讲得有没有道理，是分裂好，还是合一好，所以我解释老子《道德经》里面的道、德、和、合。老子的思想是非常有价值的，我每周三在北京举行老子世界的学习研讨会，第一我们不研究宗教，第二不考古，不搞学术争论，我们只是用老子的思想解决世界当代的问题，在会上不争论，因为老子的事一争论起来太多，只是把自己正面建设性的意见表达出来。所以适当的时候，应该开一个大一点的会，逐渐把老子的思想引向世界，谢谢大家！

（中国太平洋经济合作全国工商委员会常委会常务副主席兼秘书长）

第一分论坛

全球治理的基础理论

全球治理的价值导向和目标定位

朴仁淑

大家好，我来自韩国，我在中国待了许多年，在中国读完硕士博士，我的青春都留在中国了。我现在在北大教韩国语，但是我的专业是国际关系。今天我带来的主题就是刚才主持人王晓升老师介绍的，我们先了解一下我们这个会议的主题，"全球治理与国家责任"——不是国家治理，而是全球治理。全球治理，这个真的是一个很厉害的事，治理一个家庭不容易，治理一个国家更不容易。怎么治理全球呢，如果严格来说，是不可能的事，怎么样都会有欠缺。但是会做到的，因为有人，人没有克服不了的事，人没有做不了的事情。现在我们人类的成果是人做出来的，现在我们遇到的问题也是我们人造成的。我的会议主题是这个，我们小组的主题是"全球治理的价值导向和目标定位"。中国的"儒家思想"里有大同世界和大同思想，我说"儒家思想"，有人马上说这太理想太梦想，如果儒家思想是理想和梦想，我认为没有办法，因此我在开始证明了，全球治理基本特征先了解一下，这不是一个国家的事，这是个全世界的问题。那么需要国际社会解决一切，所以全球治理的基本特征包括：一是全球治理的实质是以全球治理机制为基础，而不是以正式的政府权威为基础。二是全球治理存在一个由不同层次的行为体合运动构成的复杂结构，强调行为者的多元化和多样性。三是全球治理的方式是参与、谈判和协调，强调程序的基本原则与实质的基本原则同等重要。四是全球致力于全球秩序之间存在着紧密的联系，全球秩序包含那些世界政治不同发展阶段中的常规化安排，其中一些安排是基础性的，而另一些则是程序化的。所以我们一起需要合同管理和共同通知的目标，但是光有目标不行，还是要目标能达到的一个共同的价值观。因为世界上这么多的国家，这么多的国家相当于跟这么多的人一样，在现在我们说现在，虽然我是韩国人，但是中国人和韩国人没有关系的，每个人的性格，还有家庭背景都不一样，如果住在一起，意见肯定是会冲突的。所以我们需要有一个共同的目标，在达到共同目标的过程中，我们需要一个共同的价值观。所以我一开始就说了，我们全球治理的共同的价值观就是儒家思想里面的"大同世界"，这是我们的共同目标。大同世界是我们最基本的共同价值观。现在说网上还有恐怖分子网络问题，这个要说两个事情。因为大家都已经意识到了，这系列的问题要解决的话，需要一个共同意志，是什么呢？把这个很小的地球，地球本身是很小的，我们把地球当成我们的家庭，就是我们的家。如果我们的家里很脏，肯定要打扫卫生，空气不好会打开窗户透气，这是很自然的反应，所以我们存在的一些共同生活也是这样，这时我们需要一起解决，全球治理也是国家最基本的责任。从意识到要实践，那就需要一个法律，国家与国家的全球性的法律，而这个法律是从一个意识状态出来的，所以我想讲的是我们这么多国家一起治理全球的时候，儒家思想里面的博爱思想的重要性。中国是在世界上影响很大的国家之一，所以我希望中国用传统思想儒家思想来治好问题，而且我觉得中国也有能力和条件。中国也需要朋友，一个人解决不了许多的问题，国家也是一样的，一个国家虽然很有能力，但是还是需要周边的朋友们的帮助，所以我作为韩国人，我们是邻居，住在一起，我们要多合作，一起治理好全球性问题，我想发表的就是这样。

（北京大学）

全球治理的理论困境

吴　畏

　　随着世界政治经济格局的深刻变化和全球化进程的加速，诸如国际政治变迁、安全（军事）形势、金融（债务）危机、全球环境恶化、地区冲突和恐怖主义、人道主义危机等牵涉世界各国的全球性问题日益凸显，传统的世界政治结构、全球经济体制、国际机构或组织，以及各国政府应对这些问题时显得束手无策。自罗西诺（James N. Rosenau）和泽皮尔（Ernst-Otto Czempiel）在 1992 年引入国际治理概念（Rosenau & Czempiel，1992），全球治理正式破题。它首先意味着探索解决上述问题的新结构、新机制、新路径、新模式的一种理论意愿和实践诉求，尽管至今它的具体含义十分模糊且容易变化。随着国际关系学、经济学、法学、政治哲学等学科基于各自的方法论把全球治理作为自己的一个新的理论领域，全球治理的理论研究也就形成了碎片化的格局。从目前关于全球治理的主要理论成果看，全球治理面临着三个主要的理论困境。一是全球治理能否形成统一的理论形态；二是全球正义能否作为全球治理的根本价值原则；三是全球治理理论如何在实践上有所作为。对这三个问题的探讨在理论上有助于解决治理理论与问题根源和实践方式相脱节的问题，在实践上有助于解决如何形成全球治理的新理念、新模式和新路径的问题。

一　全球治理能否形成统一的理论形态

　　对统一的全球治理理论是否可能形成的问题的考察，不仅有助于我们把握全球治理的实质内涵，也是具有实践整体性的全球治理具有怎样的理论依据所必须考虑的。如果假定统一的全球治理理论是可能的，那么首先要处理好全球治理的意义漂移问题，其次是如何去解决方法论分歧。

（一）全球治理的意义漂移

由于问题域的复杂性和方法论的差异性，似乎可以对全球治理做出非常随意的理解，而且还可以赋予它更多的含义。霍弗伯思（Matthias Hofferberth）在国际关系研究范围内对全球治理进行了意义分类。他根据主观需要的两个维度来界说全球治理的意义（如表1所示）（Hofferbert，2015：598-617）。第一个维度是把全球治理的不同意义归结为"他们想要多少内容与何种方式"，如是，全球治理处于在分析视角和规范观念之间的混合状态。第二个维度是把全球治理的不同意义归结为"假定它有多少内容"，这样，全球治理在被理解为一种新现象、一个新范式或者一个新领域之间漂移。

表1　　　　　　　　　　**全球治理的不同意义**

		规范承诺程度（我们想要全球治理多少）	
		低	高
治理复杂性程度（我们假定全球治理多少）	低	全球治理作为国际关系内的分析视角	全球治理作为超越国际关系的规范观念
	高	全球治理作为国际关系内的新范式	全球治理作为超越国家关系的新领域

全球治理为何会发生意义漂移？首先，这是源自治理所涉及全球对象本身的不确定性和流变性。这里对不同领域学者所使用的三个概念略做分析。首先是国际治理（international governance）概念。国际在国家关系学当中通常是指国家之间，因此国际关系学者倾向于使用国际治理概念来重构国家之间政治、经济和文化方面的关

系，所设定的国际治理主体通常是各种官方和非官方的国际机构和组织，以及各主权国家。其次是跨国治理（transactional governance）概念，跨国通常是指超越国界，但不一定涉及国家之间的相互关系，因此跨国治理的主体通常是具有内部严格组织结构、其行为不受国家主权约束的一些经济或法律机构，如跨国公司和国际法庭。全球治理显然是一个不同于前面二者的概念。这里的全球在某种意义上可以与"世界"互换。由于在实践上它更重视活动范围的全球性，在理论上更注重说明方式的整体性，它比国际治理和跨国治理具有更大的问题域和包容性。布雷斯（Helena de Bres）认为，完全不受超国家（ultra-state）或全球的规则影响的人类活动领域并不存在，他把跨国治理所涵盖的对象划分为九个核心范畴：经济、安全/军事、交往、交通、公众健康、环境、发展、人道主义援助和人权（Helena de Bres，2015：275-292）。对全球治理而言，至少还可以加入政治、法律、正义、价值观等范畴。其次，全球治理的意义漂移源自治理概念本身的含混性。像世界银行和经合组织这样的国际机构和组织基于自己特定的问题和对象，通过对新自由主义理念的理解和运用，把治理视为对政府与市场新型关系的建构，并且确立了民主原则和市场机制在这种新型关系中的优先地位。全球治理和国家治理之间虽然存在着模糊的边界，但从基本方法论上可以使之与传统的国家和世界政治模式相区分，如塞纳克伦斯（Pierre de Senarclens）所言："现在所界定的治理问题反映了在美国社会科学当中占统治地位的功利主义方法。它重申了思想中的功能主义倾向，即社会关系要根据实用主义和技术专家路线来构思。"（Pierre de Senarclens，1998：92-104）对全球性问题产生的根源和原因的分析，最终要归结到国家的政治、经济、社会和文化方面的基本观念和行为模式。对于解决当今世界所存在的各种全球性问题而言，恐怕没有哪种理论能够做出如下判断：哪些是必需或者只能由全球治理来解决的，哪些是必需或者只能由国家治理来解决的。再次，全球治理的意义漂移源自行动者难题。全球治理在实践上要突破传统的以政治权力为核心、以国家为主体的行动模式，就始终会面临行动者难题。由于治理概念本身就隐含着多元行动者的预设，这个难题可以表述为，在给定的全球问题和实施方案的情况下，谁是治理最合适的行动者，他们应当以何种方式来行动，并对行动的后果承担什么责任。例如，爱德华兹（Michael Edwards）和查德克（Simon Zadek）认为提供全球公共物品（作为全球治理的一种基本形式）依赖于互为补充的两个任务：第一，应当在全球治理当中增进非国家行动者的参与，因为政府会发现独自地设计和实施有效的体制越来越困难。第二，确保非国家行动者的参与在结构上可避免特殊利益政治的危险，因为一些决策可能会使某一集团相对于其他集团更有利，或者是导致系统堵塞。而且，非国家行动者对于重建全球治理国际体系的合法性十分重要。非国家行动者包括商业和民间社会（civil society），民间社会包括处在家庭和国家两个层次之间的所有组织、网络和协会，但公司除外（Edwards & Zadek, 2003：200-224）。例如，联合国并不能阻止全球温室效应，除非市民决定他们的环境必须通过自己的行动得到保护，以及工厂为他们提供节能的产品和服务。虽然政府在这其中可以扮演多重角色，如引导者、协调者和支持者，但无法取代这些行动者。

（二）理论构建的方法论分歧

尽管对全球治理的理解和界说存在着意义漂移，但这并不会从根本上妨碍全球治理的理论建构。相反，一方面还可能有助于更为深入地思考理论自身的本质问题，另一方面有助于治理实践与理论建构形成良性互动。构建全球治理理论有着两条基本的方法论路线：实质主义和实践主义。全球治理理论建构的实质主义路线并不是要先验地假定全球治理的本质，而是关注：如果不能从其他理论（国际关系学、经济学、法学、政治哲学等）的相关界定和阐述当中概括出全球治理的本质，那么就应当从全球治理的过去、现在和未来的现实或可能形态中去寻找。关于全球治理的实质到底是什么，世界的构成方式及其基本结构可以作为本质主义路线的立论基点。韦斯（Thomas G. Weiss）与威尔金森（Rorden Wilkinson）主张一种具有历史主义的本质论观点，他们认为，国际关系领域应当探讨这些问题：世界是怎样组织起来的，为什么我们会有现在的治理形式，世界上其他时代存在着什么样的组织形式和秩序，我们应当怎样建构这个星球（或其他的）更好的指令和控制系统（Weiss & Wilkinson，2014a：19-36）。基于历史主义的本质论，韦斯与威尔金森还提出了全球治理尚需探讨的四个问题。首先是应当超越这个术语与 20 世纪后期世界实际变化之间的密切关联，用后冷战时代的复杂性是全球治理当下具体表达来取代之，但这种世界组织形式已经并将不同于其他时代。其次，应当确认和说明全球官方机构的结构，这种结构不仅是对宏观的指令和控制负责，而且要对区域、民族和地方等不同系统怎样与那种结构相连接或相促进负责。仅仅关注治理的层次性是不够的，尽管这是好的开端。再次，应重点关注复杂系统中权力行使的各种方式，利益要怎样来表达和追求，权力和利益如何相得益彰，并有助于确立、维持和延续复杂系统的观念和商谈类型。最后，它应当说明系统内部及其相关的变化，并聚焦于持续时段变化的缘由、结果和动因（Weiss & Wilkinson，2014b：207-215）。全球治理的实践主义路线重点关注能够解决全球性问题的结构形式和可行程序。面对政治权力分配与行使、基本（法律）制度建构、全球气候变化、经济发展模式、人权保障、全球功能性公共物品提供等全球治理问题，确立合理和有效的全球性结构和程序成为实践主义的选择。在结构形式方面，考克斯（Robert W. Cox）认为："'全球治理'意味着对存在于世界（或地区）层面上的政治、经济和社会事务进行管理的程序和实践。一种假设的治理形式（世界政府或世界帝国）可以被设想为具有层级的协作形式，无论它是中心化的（统一形式），还是去中心化的（联邦形式）。其他协作形式也可以是非层级的，我们把这叫作多边协作。"（Cox，1997：xvi）但是，不同于联合国的世界政府或世界国家还仅仅是观念构想或理论假设。布雷斯以类似于国内政治的方式来解读全球治理活动程序，它主要包括三类范畴：（1）立法范畴，如确认共同利益领域、安排议程、创设论坛、制定法律、标准、规则和政策，确定行动计划等等。（2）执行范畴，如对条约或计划的管理，在给定范围内的合作、分享信息和技术支持，监管和加强对规则的遵守等等，有些治理涉及为金融项目或提供物品和服务准备资金。

（3）司法范畴，确立作为独立的超国家制度的跨国法庭或类似机构（国际刑事法庭，欧洲法院，联合国法庭），嵌入政府间组织的实体（例如，WTO 的争端解决机构，世界银行的信息法庭，国际海洋法庭），以及私人仲裁法庭（出现商业纠纷时公司会根据合同来采用）（Bres，2015：275-292）。但依赖于程序的治理实践会面临国家利益冲突和行动主体缺位两大难题。

二 全球正义能否作为全球治理的根本价值原则

或许正是因为统一的全球治理理论目前既无充分的实践条件支撑，又无完备的理论逻辑可循，应对全球性问题只有经过多边的民主协商、合理决策、协调行动等实际过程才是可能的。而在这之中必定会就某些价值原则达成一致或形成共识，否则全球治理就缺乏基本前提。各种环境保护和气候变化峰会所达成的协议或协定就是明证。全球正义正在成为各种价值原则探讨的核心论题，一些学者试图将其确定为全球治理的根本价值原则。但它能否成为全球治理的根本价值原则，取决于它能否找到与之相应的存在场合，以及在治理实践中如何定位。

（一）全球正义的存在场合

西方关于全球正义问题探讨的基本理论参照是罗尔斯的正义理论。由于世界与国家在内在结构、存在样态和运行方式等方面存在着显著差别，探讨全球正义就产生了意见相左的两条基本理路：一是把罗尔斯所阐述的正义基本内涵和主要原则，通过对实现条件的分析和补充而扩展到全球范围；二是基于全球政治类型、经济发展模式、文化交往方式的历史和现实，来阐发在根本上不同于罗尔斯正义概念和原则的全球正义。当然还有极端的怀疑主义，认为国家正义和全球正义都是一种虚构或幻象。我们从库卡塔斯（Chandran Kukathas）概括一些思想家关于（社会）正义的争议所制作的表格（表2）（Kukathas，2006：1-28）出发，来探讨全球正义能否作为全球治理的基本价值原则的第一个问题——全球治理的存在场合。

表2　　　　　　　　　　　国内和国外是否有社会正义

	国外有社会正义	国外没有社会正义
国内有社会正义	A：波格，莫伦多夫	B：罗尔斯，沃尔泽，米勒
国内没有社会正义	C：曼谷宣言	D：哈耶克，库卡塔斯

　　如果把社会正义简单地视为分配正义，关于国外和国内是否有社会正义争论的实质是追问社会正义存在的场合。声称社会正义不能在全球范围内实现，只能由民族国家成功地追求，主要是由于民族国家的政治法律制度、经济发展模式、价值文化认同和社会公共管理等诸多方面能够提供正义原则可实现的现实条件，而在全球范围内则不存在着一个稳定、可持续的类似于民族国家的世界结构。而要做出存在着被认为具有全球意义的正义原则的判断，不能采取对适用于民族国家的正义原则做出必要的修正后、再应用于国家之间或跨越国家的思路。因为这种思路假定了国际与国家存在着基本一致的客观条件和实践逻辑。库卡塔斯正是通过否定这种假定而认为全球正义是一种幻象，因为全球正义面临着两个主要问题：一是世界范围内的利益和责任的公平分配看起来像什么？二是需要何种建制来确保这样的公平分配？（Kukathas，2006：1-28）如果离开了国家预设和形象，这两个问题似乎无从回答。

　　全球正义并非没有存在的场合，只是需要改变理论视角和论证逻辑。里塞（Mathias Risse）不赞同国家主义和全球主义的正义原则，提出了一种多元国际主义（pluralist internationalism）的正义原则。他认为罗尔斯的理论框架不适用于全球正义，多元国际主义通过对五种正义场合（ground of justice）的探讨来确立自己的正义原则，即国家的共享成员资格、共同人性、人类对地球的集体所有权、全球秩序的成员资格、服从全球贸易体系（Risse，2012：281）。多元国际主义的观点是：（1）存在着不同的正义场合，有些是关系性的，而有些则不是。（2）在国内运用所考虑的一系列因素（如强制性和互惠性）是作为使得特定正义原则可运用的一套共同的充分条件（我假定这些原则是罗尔斯的原则，但没有为这种观点提供充分论证）。（3）这些条件的弱化形式在其他的政治安排当中成立，并产生正义原则。（4）存在着由不能理解为在国内成立的弱化形式条件所描述的场合（特别是共同人性和地球的集体所有权）（Risse，2012：53-54）。

（二）全球正义的实践定位

全球正义要超越政治哲学的论证逻辑，真正作为全球治理的基本原则，它必须要很好地涵盖当今全球治理所面临的重大或主要问题，并从中找到自己合适的实践定位。布雷斯认为哲学家们在怎样把分配正义应用于全球政治所存在的问题时简单地采用国家的一些传统形象，并试图在国际层面上发现大致相似的治理结构（Helena de Bres，2015：275-292）。他建议去分析常被人忽略的像国际标准化组织（ISO）这样的组织机构是怎样实现全球正义的。对于全球社会经济发展和人类共同福祉而言，如果基于民主、平等、互惠、共赢的价值理念，在世界各国有效参与和广泛合作的情况下，全球分配正义可以分为三种类型：第一种是分享合作效益的公正，它要求所有参与者在合作框架内必须达到有效包容的临界水平，以及即使超越临界点，效益在他们之间的分配也必须是公正的。第二种是分派共同道德责任的公正。第三种是为受益者分配资源的公正。因此，如果把对全球正义的准确解释看作是与对它所具有的实践意义的把握是相一致的，有助于为全球治理提供可行的实践通道。

从全球范围内看，只要世界各国在政治、经济、法律、文化、价值等方面存在各种差异，权利保障、利益分配和机会平等问题就不可回避，因此全球正义应当有尽可能多的不同类型。弗雷泽（Nancy Fraser）认为，正义理论必须是三维的，即把代表的政治维度，分配的经济维度和认同的文化维度融合起来，以实现社会正义理论从凯恩斯—威斯特伐利亚框架（Keynesian-Westphalian frame）到后威斯特伐利亚民主正义理论（theory of post-Westphalian democratic justice）的范式转换。他对正义做出了分配正义之外的一种理解：正义最一般的含义是参与平等（parity of participation）。根据这种对平等道德价值原则的激进民主解释，正义要求允许所有人在社会生活中能够同等参与社会安排（Fraser，2005：69-88）。而只要认为凯恩斯—威斯特伐利亚框架理所当然，那么就会把经济和文化作为建构正义的基本维度。而如果以成员和程序为中心，正义的政治维度主要关心代表（representation）。这种正义在全球治理的协商机制当中有其实践定位：谁是代表（受益方还是受害方），代表什么（国家利益还是全球公民利益）都是很现实的问题。此外，各国利益得以保护的全球矫正正义、全球经济一体化和环境保护所需的交换正义都是全球正义有待探寻的实践定位。

三　全球治理理论如何在实践上有所作为

全球治理在实践上存在着较为明显的工具主义的倾向，例如各种关于治理（善治）指数的编制有时是没有理论的，而只是以某一个或几个国家的成功模式作为理论标准（Andrews，2008：379-407）。全球治理理论如何在实践上有所作为是理论构建所不能忽略的一个重要方面，否则会导致理论自身的缺陷，以及强调短期效用的工具主义盛行。

（一）宏观理论何为

全球治理作为宏观实践要取得实际成效，迫切需要破解一些宏观难题。例如，何种全球建制是有效的？谁是合适的全球治理行动者？如何形成全球治理共同理念？对这些宏观实践难题的解决又必须依赖于宏观的理论构架，如关于全球整合或者超国家（supra-state）制度建构的理论。但问题是这样的宏观理论要通过怎样的方式和环节才能被应用于治理实践，并取得实际成效。在全球治理当中既存在着个体（可假定为全球公民）、非政府组织、利益集团（跨国企业）和国家之间的各种博弈，又存在着不同行动者对宏观理论的不同认知以及对它所预期结果的判断差异。这两种情形在某种意义上决定着宏观理论何为。

宏观治理理论的构架可以有不同理论逻辑，但世界国家或世界政府（world government）是否必要及如何可能的论争就充分说明了宏观理论的困境。一些学者设想更为正式的世界国家（world state），另一些学者则要论证更为松散的"全球治理"系统。大概有把握地说，关于这个论题不断增长的著述都可以划归到"世界政府"这一宽泛的范畴——支持创建能够解决民族国家目前无法解决问题的国际权威机构的思想流派（Craig，2008：133-142）。克雷格（Campbell Craig）基于行动逻辑认为，世界政府之所以成为必要，是因为民族国家系统无法解决日益全球化过程中的经济整合和文化互联方面的"集体行动问题"。即几个行动者想要解决对大家都有害的问题，但都希望其他人来干脏活的困境。因此可能都希望"搭便车"，结果是没有人处理问题，而所有人都受害（Craig，2008：133-142）。对于应对气候变化、对付恐怖主义、人道主义干预等复杂任务，不可能由单个国家来完成，那些大国不断表明它们都愿意其他人来解决问题。此外，处在不同的文化传统、价值观念、思维模式和现实境况下的潜在和现实的治理行动者对宏观理论的不同解读以及对它所预期结果的不同判断，还会形成制约治理行动的认知差异。宏观理论如果不能综合考虑这两方面的情况，很可能在实践中无所作为。

（二）微观理论何为

全球治理的宏观理论遇到了来自多方面的批评。一些经济学家就认为全球治理的宏观理论缺乏牢靠的现实基础。例如弗里登（Jeffry Frieden）认为：其中很多人不满于（他们自己的或者其他国家的）国内政策而想起了更大的全球治理，并希望一些新的国际或超国家的制度将会把事情办好。但是对看似运转起来完全不同于国家政府的全球治理的超级机器（ex machina）的期望，没有任何基础。从经济学立场看，有实质意义的"全球治理"都涉及提供类似政府的服务，特别是在国际上提供公共物品。如果没有全球政府，很难看到它会是怎样的，除非是空想。弗里登还建议从规范和实证两个维度来更严格地思考全球治理。在规范维度，必须问它是否可取，如果可取，则需要什么条件。在实证维度，则要知道什么能说明全球治理为何出现在它已在的地方，它可能有怎样的未来（Frieden，2012：1-12）。但是这并不意味着经济学分析框架对微观的全球治理无所作为。康塞桑（Pedro Conceição）就用萨缪尔森的经济理论来分析国际金融稳定、多边贸易体制、全球交往网络与互联网、传染疾病控制、减轻过度疾病负担、气候稳定性、和平与安全等在公共物品提供不足、或使用不足、或过度使用的成本，并把它们与在这方面采取正确行动的成本进行比较，得出了增加某些全球公共物品将会获得净收益的结论（Conceição，2003：152-179）。

为解决全球问题提供合理决策所需的理论支持，微观理论大有作为。紧紧围绕具体问题来整合各种理论资源，并提出可行的实践决策，这种趋势构成了所谓的"第二代"全球治理跨学科研究。它需要用理论创新思维、真实世界事件以及第一代理性主义理论框架的实践后果，来驱动全球治理的"第二代"学术研究。因而"第二代"基本放弃了整体主义的全球治理，主要考虑政策相关的问题领域，如互联网、长期支持系统（LTS），环境治理和人权等问题（Pegram & Acuto，2015：584-597）。例如，杨（Oran R. Young）考察了环境治理的成功案例，他认为，在小规模社会系统的环境治理中，社会机构在人类—环境关系过程中起着决定性作用。而如何在国家和国际层面对环境治理做出合理的制度安排，需要比较由下而上和从上至下两种视角，但仍然不可能形成环境治理的统一理论（Young，2005：170-186）。

探究全球治理的三个理论困境，不是要为全球治理寻找最终的理论解决方案，因为那是一个不可能完成的任务。但这种探究对于全球治理的理论建构而言至少具有三个方面的意义。第一，关于全球治理问题的描述和说明，必须依赖于清晰的概念框架和准确的分析工具，而对理论困境的澄清就是必要的前提。这可叫作明辨性意义。第二，如果把全球治理只当成一种问题导向的实践，那么也必须首先弄清这些实践问题本身是怎样产生的，理论上的困境必然会造成实践上的困难。这可称为规范性意义。第三，如果社会科学还不能满足全球治理理论建构的需要，那就必须为哲学留有地盘，哲学或许能够帮助全球治理理论找到其本质性的东西。这可视为反思性意义。

参考文献：

［1］ MattAndrews，"The Good Governance Agenda：Beyond indicators without

Theory", *Oxford Developmenl Studies*, Vol. 36, No. 4, 2008.

［2］ Pedro Conceição, "Assessing the Provision Status of Global Public Goods", In Inge Kaul, Pedro Conceição, Katell Le Goulven & Ronald U. Mendoza (eds.), *Providing Global Public Goods*, New York: Oxford University Press, 2003.

［3］ Robert W. Cox, *The New Realism: Perspectives on Multilateralism and World Order*, Basingstoke, iioundmills: Macmillan, 1997.

［4］ Campbell Craig, "The Resurgent idea of World Government", *Ethics & International Affairs*, Vol. 22, No. 2, 2008.

［5］ Helena de Bres, "Justice in Transnational Governance", Journal of Applied Philosophy, Vol. 32, No. 3, 2015.

［6］ Pierre de Senarclens, "Governance and the Crisis in the international Mechanism of Regulation", *Internationauournal of Social Science*, Vol. 155, 1998.

［7］ Michael Edwards & Simon Zadek, "Governing the Provision Status of Global Public Goods: the Role and of Legitimacy of Nonstate Actors", In Inge Kaul, Pedro Conceição, Katell Le Goulven, Ronald U. Mendoza (eds.). *Pro-viding Global Public Goods*, New York: Oxford University Press, 2003.

［8］ Nancy Fraser, "Reframing Justice in a Globalizing World", *New Left Review*, Vol. 36, 2005.

［9］ Jeflry Frieden, "Global Economic Governance Alter the Crisis", *Perspektiven der Wirtschaftspolitik*, Vol. 13, 2012.

［10］ Matthias Hofferberth, "Mapping the Meanings of Global Governance: A Conceptual Reconstruction of a Eloat — ing Signifier", *Millennium: Journal of international Studies*, Vol. 43, No. 2, 2015.

［11］ Chandran Kukathas, "The Mirage of Global Justice", *Social Philosopby and Policy*, Vol. 23, No. 1, 2006.

［12］ Tom Pegram & Michele Acuto, "Inlroduction: Global Governance in the Interregnum", *Millennium: Journal of International Studies*, Vol. 43, No. 2, 2015.

［13］ Mathias Risse, *On Global Justice*, Princeton and Oxford: Princeton University Press, 2012.

［14］ James N. Rosenau & Ernst — Otto Czempiel, *Governance without Government, Order and Change in World Politics*, London: Cambridge University Press, 1992.

［15］ Thomas G. Weiss & Rorden Wilkinson, "Global Governance to the Rescue: Saving International Relations?", *Global Governance: A Review of Multilateral-*

ism and Organizations, Vol. 20, No. 1, 2014.

［16］ Thomas G. Weiss & Rorden Wilkinson, "Rethinking Global Governance? Complexity, Authority, Power, Change", *International Studies Quarterly*, Vol. 58, No. 1, 2014.

［17］ Oran R. Young, "Why is There No Unified Theory of Environmental Governance?", In Peter Dauvergne（ed.）. *Handbook of Global Environmental Politics*, Cheltenham Glos: Edward Elgar Publishing Ltd., 2005.

现代性与城市治理

——以国外马克思主义空间批判为线索

董 慧 陈 兵

现代性是现代社会的基本特性，现代性的危机是现代社会的基本危机，都市社会的到来使现代性的危机更多地体现为城市危机。现代性的深入发展给城市经济、政治、文化、社会、生态带来了诸多问题，在这些问题中有一种空间问题。从空间批判和城市政治的层面看，这些问题表现在多个方面，诸如城市结构失衡、城市认同危机、城市空间生产异化、城市秩序混乱和城市政治参与单一。这些问题阻碍了城市治理有效进行，特别是无法促进城市空间利益相关者积极参与共治、协调各方利益、规范权力运作、实现空间利益最大化，因此在这样的问题背景下，城市空间治理成为一个重要的议题被凸显出来，成为城市治理的崭新视野。城市空间问题能否有效解决，对整个城市治理的效果起着至关重要的作用。因此，拓宽对现代性和城市治理的当代理解，梳理两者的空间维度，在发现问题的基础上提出应对措施就显得尤为重要。

一 现代性的空间视野

现代性的空间视野有两层含义，一是理论上的现代性的空间转向，二是现实中的现代性的空间变化。前者是针对传统的单纯的时间现代性而言的，是一种现代性的空间理论的转向，即在理论范式的转换中有一种空间的现代性；后者指空间不再只是一种容纳性的空间载体，而更是作为一种生产和控制性的力量纳入现代化的进程中，空间在某种意义上成为一种基础性的本质力量，在现代化的实践中，影响着现代性的展开方式和问题逻辑，因而使现代性表现为空间实践范式转变。

现代性是现代社会的基本特性，是对现代社会之所以能够成为自己，成为它现在这个样子的本质阐述。从此处出发，我们可以认为现代性有两个层面：一是现代性是对现代社会的根本概括、描述和抽象，这是理论的层面，即现代性存在一种理论上的现代性，理论上的现代性对自己的表达有着不同于现实的独特的理论特质；二是既然现代性是对现代社会的本质阐述，那么现代性的对象必然有一种现实的实在性，即现代社会及其本质特点，这是现代性的社会现实层面，因而此种现代性就是现实社会的现代性。但是，现代性的理论特质与现实实际在于，两者并不一定天然相符，完全衔接，理论上的现代性不一定就对社会进行了准确的概括和表达，或片面、或遗漏、或滞后、或浅显、或未及核心，从而也可能对现实社会把握不足，以这种现代性理论考察现实问题必然有失盲目。而现实的现代性则并不一定被充分的认识，不能从现实社会实际变化的事实来着手。因此，本文认为，基于理论现代性可能的缺陷及其实践的不足，即基于传统的时间现代性可能的缺陷和实践不足，与时间现代性相对的观察视角存在一种空间的现代性，或者说现代性的空间维度。由于传统现代性的空间维度的缺失或未被充分彰显，从而使城市治理，特别是城市治理中的空间问题难以被梳理并得到恰当的应对，成为城市治理中隐而不显的顽疾。同时，现代性作为一种现实的实在性，就有其实践范式的变化，城市扩张和发展越来越多地与空间密不可分，空间因素成为城市社会的重要实践内容和推动力量。同时，在这种现实的空间实践中，城市空间问题则成为现代性视域下越来越重要的现实问题之一被凸显出来。因而，现代性在其现实层面又有其空间性。

就理论上的现代性而言，传统现代性的主要特征在于时间性（历史性）。波德莱尔在其《现代生活的画家》中，第一次正式提出了"现代性"，写道："现代性就是短暂，流变，偶然事件，就是艺术的一半，另一半是永恒和不变"①。现代性存在一种时间流变的特征，现代性一开始就与时间有着不解之缘。现代性的时间性使人们对现代社会的把握习惯于从时间（历史）的维度发现问题、找到原因、寻求办法和总结经验教训，"将意义和行为理性地还原为社会存在的时间构建和经验"②。社会发展的秘密似乎都存在于历史的过往之中，并显现在古今的对照之下。因此可以说，理论的现代性是"一种在本质上是历史的认识论，继续蔓延于现代社会理论的批判意识"③。然而，具有讽刺意味的是，现代性原本是对现代社会的根本概括，可结果却是，单纯的时间意义上的现代性并不是有效的现代性的理论范式，并没有充分地把握现代社会，"现代批判社会理论的物质语境和思想语境已发生了戏剧性的变化"④。空间生产、城市扩张和都市社会成为现代性理论范式转变的新的现实语境，因而，单纯的时间现代性已不足以概括现代性之于现代社会的确切内涵，"现代性的真实本质和体验，即所说的现代性，已富有意蕴地得到了重构"⑤。空间的维度被巧妙、深刻而不可逆转地凸显出来，现代性的空间维度或者说空间现代性在时代的召唤下出场。为了对社会有充分的把握，就要突破单纯的时间现代性的理论视野束缚，从中解脱出来，走向一种空间的现代性，走向一种由时间和空间共同建构的视域，"通过批判的空间化开辟和重组历史想象的范围"⑥。因此，这里可以说，理论现代性具有一种深刻的空间性，"空间性的当代意识"⑦被凸显出来，它可以正确地引导我们分析城市问题的空间性，从空间的角度推动城市治理的发展，推动现代性的前行。

---

① 波德莱尔：《现代生活的画家》，郭宏安译，上海译文出版社2011年版，第19页。

② 爱德华-W. 苏贾：《后现代地理学》，周宪、许钧译，商务印书馆2004年版，第21页。

③ 同上书，第16页。

④ 同上书，第17页。

⑤ 同上书，第40页。

⑥ 同上书，第18页。

⑦ Edward W. Soja：《第三空间》，陆杨译，上海教育出版社2005年版，第1页。

　　就现实的现代性而言，静态的、载体的、纯工具意义上的空间不复存在，而空间操控和统摄与现代性具有高度的同构性，成为现代化主要动力来源和问题来源之一，从这个意义上讲，现实的现代性的根本特征在于空间在现代性中的地位和作用方式不再是从属地位，而是主导地位，是以空间生产及其系统的展开。"一种现成的地理学设置了舞台，而历史的任性制作决定着动作，并规定故事情节。"① 在现代社会现实发展中，空间成为一种基础性的存在和逻辑贯穿其中，影响着现代社会的本质规定。空间成为现代性展现自我的另一个全新的舞台，"隐藏于正在形成的现代性里的，是一种深刻的'空间定位'"②。而空间之所以在当代社会占据如此重要的位置，原因在于空间的资本化与资本的空间化的双向运动。"工业资本主义借助基本的社会重构和空间重构继续生存了下来，并没有像人们所预见的那样会消亡。"③ 空间与资本交织的现代性在其特有的历史背景中是资本通过空间实现积累形态转变的当代表达。现代性、资本和城市空间紧密而复杂地交织在了一起，"大量流入人造环境的资本（built environment，指对基础设施和物质环境的建设）和大部分的某种社会消费的支出，被吸收进通常被我们称之为'城市'的地方"④。推动现代社会发展的根本力量在城市空间中找到了巨大的发展空间，成为现代性经济维度的强劲代表。现代性、空间与资本都现实地进入了空间生产的维度，空间的控制与操纵成为现实现代性的空间视野的实践方式，空间孕育着现代社会的现代性特征。

　　因此，现代性的空间视野不仅在理论上是一种崭新的话语理论，是对时间现代性的重构和补充，促进了这种空间社会批判理论对现实更加深入而全面的介入，积极地为现代城市规划发展提供更为广阔的视角，而且，这种理论上的空间现代性也是深深地扎根于

---

① 爱德华-W. 苏贾：《后现代地理学》，周宪、许钧译，商务印书馆2004年版，第21页。

② 同上书，第53页。

③ 同上书，第40页。

④ David Harvey, *The Urbanization of Capital*, Basil Blackwell Ltd., 1985, p. 14.

现代社会的空间转换背景之下，空间成为现代性重构自身的现实主要力量，现代性空间视域的双重开启，为我们进一步在宏大的社会变革背景下深入城市治理的空间治理维度打下了基础。

二　城市治理的空间维度

立足于现代性的空间问题和空间批判的角度，城市治理的空间维度可以从以下两个方面来理解，即现实城市问题的空间向度凸显了城市治理的空间维度，以及基于前者的现实变化情况而形成的对城市治理之空间分析框架和逻辑的必要考虑与展望，形成一种建构城市治理空间理论的必要性。第一个方面从现实层面说明，城市治理的众多问题中有一种空间问题，这种问题是由于对空间的不合理生产和管理所造成的，这种空间问题阻碍了城市治理的正常进行并影响了城市治理效果，从而构成了城市治理实践中的崭新课题和治理视野，进而表明了城市治理空间维度的现实生成。第二个方面从理论层面说明，由于城市空间问题的凸显，需要相应的对这些问题的理论分析框架，从而把握这些问题的发生机制和应对逻辑。但是，城市空间问题对于传统城市治理分析框架而言，具有其自身的独特性，因而传统城市治理分析框架是否能够涵盖城市空间问题，对城市空间问题做出有效分析是一个深入探讨的问题。基于这样一种考虑，城市治理从理论上应该建构一种空间问题的分析框架和逻辑，来说明空间问题和指导空间治理，因此，这也构成了城市治理的空间维度。

全球化和信息化使社会更加分化和复杂，问题重重，使得从传统公共行政中发展出的新公共行政并不能有效解决社会问题，在西方国家的政府改革运动和新公共管理实践这两股运动共同推动下，促成了治理理论的形成。1989 年世界银行在描述非洲状况时，首次使用"治理危机"（crisis in governance）一词，此后"治理"才被广泛应用于政治研究领域。"治理"与"统治"不同，从政治学层面看，两者的差异主要表现在这五个方面，即权力主体是单一的还是多元的、权力性质是强制的还是协商的、权力来源是法律的还是包括契约的、权力运行方向是自上而下的还是平行的以及权力范围是否包括公共领域。①"治理"是一种有别于传统的崭新价值理念和实践方式，是现代性视域下现代社会对管理理论的最新发展的要求。治理理论在不同层面的应用产生了不同层次的治理，比如全球治理、国家治理和城市治理，因而，城市治理就成为治理理论在城市层面的具体实践。从城市政治学的角度（城市治理研究主要是从管理学的角度展开的），本文认为，城市治理是城市利益相关者公平公正地参与城市权力的管理和使用中，协调权力关系、有效处理城市问题、释放城市活力，最终实现城市权利和利益的合理分配，从而推动城市社会健康可持续发展及城市居民幸福生活的实现。由于"城市治理的根本目标是谋求善治"②，善治是衡量城市治理效果的准绳，而"善治就是公共利益最大化的治理过程"③，因而，善治也必然成为城市治理的内在要旨。

那么，从城市治理的现实空间性出发，城市问题的空间向度凸显了城市治理的空间维度，影响城市善治。在人类由工业社会进入城市社会的时代语境下，城市化急速发展，城市实际上就是一种空间性的存在，资本维持自身和造成危害总是以空间的方式展现，同时空间"一直都是政治性的、战略性的"④，社会的权力关系和政治制度及利益分配关系被强迫性地整合进了空间之中，城市空间成为一个无所不包的综合体，问题也由此产生。大致表现为以下三个问题：首先，资本主宰了城市空间的迅速扩张，"城市被认为是资本积累过程中矛盾冲突与危机藏匿之所在"⑤。资本是单线片面的逻辑，一切城市空间安排都以是否增殖、是否加速周转、是否扩大积累为目标，空间的机械组合和宏观设计并未遵循社会发展的脉络和

① 俞可平：《推进国家治理体系和治理能力现代化》，《前沿》2014 年第 1 期，第 5 页。

② 欧阳康：《城市治理应当成为国家治理的标杆》，《长江日报》2014 年 11 月 13 日第 20 版。

③ 俞可平：《推进国家治理体系和治理能力现代化》，《前沿》2014 年第 1 期，第 6 页。

④ 亨利-勒菲弗：《空间与政治》，李春译，上海人民出版社 2008 年版，第 46 页。

⑤ 乔纳森-戴维斯、戴维-L. 英布罗肖：《城市政治学理论前沿》（第二版），何艳玲译，上海人民出版社 2013 年版，第 64 页。

城市自身健康可持续发展的要求，并且金融资本日益掌控现代城市，"货币、金融和信贷，形成了一个分级组织的中枢神经系统"①，形成空间虚拟资本、策划空间掠夺、实施空间投机的有力武器，造成城市住宅泡沫、财产贬值、金融剥削、空间生活状况恶化。② 城市贫富差距、非正义现象、城市空间压迫等造成了极大的城市危害，进而扰乱城市社会的正常发展，违背城市治理中"善"治的根本目标。其次，作为城市公民重要的权利之一的城市权利也难以实现，人们虽然身居城市之中，但并不能真正进入城市，即创造一种属人的或者按需求价值生产的城市，不能自由选择进入不同城市空间获得社会资源，进而实现社会阶层流动，不能建造和平等享有安全健康的空间生态环境等。"与社会的都市化相伴随的，就是都市生活的恶化：中心的突然出现，从此以后放弃社会生活——人们被分配、隔离在空间中。"③ 在空间政治和生活不平等的背景下，占有的空间实际意味着城市权利的性质，对优质城市空间的占有在某种意义上只是意味着城市权利是一种特权，反之，城市权利则是一种束缚和牵制，是一种表面合理的压迫。因而，进入城市及不同空间的权利无法实现，城市空间利益的自由平等协商，以及合理的权力关系并没有充分实现。最后，城市性别系统的建构也带有深刻的空间性，空间的规划和社会制度嵌入性别歧视和压制都产生了积极的危害作用。"她们被蓄意孤立起来，离开工作地点和公共生活，蜷缩在小家庭和现代生活方式之中，推波助澜使之俯首帖耳于男性的养家人和他的军团。"④ 城市通过生产不同的空间以及对女性空间身份的定位达到隔离女性，使女性处于主流社会发展的建构之外，形成从属地位，造成治理主体无法实现多元化。而且，城市空间的不平衡发展和空间隔离与控制所形成的权力压制被空间不断地再生产

---

① David Harvey, *The Urbanization of Capital*, Basil Blackwell Ltd., 1985, p. 190.

② 戴维-哈维：《叛逆的城市》，叶齐茂、倪晓晖译，商务印书馆 2014 年版，第 27—30 页。

③ 列菲伏尔：《空间与政治》（第二版），李春译，上海人民出版社 2008 年版，第 130 页。

④ Edward W. Soja：《第三空间》，陆杨译，上海教育出版社 2005 年版，第 140 页。

出来，正如索亚在《第三空间》中引用巴巴拉-胡珀未曾出版的书稿那样，"亨利-列斐伏尔提出，全力通过生产空间而得以生存；米歇尔-福柯提出，权力通过划分空间科学而得生存；基尔-德勒兹和菲里克斯-高塔利提出，为了再生产社会控制，国家就必须再生产空间控制"①。显示出一种制度性的空间问题。上述三个方面的问题虽然并不能全面覆盖城市治理中的空间问题，但充分说明了城市治理的空间根源，城市治理在现实上有一种空间的维度。

　　从城市治理的理论空间性出发，既然空间因素成为城市治理的一个重要的变量和影响因子，那么城市治理必然要将空间因素纳入考察的范围，建构一种具有空间分析方式的城市治理框架，以此应对传统城市治理框架的空间缺失。此处考虑的主要问题在于，既然空间已经在现实中构成了城市治理的问题产生方式之一，那么城市空间问题就具有实在性，并且主要是从城市政治和空间批判的角度来考察的，因而也具有自己的发生机理和形成方式，城市空间问题不再与城市治理中的其他问题具有同类性，它生成了自己的特征。那么面对这样的一个现实就是，传统治理理论的分析框架是否涵盖了这些问题，是否能够在分析这些问题的时候成为一种有效的工具等问题，城市治理的逻辑与空间批判和现代性都有自身的特点，如何架构城市治理的空间剖析框架则是一个需要阐明的问题。城市治理理论如果没有空间维度，如果没有一种有效分析城市空间问题的理论框架，那么又如何做到对城市治理之空间问题的透彻分析和有效治理呢？因此，本文在此处的关注点在于表明城市治理的空间维度有建构一种空间分析框架和逻辑的必要性，通过结合城市治理的特点和城市空间问题的特点，建构一种可能的城市治理的空间剖析与处理框架。从这个意义上讲，城市治理也具有一种空间的维度。

　　因此，从上述的论述可以这么认为，城市治理是城市管理理论的最新成果，而从空间批判和城市政治的角度看，城市治理在现实和理论上的空间性则构成了城市治理的全新维度和崭新课题，成为城市治理的重要治理内容。

---

① Edward W. Soja：《第三空间》，陆杨译，上海教育出版社 2005 年版，第 145 页。

三 城市空间治理的问题对象

城市空间治理存在着纷繁复杂、综合交错的特点，城市空间治理所面临的问题对象则更是盘根错节、彼此相连。但以空间批判和城市政治来审视这些问题，大致可以梳理出城市空间治理中所遭遇的五大问题：城市结构失衡、城市认同危机、城市空间生产异化、城市秩序混乱和城市政治参与单一。城市结构失衡侧重从空间对象的直观表现角度，讨论物质空间失衡和内在结构失衡问题；城市认同危机侧重从形成于空间中的文化的角度，讨论空间中的文化依附与对抗对城市认同的影响；城市空间生产异化侧重从资本积累的角度，讨论城市空间作为积累要素的抽象性和交换价值问题；城市秩序混乱侧重从社会秩序角度，讨论城市空间中的权力与秩序之间存在的问题；城市政治参与单一则侧重从政治角度，讨论城市空间中政治参与的主体和内容存在的问题。它们构成了城市空间治理的五大问题对象，这五大问题对象造成了严重的城市空间问题，阻碍了城市治理的有效推进，从而束缚城市的发展。

（一）城市结构：结构失衡

在当前讨论的范围内城市结构失衡主要是指城市的物质景观空间在结构安排上的不合理，物质景观空间的失衡主要表现在经济空间、社会空间、文化空间和生态空间的失衡上。

具体而言，经济空间的失衡表现在空间财富的极化上，比如城市社区之间的贫富差距和城市与郊区及农村之间的贫富差距，城市高档社区占据城市中的有利空间和区位，发展较好，具有较高的市场经济价值，而低端社区则与之形成鲜明反差，并且在城市化和现代化的进展中，高档城市空间具有越来越大的向心力，吸纳了优质的经济资源，呈现较高的财富价值，而低端空间在这种关联与对比中发展缓慢，两者对经济资源的支配形成了空间上的结构性失衡，而城乡关系同样处于这种空间经济结构的失衡架构中。社会空间失衡表现在公共空间与私人空间、公共资源及服务与私人资源之间的空间不平衡分布，造成了不同社会空间及其内部关系的再生产。城市空间的资源分布遵循市场规律，优质的公园、医院、学校和景观建设趋向同一区域，分享同一地价，这就造成了它们的高品质服务区域性的存在，不能为全社会共享。"城市化过程创造出来的空间结构的物质嵌入性，与社会过程的流动性——如资本积累和社会再生产——处在永久的对立之中。"① 人们通过进入不同的空间而改变自身生存状况也变得不可能。文化空间失衡表现为经济空间对文化空间的消除、挤兑和利用。正如马克思所言，"一切固定的东西都烟消云散，一切神圣的东西都将被亵渎"。② 同样，城市的历史、传统、文化、精神、风骨及其所表达自身的物质景观和空间存在在交换经济的强大逻辑下遭受巨大压力，城市中的古老历史建筑以及具有自身地域特色的人居景观都被西方现代化的经济主义和实用主义代替，文化价值及其自身空间越来越少。生态空间失衡指生态环境一方面被经济化和恶化，另一方面则造成环境风险不平衡聚集。"自然，作为空间，和空间一道，被分成了碎片，被分割了，同时以碎片的形式买卖，并被整体的占有。"③ 城市生态系统作为一个整体被肢解，生态环境的价值化约为单纯的经济价值，市场化的运作实际上使自然环境已不复存在，从而破坏了城市与自然的有机统一，并最终危害了作为自然生态链上的一个环节的人的生存及城市居住环境。并且，正如哈维分析的，"在低收入地区建立有毒设施并不会对财产价值产生多大影响，所以任何有毒设施'最优的'最低成本的选址，策略都指向穷人所住的地方。"④ 意在说明城市空间中，生态环境风险被低端空间的群体不公平地承担了，环境风险向下转移，而环境财富向上转移，造成了生态空间的失衡。

（二）城市认同：认同危机

认同是人们"在他们的地方环境中进行社会化和互动"⑤ 的过

---

① 戴维-哈维：《正义、自然和差异地理学》，胡大平译，上海人民出版社2010年版，第480页。

② 《马克思恩格斯文集》（第2卷），人民出版社2009年版，第34—35页。

③ 亨利-勒菲弗：《空间与政治》，李春译，上海人民出版社2008年版，第38页。

④ 戴维-哈维：《正义、自然和差异地理学》，胡大平译，上海人民出版社2010年版，第424页。

⑤ 纽曼尔-卡斯特尔：《认同的力量》，曹荣湘译，社会科学文献出版社2006年版，第64页。

程，在这个过程中，人们从自身所生存的空间环境出发，建构起对自己的确认，对群体的归属，对意义和价值的把握。所谓城市认同危机，可以从宏观和微观两个层面来考察，而它们的作用机理则是文化依附与文化对抗，正如威廉斯所阐述的那样，"社会中总存在着取代性的和对抗性的政治或文化因素"，[①] 而此处的"社会"则可以从空间角度来观察。生成于不同空间的文化价值观念在依附或对抗中，或者失去自我，或者造成整体的不稳定，从而导致城市难以得到认同或城市认同虚无。

　　宏观上的城市认同危机指的是，以经济主义、市场主义、科学主义和消费主义为主导的价值理念占据了城市空间文化价值观的主导地位，造成城市空间本真文化价值和意义的破坏，城市文化与风格、城市作为一个"地方"而具有的意义变得薄弱，城市作为一个有机体的文化精神共同体难以形成，城市要么在上述主导价值之内得到强行统一（这种统一是内在矛盾的），要么在上述主导价值之外出现混乱分裂，人们在城市中无法找到共同的精神家园，城市在人们的认知和精神维度上无法实现统一，城市认同或者在一元的价值矛盾中、或者在一元价值矛盾之外的精神流浪中变得艰难，城市治理失去内在的价值韧性。微观上的城市认同危机指的是，空间碎片化造成处于不同空间的人在与自身空间交互作用的过程中，建构了跟自身空间特征相符的价值认识观，这种空间文化价值观出于对自身空间利益、资源和权益维护的需要，构成了相互依附或抵制的价值认知、价值话语和价值模式，从而造成空间认同多样化、城市认同碎片化以及城市观念虚无化。具体而言，当代城市认同的统一性被空间的碎片化不断蚕食，不同的空间带有不同的文化观念和社会意义，空间变成权力的等级、财富的象征、身份的标签、人格的暗示、伦理的基础，穷困低劣者的空间、富足尊贵者的空间、位高权重者的空间、人微言轻者的空间等等空间形态，建构了多种多样的空间认同，这些空间认同或者泛化为对城市的认识，以偏概全，

---

　　① 雷蒙德-威廉斯：《马克思主义与文学》，王尔勃、周莉译，河南大学出版社2008年版，第15页。

造成了无数的城市认同模式，并且处于激烈的冲突和对抗之中；或者局限于地方空间认同的统一，从城市内部造成城市认同和城市整体形象的破裂。并且，"当'社会空间'成了……精英、资产阶级、知识分子或移民劳工等等的许多隔离区时……（它们）便不再并置在一起，（而是）分层的，在空间上再现出经济和社会的分层、统治和服从的领域"①。不同的空间认同在不同的空间中又被持续地再生产出来，造成城市认同混乱被一种长效机制所维持，越来越走向恶化。最终导致的结果就是，"处于不同价值定位的人们对于何为善治会有不同甚至背反的理解"②。每个空间群体对城市认同不同，他们对城市的治理也会采取不同的价值倾向，造成城市治理的无能力。

（三）城市空间生产：生产异化

城市空间生产在空间治理的语境中主要表现为生产异化问题，资本逻辑下这种异化的总体特征就是生产了一个抽象的以交换价值为主要特征的空间，这种空间无法与人的实现、社会的发展、人类的进步有效统一起来，在某种程度上反而成为一种对立的力量，造成了城市治理中城市空间规划与实践的困境。

从工业社会进入都市社会后，资本主义生产模式也转换了积累的视角，工业化变成了城市化，工厂变成了城市，城市空间成为商品，并且在市场化的推波助澜下，空间交换价值铸造了空间拜物教的想象基础。空间在资本逻辑的主导下所维持的空间生产变成了对交换价值的追求，变成了一种独立于人的使用价值的力量控制着人及社会生产模式。"资本主义与新资本主义生产了一个抽象空间，在国家与国际的层面上反映了商业世界，以及货币的权力和国家的'政治'。"③城市空间作为典型的空间形态，已难以"将取用置于支配之上，将需要安置于命令之上，将使用置于交换之上"④。城市

---

① 艾拉-卡茨纳尔逊：《马克思主义与城市》，王爱松译，江苏教育出版社2013年版，第98页。

② 欧阳康：《城市治理应当成为国家治理的标杆》，《长江日报》2014年11月13日第20版。

③ 包亚明：《现代性与空间生产》，上海教育出版社2002年版，第49页。

④ 同上书，第57页。

本来是为了给人类以更大的幸福，但是在这种属人的人居环境的创造中却不同程度地走向了反面，违背了人类的价值理想。而以空间生产所进行的城市化在其消极的意义上表现为空间的剥夺，即越是发展，越是剥夺。大卫-哈维认为，城市空间改造更多的是"掠夺性的城市实践"，① 空间实践通过土地、住宅和金融体系创造了一个巨大的积累网络，"通过多种暗藏渠道，大规模财富从穷人囊中转移到了富人手中"②。空间剥削成为城市中剥削和压迫的一种崭新形式。在这种情况下，城市空间越是发展，整个社会越表现为一种不为人所控制的力量，人们越是生活在城市中，越感觉到空间与人的需要之间的排斥关系，人发展自身所需要的空间环境和资源与社会发展所表现的进步性并没有有效统一。空间的异化是城市空间治理中的重大问题，"如果未曾生产一个合适的空间，那么'改变生活方式'、'改变社会'等都是空话"③。生产出一种怎样的城市空间，对人类自身生产生活，对社会的发展具有至关重要的作用。所以，虽然人类由农业社会到工业社会再到城市社会，总体上代表了一种历史的进步性，而且在社会发展的过程中也应该始终坚持这种进步性的观念。但是，城市社会如何在空间生产的过程中正确处理异化与进步的关系问题，如何有效规避资本的风险，如何走向适合本国国情的现代化发展道路，进行以人为本，实现人和经济社会相互促进共同前行的城市化道路和空间生产道路，这些将成为当今时代背景下城市空间生产中城市空间治理面临的亟待解决的问题。

（四）城市空间秩序：秩序矛盾

现代化进程中的城市秩序问题，从空间的角度看，表现在城市空间秩序矛盾。处于转型时代的当代社会，一方面传统空间秩序在不断地被摧毁和重构，特别是城市空间中的社会权力秩序以一种全新的方式呈现在我们的面前，维持了人们在城市中的生产生活；另一方面，在某种程度上，这种重构的城市空间秩序却以一种前所未

---

① 戴维-哈维：《叛逆的城市》，叶齐茂、倪晓晖译，商务印书馆 2014 年版，第55 页。

② 同上书，第 56 页。

③ 包亚明：《现代性与空间生产》，上海教育出版社 2002 年版，第 47 页。

有的方式破坏着人们对美好的生活秩序和社会秩序的想象与实践。两者在转型的时代语境中构成了巨大的秩序矛盾。

具体而言，对城市空间秩序的考察可以粗略地分为两种，一种是自然和实证主义的路线，一种是社会和人本主义的路线。前者对城市空间秩序的考察强调物质实体和功能方面的安排，特别是到近代通过城市的空间生产来进行积累，使得城市秩序更多借助数学、物理学等学科实现城市空间功能的合理安排，这种安排及其社会影响构成了当今主导的西方城市空间秩序模式。后者则对城市空间秩序的考察强调意义和生活方面的安排，通过社会、政治、文化、人的自由等视角来审视城市秩序。而当代城市秩序矛盾的核心则在于自然和实证主义的空间秩序摧毁了传统地域空间秩序的同时，表现出对社会和人本主义的空间秩序建构的无力，或者说，只是建构了一种资本、权力与社会交织的城市秩序。当前城市空间秩序的构建中表现出诸多上述性质的问题，比如，一是城市中心往往是繁华的商业街和大型娱乐休闲购物中心，它们在整个城市空间中处于中心和核心的位置，这些建筑成为城市中人们生活的中心焦点，程度不一地统摄着人们的注意力和情感，成为消费主义的空间表征，代表着消费主义的空间秩序，这种中心的空间安排与传统村落中祭祀的中心空间分布具有极其相似的功能和意义。二是高等住宅区与低等住宅区或者城市棚户区与富人区在空间和社会层面是相对分开的，这种区别在社会层面和心理层面被转译成为等级和权力的象征，这实际上表达了一种空间的等级权力象征，这种秩序被物质景观牢牢地嵌入到地理空间中，往往内化为思想和行动的规则与界限，显而易见却又自然而然。三是城市中广泛地分布着高技术主导的现代化的摩天大厦，它们高耸、庞大、突兀、色彩鲜明、视线明晰，且往往处于当地区域的重要位置，技术主导的现代景观构造着现代城市的空间秩序，表达了一种技术主义的空间价值观，而代表着地方特色的和生活方式的建筑景观则被逐渐清除，传统的空间秩序渐渐不复存在，等等。问题在于，这种新的城市空间秩序是否真的具有一种人类合理性，从现代性的宏观视角来看，城市空间秩序是当代社会秩序的典型形式之一，它深刻地关联着社会与城市发展、人的生活与自由、人类未来的方向问题，它内在地根植于人类的文明化进程当中，为人类文明保驾护航。并且，城市空间秩序所形成的内部各种力量之间的关系问题也是需要慎重对待的，秩序与社会多元权力，与自发性和组织性问题，与秩序的意识形态及秩序的公正和理性之间的关系等等都构成了城市空间秩序矛盾的背景问题。

（五）城市政治参与：参与单一

就空间而言，城市政治参与的主要问题就是参与过于单一，一方面城市中不同空间主体政治参与的单一，主要的参与者还只是少数的政策制定者、开发商、设计师、规划师等，参与力量的多元化没有充分挖掘并尊重；另一方面，城市政治参与内容上的单一，城市居民扩大城市政治参与内容受阻，特别是关涉重要资源的空间分配的选择问题。参与主体与参与内容的单一造成了城市治理力量薄弱和治理内容片面，甚至不能有效发现和治理城市中的空间问题。

具体而言，在主体参与方面，主要表现在参与主体的单一化。现代性的城市空间实践把空间作为生产要素纳入到整个资本主义生产方式的架构中，并不断推向商品化和市场化，空间被分割以作为商品来买卖，空间占有主体变得越来越多样化和复杂化，并且，个性化发展使得不同人群对空间的需求不同，空间利益分化显著。然而，空间规划的主流知识学将自己归为形式空间科学的范畴，用科学和中立的方式来加以界定，"一种隐蔽的公理是：规划的空间是客观的和'纯净的'；它是一种科学对象，并且因此是中性的"①。从而也被认为是最合理的和最有效的方案，"透过空间科学观点，城市规划的方法和技术被提升到科学的层面"②。只有专业的空间规划师和政策制定者才能参与城市空间的设计和建设，进而排除了城市居民对空间规划和实践参与的可能。可是，空间是社会性的，空间充满社会关系。不同空间的主体对具有明显公共性特征的城市发展和规划具有话语权，他们的需要和心声也应该得到表达和考虑，空间的社会性和人本性决定了空间参与主体的多元化需要。专业空

---

① 包亚明：《现代性与空间生产》，上海教育出版社 2002 年版，第 60 页。
② 同上书，第 49 页。

间规划者和设计者对参与空间建设必不可少，而以科学的名义对空间进行单一控制以排除其他参与者则是不可取的，并且专业规划师背后的利益支撑者也是一个需要考虑的问题。因而，城市政治参与主体的单一是造成城市空间治理问题的重要原因之一。在参与内容方面，同样也存在单一化的倾向。现代性视域下的城市发展与治理有一种空间的向度，城市政治参与内容的空间维度的缺失是城市空间问题产生的重要方面。主要表现在城市拆迁与规划过程中的土地产权与住房产权问题（特别是空间产权），城市居民参与保护自己合法的土地和住房产权并没得到应有的重视；对具有城市公共服务性质的资源，如学校、医院、公园、购物中心等等机构的空间分布与安排，以方便城市不同区域的绝大多数居民的需求，并没有真正地成为城市政治参与的重要内容，而主要遵循的还是市场逻辑和不平衡的聚集原理；同样，对于城市发展过程中带有污染或破坏周边人居环境的机构和空间，比如工厂、垃圾或污水处理厂等设施的空间选址，也存在上述问题。而且，公民参与公共空间的规划建设，比如道路及其承载的汽车，以及对公共空间的圈占隔离问题，也出现参与不足的问题。对这些参与内容的缺失和忽视造成了在真实的城市空间问题背景下的城市空间治理对问题的把握不准和解决无效，严重影响了城市治理的效果。

四　城市空间治理的对策

（一）价值对策：培育总体的空间价值观

在城市空间治理的宏观分析框架中，关注的核心焦点是空间，试图以空间作为治理的切入点，来推动整个城市治理的不断提升，达到城市"善"治。要达到这一目标，首先就要对空间有一个整体的价值判断，空间不仅是经济的要素，而且还集社会性、政治性、策略性和时间性于一体，并且最为关键的是，空间中总存在着人的自由自在的实践活动。因而，空间具有总体的价值特性，空间是包含了社会性、历史性和空间性，并最终表现为适宜人的需求价值的属人生存环境，即空间具有空间自身的价值多元性，空间生产的正义性和空间分配的公平性。

就空间本身的价值定位而言，空间价值具有多元性。首先空间不仅具有经济价值，还具有社会价值。空间中的要素、空间之间的组合以及空间本身的建设都能够促进"能量之流、原料之流、劳动力之流与资讯之流等"① 的流动，使各种资源要素达到最佳的生产结合，这一点不应该否认。同时还具有社会价值，在推动经济增长的同时，还要注重消灭空间异化和极化、空间控制和剥夺、空间隔离和排斥、空间精神文化价值的衰落等问题，从而建构和谐有序和自由流动的空间政治制度，由城市空间治理推动整个城市社会的发展。其次，空间具有使用价值和交换价值的双重特性。空间不应该作为资本积累的纯粹工具，在新自由主义和市场化模式的推动下，把空间商品化和资本化，使空间分布按照市场梯级价格的规律排列，越是优质健康的城市空间越能够积累超高的空间财富，越具有较高的交换价值，而越是没有交换价值的城市空间，就越没有使用价值。这严重地颠倒了事实，城市空间主要着眼点在于之于人而言的使用价值，人们创造美好的城市，就是为了得到美好的生存环境，从这种空间环境中获得自我实现的资源和平台，交换价值可以作为一种辅助性的动力，而不可作为一种支配性的策略。城市"善"治的重要目标之一就是要通过对城市的空间使用价值的构建，使城市健康发展，以带动城市居民的幸福生存。最后，城市空间具有生态价值。一方面，从地理生态环境来看，城市作为地理环境的物质积累中心，也处于生态环境链上，受其影响，城市空间中的废气、废水、垃圾和有毒物质排放到环境中，不仅破坏了生态环境，而且危害着自己的生存环境。更为关键的是，另一方面，从微观的角度看，城市生态环境的污染也遵循市场逻辑，有毒污染物最终都会转移到低级劣等的生存空间，而这些空间也正是边缘人群和弱势群体的空间，他们空间的生态环境价值却并没有得到应有的重视。

（二）动力对策：规范资本运作与空间生产

马克思对资本主义社会科学而深入的剖析揭开了资本主义社会现代性的面纱，实现了对资本主义社会现代性的双重批判，即资本

---

① 包亚明：《现代性与空间生产》，上海教育出版社 2002 年版，第 47 页。

批判和现代形而上学或理性批判。① 现代形而上学或理性是资本在思想领域的现代性特征，因此，归根结底，对资本的批判构成了对资本主义根基意义上的彻底批判。资本是现代性的根本特性和基本存在方式，自资本主义生产方式产生以来，资本就贯穿在社会运行的始终和方方面面，推动着社会的现代化进程。然而资本不是一个抽象的纯概念，而是一个基本的事实，是事实则意味着它在社会之中，社会中的事物是不断变化发展的，那么资本在社会中的存在方式和作用方式也会随着现实的不同状况而有所变化。从农业社会到工业社会，再到都市社会，资本也不断地城市化，资本逐渐更多地以空间的方式展现出来，空间生产则成为城市社会资本运作的主要方式。当现代化以都市的面貌出现，城市化成为现代化的主要表现方式的时候，资本逻辑所主导的空间生产则在根本的意义上不断地推动着社会的发展，现代性的分析维度更需要从空间生产的维度来加以理解，资本通过空间生产成为现代社会的动力。

　　资本作为社会发展的动力在推动现代化不断前进的同时，也造成了严重而根本的社会问题，特别是城市空间问题。对于我国而言，自改革开放以来，面对西方现代化发展的巨大压力和自身发展的强烈诉求，我们建立了中国特色的社会主义市场经济体制，通过市场调动各种生产要素和组织各种有效生产，各种社会资本推动了城市化的快速发展。但是，随着城市空间生产的不断推进，各种资本作为城市发展的动力产生了各种各样的空间问题，发展的动力变成了问题的源泉。资本对城市进行商品化和市场化运作，以利润为中心，以效率为准绳，造成了城市的片面发展和扭曲发展。资本追逐利润的逻辑使空间生产更多地从属于资本积累，对空间资源过度开发或急功近利的片面开发，不能从全局和长远进行总体规划与假设，忽视城市居民的多样性需要，漠视城市空间的使用价值而专注于交换价值等等，空间财富通过资本、财产或强权而非劳动等要素通道分配，"在财富积累和分配的过程中，存在着一系列将社会推

---

① 吴晓明：《论马克思对现代性的双重批判》，《学术月刊》2006 年第 2 期，第46—47 页。

向两极分化或至少是不平等的强大力量"①。这种分化的根本力量"我将它表达为 r>g"②，即资本收益率大于经济增长率，劳动要素成为次要的分配要素，进而使空间贫困、分化问题严重。因此，当时代进入都市社会，现代性融入了空间的视角，需要从空间生产的角度更加准确地把握现代性的时候，我们自己所期望的现代性应该通过怎样的一种城市发展的策略来推进，我们该怎样认识资本和对待资本，以及处理资本、城市发展和现代性三者之间的关系，是直接摆在我们面前并需要智慧地加以解决的问题。放任自流的资本和市场化在解决效率的同时，并不能解决发展的所有问题，甚至本身构成问题，在对资本的运作中，对资本进入空间生产的目的、方式、领域和效果的考虑中慎重权衡，我们在正义的城市发展中，每个阶段是更需要公平，还是更需要效率；在城市空间生产的一些关键领域，资本该发挥怎样的作用，该发挥多大的作用，资本该坚持怎样的价值原则，如何利用公有资本和社会资本以及它们之间的比例等等问题，我们应该有一整套相关的理念、目标、介入机制、制度规范，以此来调节规范资本的空间运作和空间生产，把握城市发展中现代性的方向。

（三）体系对策：保持政府、市场和社会之间的辩证张力

空间不是单纯的物质空间或精神空间，"社会空间总是社会的产物"③，空间的社会性揭示了空间之中总蕴含着利益主体及其相互关系，空间变动总是意味着空间中各主体的变动及其交互方式和交互机制体制的变化，因此城市空间治理要关注城市空间背后的隐藏力量，这种力量可以是主体，也可以是主体之间作用的方式，它们在较微观的层面构成了现实城市治理的行动框架和体系，成为城市治理中实实在在的现实力量。具体而言，城市治理的体系对策可以从以下三个方面加以阐述：治理的主体（力量）、治理的方式、治理的权责。

---

① 托马斯-皮凯蒂：《21 世纪资本论》，中信出版社 2014 年版，第 28 页。
② 同上书，第 27 页。
③ 包亚明：《现代性与空间生产》，上海教育出版社 2002 年版，第 48 页。

首先，从城市治理的主体角度讲，有政府、市场和社会三个力量主体，所以其关键词是多元。现代化及市场化使社会利益主体多元化，城市空间的商品化使越来越多的人以持有空间为财富并进行交换，并且空间需求也多样化，每个人对空间的生产和使用都存在不同的价值要求，因而在这样一个利益和需求分化的社会中，要想较好地治理城市空间问题，首先就应该拓宽治理力量，使利益相关者共同协调解决问题。但是在现实中，这一转变还需要更大的努力，因为空间控制和空间霸权往往忽视群众或弱者的空间利益，造成空间的不平衡。因此，在政府方面，要注重公共空间的开发和使用，完善公共空间的服务职能；调节市场，防止市场在追求利润的时候过分浸入和挤兑城市公共空间，特别是要调节房产和地产市场，防止通过房地产市场进行空间剥削。总的来说，政府在于打造具有全民共享的城市空间而非少数权贵或精英规划和占有的城市空间。在市场方面，要利用市场促进空间资源的有效分配和使用，通过交换和借助价值机制进行调节，但交换价值和价格并不能成为空间资源配置的目的，空间不纯粹是创造利润的工具，而是人们生活的地方，应该满足人们生产、生活、娱乐、卫生等多样化的需求。因而要规范市场、借助市场力量对空间进行全面和平衡开发，并协调空间资源的长短期开发利用，防止急功近利造成空间问题。在社会方面，我国传统城市是由政府行政主导建设的，改革开放后，则更多地是由政府主导，市场推动来完成的，城市中的社会——包括城市居民和非营利组织——的力量一直未被充分重视，他们的空间权利和利益也有待更进一步的被尊重，城市空间问题的落脚点往往就是社会问题，城市社会是整个城市稳定的基础。因此，一方面要尊重和实现他们的空间选择与需求，另一方面，要把他们作为城市治理的一股强劲力量，有效调动，治理城市社会中的空间问题。

其次，从城市治理的方式角度讲，城市治理不是一种控制、命令或行政的方式，而是一条利益相关者多方参与、协调共治、充分保障权利的道路。城市空间问题从某种意义上看，主要是由空间权力和空间利益处理不当造成的，所谓处理不当就是没有尊重他们的上述权利及满足他们的上述需要，未平衡好这种权利和需要造成的。因而关键在于，要建立利益相关者都能够参与其中的民主利益表达机制和法律保障机制，只有每个利益相关者都能够表达自己的利益诉求，并在现实中得到凸显，协调各方，保障各方权利，才能够从细微的方面分散、化解这些问题，促进城市治理面貌的整体改善。

最后，从治理权责的角度讲，政府、市场和社会都应该根据自己的角色定位，有针对性地、高效地处理相应的空间问题，这里的关键词就是恰当。现代性视域下的城市空间治理应该是一种追求多样、全面和平衡的空间建设和使用的治理，每一种力量都应该担负起自己的空间建设和问题处理的使命，把握好自己对空间的权利边界和责任边界，做到各司其职，充分协调。特别要防止的是，政府在推进和规范相应的空间治理的过程中，过分地介入市场，追求市场利润和过多的行政指令、强制社会而忽视自己的本职所在；防止市场以效率和利润为导向的治理道路成了问题本身的根源，过分的市场化和市场失灵导致对公共空间和空间的公共服务职能的侵蚀，并造成上文所说的，某些空间过度开发而某些空间开发不足，或某些空间资源短期内过分利用甚至浪费，而造成无法弥补的长远损失等等问题；同时，也应该注重市场的社会责任，防止市场或企业过分追求利润而规避社会应当承担的义务。

（四）目标对策：协调多元利益，促进城市权利平衡

城市治理是多维的，因此城市治理的目标也是多样的，但从空间的角度，并结合现代性来看，城市治理就是要实现城市中空间权利的平衡，而空间权利平衡也即意味着空间权利所蕴含的空间多元利益的协调与平衡。从空间的角度看，我们在讨论城市治理中的空间问题的时候，总是在一个宏观或微观的空间关系的背景中展开问题的叙述，讨论空间关系之下的空间问题，而并不是讨论单纯的、孤独的空间。空间不是单独物质性或技术性的空间，而是蕴含着人与人之间关系的空间，总可以从空间中发现谁的空间、如何创造、怎么利用等社会性问题，借助这一层意义，空间本身也就进入了一个网络的关系之中，空间总是通过上述意义与其他空间发生关系，空间实际上是空间的关系、空间的体系、空间的结果，城市空间问

题也只有在空间关系和结构中才能得到真正的认识和说明，因而也可以说，单纯的空间是不存在的。上述只是理论上的说明，而从现实的空间问题来看，也能够看到，显现在我们眼前的单独的空间其实深深地嵌入到了空间的关系或结构之中，问题是在关系中孕育、产生和发展，并由这种空间关系被再生产出来，在这样一种整体的宏观的空间视野中，才能够准确地把握现实空间出现的问题及其根源。既然空间是一种空间关系，城市空间问题根源于城市空间的关系问题，那么现代城市空间关系又是一种怎样的关系呢？简单而根本地来说，是一种不平衡的空间关系，正因为这种关系是不平衡的，因而也是问题的根源。空间贫困并不是独立空间意义上的贫困，空间之所以贫困，是因为空间资源聚集有限、空间生产能力弱、空间的短期投资能力差，同时空间的多样价值不被重视，而这些问题之所以会产生，是因为具有"构成性中心"①的本质和属性，是因为资源注意力都流向了其他空间，这种不平衡的空间关系逐渐形成了一种发展模式，越是优质空间越具有吸引力和控制力，把有限的资源聚集到此，这种不平衡使空间资源和空间本身建设呈现线性的单向流动，从而不断地再生产这种空间关系。空间只有在相互的关系和对比中才能体现发展的优势，无论这种发展意味着什么，因而空间问题在空间结构中形成、发展和再生产。

以现代性来看，现代化的发展不应该是片面的或病态的发展、不是不平等的发展、不能是以牺牲一部分人的空间利益来成全另一部分人的空间尊贵。现代性视域下的城市空间发展应该是一种公平的、平衡的发展，要关注多元化的空间利益主体、协调多元化的空间利益、促进多元化的空间利益平衡，最终实现多元空间权利平衡，这应该是现代性要求下的城市治理之空间维度上的重要目标。那么如何才能实现空间权利的平衡呢？简略地概括起来，应该从两个层面上来努力，一是从空间政治经济学批判的角度看，要实现空间生产和空间分配及使用的平衡，无论是从公共性的权利角度，还是个体性的权利角度，每个人都有权选择并创造出理想的空间环

---

① 亨利-勒菲弗：《空间与政治》，李春译，上海人民出版社2008年版，第17页。

境，并根据自己的需要和发展情况享受和使用空间资源，这种生产和享有不应受历史空间不平衡的先在约束和现在空间发展不平衡的再生产支配，相反，空间关系中的弱势空间，弱势空间中的弱势群体有权得到更多的发展机会和从优质空间中得到更多的空间发展资源。这是第一点，第二就是从空间机制建设的角度看，要实现空间权利的平衡，要在有效的参与机制和制度法规上努力，前者的核心是民主，后者的核心是法治。要保障在空间生产规划和空间资源分配的过程中，所涉及的利益主体能够有民主的利益表达通道和参与平台，而不是在源头上就受精英群体或少数利益相关者的支配，并通过不正义的分配方式制造空间悬殊，同时多元利益的协调和权利平衡要在良好的法律制度的框架下进行并得到保障，在协调的过程中，遵循法治化的处理原则，而不是以空间强权或霸权饰以美好的价值言辞和话语体系实施少数人利益的不公平分配。

国家治理能力现代化的逻辑生成

钟 林

　　国家治理能力现代化的核心内涵是多元国家治理主体，通过建立起复合结构的合作机制，共同提供公共服务和解决公共问题。其实，我们可以看到国家治理能力现代化的多中心结构、整体性结构和网络化结构的关键和本质在于多元治理主体的合作，显然，合作就成了推进国家治理能力现代化的核心环节，甚至从过程意义上讲，笔者认为国家治理能力现代化的逻辑生成过程就是多元治理主体有机合作的逻辑生成过程。

一　多元国家治理主体间的持续互动

　　多元国家治理主体间的持续互动，主要是指国家治理的政府主体、国家治理的社会主体和国家治理的公民主体在对公共事务的理性认知和情感把握的基础上，通过相互间的反复对话、沟通和反馈，增进多元主体间的相互了解和信任。多元国家治理主体间的持续互动是多元主体有机合作治理的第一环节，是保证多元主体间思想观念内在一致性的前提，也是促进多元主体在国家治理行动过程中弹性协调的重要保障。要实现多元主体的持续互动，首先是多元主体对公共事务的理性认知和情感把握，其次是多元主体共同设定方向性目标，再次是多元主体互动按照内在原则进行。

　　第一，多元主体对公共事务的理性认知和情感把握。哈贝马斯认为，我们每一个组织和个人都生活在"生活世界"当中，这种"生活世界"主要是由文化、社会和个体三种要素构成。正是在这样一个"生活世界"中，多元主体对公共事务都有着既相似相通又差别特别的认识和评价。就相似相通而言，多元主体对某一公共事务的认知决定了其认知对象是相同的，进一步来讲，虽然任何公共事务的表现形式是多样的，但其本质是唯一的或者说是客观固定的，因此，多元主体如果达到了对某一公共事务的科学认识，那么必然地对该事物的理性认知是相近相似的，这种相近相似的理性认识又会产生主体间某种相通的情感。就差别特别而言，多元主体本身的理性知识水平有差异，其所处的环境和认识方式也是千差万别，因此，常常会出现不同的主体对同一公共事务有不同的认知。进一步来看，同一公共事务在社会当中和在不同主体面前的呈现方式是不一样的，而且其全面的本质是很难被某一主体彻底全面掌握的，此时就很有可能出现不同的主体认知到同一公共事务本质的一部分或者说一个侧面；加之，同一公共事务对不同主体来说，其价值意义是不一样的，进而就会导致不同主体对同一公共事务有不同的评价和情感态度，那么这种评价和情感态度又会进一步影响到主体对某一公共事务的理性认知和情感把握，这就必然产生不同主体对同一公共事务的理性认知和情感把握的差异差别。因此，多元主体对同一公共事务既存在着理性认知和情感把握的相近相通，也存在着理性认知和情感把握的差异差别。

第二，多元主体设定互动的方向性目标。就合作而言，达成共识是多元主体互动的方向性目标。哈贝马斯认为，多元主体间的交往既是彼此之间的沟通和对话，更是指向达成共识的活动。进一步来看，共识就是要通过沟通和对话达成相互之间的理解，超越认识上的多样性、差异性和背离性，从而达成意见或观念的内在一致性。只有在追求共识这样一个前提性预设的前提下，多元主体才会积极进行表达和沟通，也才会在尊重他人观点和意见的前提下进行自我反思和调整，也正是在这种多元主体的相互表达和自我调整过程中逐渐形成共识。但是我们在确定共识作为方向性目标的同时必须注意，多元共识指向要求的是"求同存异"而不是"求同去异"，也就是说我们在达成共识的过程和最终共识结果都不是说要所有的主体都只允许有一个看法或者一种观点，而是说多元主体就公共事务的某一理解和共同处理行动上有共识，也允许且必须尊重和保护不同主体保留的差异性观念，而这种差异性观念可能会在某一主体单独采取措施或者对以后的多元有机合作中产生源生性的价值。

第三，多元主体互动要按照内在要求进行。哈贝马斯认为，多元主体的互动主要是通过语言来进行的，"参与者之间共识的形成（consensus formation）从原则上说具有语言的本质"。① 因此，哈贝马斯认为多元主体之间通过主体间的对话、论辩、批评来达到一致或共识。当然，在这里哈贝马斯看到了语言对话和交流在形成共识中的重要作用，也看到语言本身的特殊地位和价值。在哈贝马斯看来，语言是一切思想和观念的存在和运行方式，人类的一切活动最终沉淀为了语言，语言本身具有逻辑性、共通性、简明性等特点，进一步来看，只有通过语言的互动才能形成观念性共识，这种观念性共识也才是根本性、内在性和长久性的，因此，这些都使得语言无可替代地成了互动交流的最好载体。既然语言的互动交流是我们形成共识的重要载体，那么，多元主体"怎么表达"和"表达什么"就成为多元主体间是否能够相互理解，进而达成共识的关键。

二　多元国家治理主体间的相互信任

信任是主体基于自身状况对他者和未来而采取的选择性信赖和相应资源付出。从宏观来讲，多元主体间的信任受到信任文化和信任制度的影响；从中观来讲，多元主体间的信任受到主体间熟悉程度和相互预期的影响；从微观来讲，多元主体间的信任受到信任承受与信任修复影响。

首先，多元主体间的信任受到信任文化和信任制度的影响。每一个主体的行为必然地受到社会环境的影响，而文化和制度是社会环境最主要的构成与表现。多元主体之间的信任更是这样，当多元主体生活在一个崇尚诚信、尊重诚信、排斥失信的社会里，他们会

---

① Habermas, *The Theory of Communicative Action*, Polity Press, 1989, p. 94.

自然而然地或者自然倾向地选择相信彼此，并采取信任的态度和行为开展彼此间的交往。从本质上来看，信任是社会文化密码的一部分，而文化密码像基因一样是以某种神秘的方式世代相传的。正是在这种高信任度的社会文化里，多元主体信任态度和信任行为又进一步地增强了社会的信任度，而且不断地传承着信任文化。高信任度社会文化有利于增强主体间的信任，但是信任文化不是影响信任的唯一因素。在宏观信任影响因素中，还有一个非常重要的因素就是信任制度。

其次，多元主体间的信任受到主体间熟悉程度和相互预期的影响。多元主体间要产生信任是会受到主体间关系影响的，主体间关系的熟悉程度将影响多元主体的理性判断和理性抉择。因为，我们如果选择信任，那么，我们就把希望和资源放在了对方身上，只能靠我们对其熟悉的情况来预测此交往对象会不会按自己的希望行事。其实，从本质上来讲，这种熟悉是主体根据历史对未来的预测，具体来说，就是根据自己对他者与自身打交道过程中的守信程度，来判断此交往对象未来也是否值得可信。当然这种熟悉包括直接熟悉和间接熟悉两种，直接熟悉主要是指某一主体通过与他者的直接生活交往或者长期的互动关系，了解到此交往对象一直都是守信的或者说很少有失信行为，那么，该主体往往选择对此交往对象保持信任；间接熟悉主要是指某一主体通过自己信得过的中介体而选择对他者信任，这个中介体往往包括自己非常信任的某个人、某个组织、某种制度、公共媒体、公共第三方等，其实，从本质上来讲就是信任的传递，因为 A 信任 B，B 又信任 C，所以 A 就选择信任 C。这里我们有必要着重强调一下间接信任的特殊地位和影响，其实，间接信任的中介体很多时候不可能起到完全等价信任的作用，常常要么扩大了这种信任，要么缩小了这种信任，但是，进一步来看，在现代社会直接信任的范围是非常小的，常常局限在家庭或者亲密的朋友间，然而很多时候我们不得不选择间接信任，也就是说通过中介体来判断和选择自己是否信任他者，因此，主体就不得不承担选择信任后的风险，当然也期待着选择信任后的收益。

再次，多元主体间的信任受到信任承受与信任修复影响。某一主体是否选择信任他者，很大程度上还取决于该主体自身所具备的资源，这种资源包括自身的知识、财富、社会地位、人际关系、心理素质、价值观念等。一般来说，某一主体拥有越多的知识、越多的财富、越高的社会地位、越丰富的人际关系、越好的心理素质、越积极的价值观念，他就越容易信任他者。因为，一方面该主体更能通过自身的资源辨别和选择出可信任的交往或合作对象来，另一方面该主体承受交往对象或合作对象失信的能力更强。信任的另一面就是失信，其实，从本质上讲，失信与信任是相伴而生的，总是在"信任—信任破坏—信任修复—新信任"一个过程当中，那么，信任修复就是重建信任或者说维护信任的重要保障。信任是两个主体或者多个主体之间的事情，那么，信任修复也必然是两个主体或多个主体之间共同指向信任的互动弥补的过程，也就是说虽然导致失信行为或后果可能是由某一方单独造成的，但是单方面的努力是无法代替另一方的。

三　多元国家治理主体间的协商共识

多元主体只有在相互信任的基础上，协商才有可能发生，也才能保证协商向着共识目标推进。协商必然是指向于达成共识，而协商形成的共识是有机合作的内在思想保障，是多元主体有机合作逻辑生成的关键"中坚"环节。协商共识在相互信任的基础上产生且将相互信任转化为现实共识，与此同时，协商共识促使和保障了多元主体有机合作内在逻辑生成的下一环节（生成状态）的产生和最终得以形成。

首先，协商共识是对多数共识的超越。在过去我们谈到共识，基本上都指的是多数人共识，而且这种多数人的共识长期以来得到人们广泛的认同和践行。美国政治学家罗伯特·达尔就认为，多数人共识原则可以得到以下四个方面的论证，"它可以最大程度地增加能够在集体决策中施行自决的人的数量；它是合理要求的必然后果；它更可能比其他规则产生出正确的决策；基于成本收益的功利主义论证，多数规则能实现效用"①。当然不可否认多数人共识的原则本身具有一定程度的合理性，但是这种共识很难保证每一个主体的不可通约的合法权利和合法利益，而且这种共识很有可能遭到部分人的坚决抗拒和强烈消解，因此，多数人共识的合法性和有效性遭到了质疑。多数人共识只是对既有认知的一种择优，而对话有助于提高多元主体对公共事务的认知和判断；多数人投票是数量上占优势的群体独享对公共事务的判断权和决断权，而对话共识是某一参与主体通过对公共事务理性认知上的质的优势获得全体参与者的认可。我们可以看到，多数共识是参与主体就某一决策或制度进行投票，这种多数票认可的决策和制度在很长时间内都是封闭静态的，也就是说这种决策和制度在很长一段时间是不会有新增内容和更新完善的；而协商共识是一个不断发展着的动态共识的过程，也就是说它永远是在向着公共事务善的过程中汲取、扬弃和调整。因此，笔者认为"开放动态"的协商共识是对"封闭静态"的多数共识的超越。

其次，协商共识的运行和达成需要具备一系列基本要求。简单来讲，协商共识是多元主体通过协商方式和过程来达成的共识，这种协商的过程本质上是多元主体的一种特殊的"对话"的过程，说它特殊也就是指这种"对话"有其本身所具有的内在要求。哈贝马斯明确指出了协商对话的基本要求，"协商的形式是论辩，一方可对另一方进行批判；协商是包容的、公共的，任何人都应有同等的机会参与协商；协商是排除外在强制的；商议是排除任何可能有损于参与者之间的内在强制的，每个人都有平等的机会去被人倾听、去引入议题、作出贡献、提出建议和批评建议"②。具体来说，达成协商共识需要具备以下四个方面要求：一是论辩性的批判，二是平等性的参与，三是自愿性和自由性的表达，四是公共性与公开性的对话。就辩论性的批判而言，要求多元主体就公共议题在一个公开

---

① ［美］罗伯特·达尔：《民主及其批评者》，吉林人民出版社 2001 年版，第 183—189 页。

② ［德］哈贝马斯：《在事实与规范之间：关于法律和民主法治国的商谈理论》，上海三联书店 2003 年版，第 379 页。

的环境下进行着理性的"提议—倾听—答辩"的循环过程，每一个参与主体都能根据自己的认知和利益需求提出意见，而且每个参与主体也听取着其他主体的认知和利益需求，这样增强了对公共议题认知的科学性和丰富性，也使得参与主体不断地进行着自我认知和利益的反思与调整。正是由于多元主体在这样一种辩论性批判过程中发现了处理公共议题的更好的理由和更佳的选择，而且在这个过程中也宣传和推广了这种更好的理由和更佳的选择，因此，必然会有助于达成合作的共识。就平等性的参与而言，协商共识要求多元主体平等地参与对话，这种"平等"包括主体身份的平等、机会的平等、资源的平等、能力的平等、结果的平等。从身份平等来讲，就是说每一个主体都是平等进行对话的参与者，具有平等的提议、论证和辩护的权利等。从机会的平等来讲，主要包括程序的平等和实质的平等两个维度，从程序上的平等来看，程序性平等要求协商主体都将处于同一平台上，平等地参与讨论，而不能享有任何特权；从实质的机会平等来看，要求我们通过不断完善制度和机制，提高资源分配的公平性，提高每一个主体平等参与的能力，保障每一个主体都拥有平等地享受参与权和知情权。只有在这种平等性参与的保障下，每一个多元主体才有可能实现真正的对话，也才可能真正地增进对公共议题的多角度多层面的认知，也才可能产生更好的理由和更佳的选择方案。就自愿性和自由性的表达而言，自愿性表达要求多元主体是基于自身对公共议题最真实的认知和需求提出个人的意见，不受外在压力、威胁、控制的影响，也就是说要求我们每一个参与主体要真诚地讲话和对话，也要求我们从制度和机制上保障这种对话的真诚性，剔除任何有可能导致参与主体虚假言语的内在诱因和外在诱因。自由性表达要求参与者的思考不受预先规范、要求以及权威的抑制，并且参与主体能够在合法的前提下自由表达个人的思考和意见，保证任何参与主体的发言不被恶意打断、压制和曲解，也保证任何参与主体不会因为协商过程"因言获罪"和"因言失利"。就公共性和公开性的对话而言，公共性的对话要求多元协商主体将增进公共利益作为对话的目标，以公共理性为具体对话手段，引导多元主体在协商过程中理解和包容不同主体间的利益分歧或冲突，形成有利于增进公共利益的共识性观念和方案。公共理性是公共性对话的核心要素，"公共理性以共同的人类理性为基础，包括理性的能力和程序，包括一种扩大了的思考能力。公共理性使得参与者拥有提出推论、权衡证据以及平衡各种竞争性考虑的能力，使得从其他人的立场上进行判断和协商的过程具有批判性和公正性，帮助参与者实现理性表达，理解他人的观点和偏好，理性对待协商中出现的各种问题，养成相互理解、相互尊重、妥协与自制等良好的民主美德，更重要的，它能帮助参与者超脱个人理性，为公共善而妥协"①。

再次，协商共识具有平等参与性、相互妥协性、动态开放性等特征。协商共识是一种多元主体自主提议、自我辩护、相互妥协的过程和结果，这个过程和结果具有平等参与性、相互妥协性、动态开放性等特征。就平等参与性而言，协商共识要求多元主体平等地参与公共议题的讨论、对话和决策，这种平等参与性的前提是多元主体的差异性，这符合现实讨论和对话的具体要求，因为在现实生活中多元主体在资源、能力、水平等方面必然地存在着差异，但是就进入协商讨论整个过程中时每一个主体的权利和机会是平等的，这就保障了协商过程和结果的真实性和有序性。就相互妥协性而言，协商共识要求多元主体在协商过程中在提出自己意见主张和利益诉求的同时，必须考虑到其他主体所提出的意见主张和利益诉求，而且通过理性的分析和反思接纳其他主体意见主张和利益诉求的合理性的方面和部分，调整自身意见主张和利益诉求不合理的方面和部分，相互之间通过不断的主张、辩护和承认，最后达成相互之间最大理性意见的共识。进一步来看，一方面通过多元主体间的相互辩论使得认知更加接近真理和更加科学，而这种更加接近真理和更加科学的认知必然地比其他认知更容易获得所有参与主体的认可，这就外在地使得多元主体更容易基于对事物的共同真理性认知而达成理性共识；另一方面通过多元主体间的相互辩论使得多元主

---

① 王彩玲：《论社会主义协商民主的条件》，《中央社会主义学院学报》2013 年第 5 期。

体自身所主张的意见越来越明晰和越来越完备，其实这种明晰性和完备性来自于多元主体间在协商过程中对彼此意见合理性部分的相互吸取，这就很大程度上实现了彼此观点在协商过程中愈加相互认同，最后走向了彼此观点的相近或相似，这也就内在地推动着共识性意见的产生。就动态开放性而言，协商共识要求多元主体谨慎对待所有的决策的科学性和有效性，因为从本质上讲，一切事物本身都是在不断变化发展的过程当中，多元主体自身所依赖的知识、技术和能力也都是有限的和不断发展的，而且任何协商过程也都是不完美和需要不断完善的。因此，我们可以发现在过去某一主体或者某些主体的意见以及达成的共识性观点在当时看来是合理的，但随着时间的推移、公共事务本身的变化、社会外在环境的变化、人们价值观念的变化等，使得原来的共识性观点或决策就显得不再那么具有说服力了，从本质上讲，随着时间推移，过去的共识性观点或决策必然地需要不断地调整和完善。因此，我们必须认识到协商共识是"可错性"、"临时性"和"有条件性"的，正是这种"可错性"、"临时性"和"有条件性"确保了协商共识的合法性和有效性，也才使得每一个参与主体没必要就当下的讨论和对话争论出一个绝对高低上下，因为，有可能就在"明天"少数派的主张或观点就成了绝大多数人支持的观念。

　　笔者认为以上三个环节是环环相扣、紧密逻辑推进的：只有多元国家治理主体间的持续互动，才有可能增进相互之间的了解和化解之间的疑虑；只有多元国家治理主体间相互了解和解除疑虑或防备后，才有可能建立起相互之间的信任；只有多元国家治理主体间相互信任了，才可能在协商和沟通中建立起合作的共识；只有多元国家治理主体达成了合作共识，才有可能采取合作行动和构建保障合作行动的制度，最终完成国家治理能力现代化逻辑生成的整个过程。

（华中科技大学）

第二分论坛

全球治理的具体实践

中国与全球安全治理：
以阿富汗重建为例

陆　洋

我的合作老师史老师比较忙，没有办法来跟大家交流，我说一下抱歉。我的论文提交比较匆忙，因为时间很短。我也看了在座很多都已经提交的学术性论文。我提交的论文只是最近写的一篇短评，我就简单地在这个基础上讲讲，下一步就是想拓展成学术性的论文，也希望在座的各位多提问题，给我一些比较好的启示。

首先讲讲题目，中国与全球安全治理，这个话题越来越引起人们的关注。安全治理是属于全球治理里面的一个重要环节，就是说，通过一个多边的形式，来解决这个世界面临的种种传统的以及非传统的安全问题。冲突后国家，往往面临很多的问题，有制度的建设、经济的发展、安全上的问题，如何对这些冲突后国家进行安全治理，决定了该国是否能够健康地走上发展的道路，这个是很重要的。因为这不仅仅关系到冲突国本身，也关系到地区乃至全球的安全问题。

我的论文以阿富汗为例，先来看一看阿富汗的地理位置。各位可以看到它连接中亚和南亚，同时也连接了西亚，和我们中国大概有一百多公里的边界线。在地理位置上被称为"亚洲心脏"，传统上也是一个大国的博弈区。从英国殖民时期，就是英国和俄罗斯在这个地区进行博弈，当时英国人很希望能够把这里变成与俄国之间的一个战略的缓冲区。到近现代，到了二战的时候，苏联出兵阿富汗，在冷战的框架下，美国介入该地区。整个阿富汗的国内的状况一直动荡不安，因为苏联的入侵，后来又是内战、塔利班政权上台了，再后来就是众所周知的 2001 年的"9·11"事件。长期以来的内乱，不仅破坏了国内的生产力和人民的生活，而且还成了恐怖主义的温床。2011 年美国出兵阿富汗以后，2001 年 11 月国际社会在联合国的框架下，举行了波恩会议，通过了《波恩协议》。在这个协议里面，联合国帮助阿富汗成立过渡政府。2002 年 12 月，驻阿富汗国际维和部队成立了。在 2002 年美国驻阿富汗的援助团也成立了。美国以北约也是希望保住它自己在这个地区的战略地位出发，所以 2003 年的时候通过北约的授权，成为阿富汗国际维和部队主要的军事力量。驻阿联军实际上也是以北约的军事力量为主的。我们也看到了，这么多年到现在整个阿富汗的情况都没有改善，美国已经没有办法继续维持该地区的军事力量。所以在 2014 年底的时候，它做出了把北约大部分军队撤出阿富汗的决定。

目前阿富汗在经济政治安全上都面临严峻的挑战。经济上北约撤军对阿富汗在经济上的打击是非常大的。联合国之前设立驻阿富汗援助团是要建立一个西方的民主宪政的体系。这种民主宪政体系对阿富汗这个国家来说实际上是属于一个外生性的制度。内生性的民情其实并不支持这个制度。阿富汗是一个部族分割的社会，由于多年的内战，造成军阀割据的局面，为了要维持一个民主的政府，不得不借助军阀的力量。阿富汗的政府其实是一个弱势政府，军阀当政，腐败现象横行，得不到人民的信任。它的政治未来的走向如何，无法确定。塔利班割据一方，而且不断地对北约军队进行轰炸、攻击。所以整个阿富汗的情况是非常不好。我们也看到从 2001 年以来，在联合国框架下举办的阿富汗国际会议几乎每年都有，但是阿富汗问题还是没有成功解决，这也说明了当前的国际安全治理框架是有问题的。

我们可以看到，关于阿富汗问题的安全治理有两个框架，一个是从 1996 年以后到 2001 年主导的联合国北约的框架，在这个框架下面国际社会进行了很多的努力。但是现在以美国为首的联军撤出已经证明了这个模式的失败。近两年来，在地区内的框架越来越多的声音强调在亚洲地区的安全事务由亚洲人自己管理，在地区框架中地区国家开始走上前台。因为阿富汗的地理位置，是在亚洲的中心地带，该地区的恐怖主义对周边国家的安全已经产生非常严重的影响。对于中国来说，很直接的是毒品问题和新疆的问题。阿富汗问题之前在中国国家安全中是一个比较边缘的问题，但是这并不是表示中国不感兴趣阿富汗的问题，因为它是与我们接壤的邻国。

　　1996 年的时候塔利班政权上台以后，联合国对阿富汗的问题有一个决议，在这个框架协议上建立了"6+2"机制，就是阿富汗周围的六个国家加上美国和俄罗斯两个国家，1999 年这个机制成立以后，因为 2001 年"9·11"事件，美国取得了阿富汗问题的主导权。所以中国也不太愿意去参与以美国为首的对于阿富汗的行动计划，一方面，阿富汗的问题对中国还不是特别重要，而且美国已经在这个问题上当了老大。美国曾邀请我们参加盟军，参加北约盟军的北方输送网，中国都拒绝了。因为在以西方为首的联盟里面，我们也不愿意去担任更积极的角色，所以我们虽然对外宣称中国是积极参与阿富汗问题的治理，但实际上中国是比较低调比较不积极的。北约撤军对中国在阿富汗政策的推动是相当有影响的，北约做出这个决定以后，改变了中国对阿富汗的政策。当然国际上有很多讨论，说是不是美国走了，中国要弥补美国的真空。由于阿富汗问题本来就牵涉到一个多方的问题，内部矛盾错综复杂，中国不会直接地进行军事干预，这也不是中国做事情的方法。中国不愿意把自己的意识形态强加到其他国家上，中国更多地想要通过多边的方式去解决阿富汗问题，这也是一个比较恰当的方式。

　　我们可以看到关于阿富汗问题的亚洲安全治理有这三个，一个是伊斯坦布尔进程，"亚洲之心"国家有 14 个地区和成员国为主导国家，其他的 16 个域外国家和 12 个国际和地区作为支持方参与，比如美国、英国等原来的北约国家，还有 12 个国际组织，联合国、南亚地区合作联盟，上海合作组织等都是作为支持方参与。伊斯坦布尔进程是新的机制，但是它不排除现有的以联合国为指导的框架，而是利用已有的合作机制，同时还倡导地区经济的合作。在这个方面是一个很新的东西。自成立以来，伊斯坦布尔进程已经举行了四次外长会议，第四次外长会议中国作为主办方，提出了很多经济各方面的合作，也包括反恐、建立互信等措施。还有上合组织。2015年7月上合组织决定吸收印度和巴基斯坦为成员国。原来这两个国家是上合组织的观察员国。印度和巴基斯坦跟阿富汗的恐怖主义泛滥的关系是很密切的。以前中国不同意印度加入进来，现在中国同意印度进来了，这说明了中国政策的转变是有对于阿富汗安全问题的考量。中国在阿富汗问题上变得更加积极。亚信会议，中国2013年成为主席国。它强调亚洲人管理亚洲安全事务，以及亚洲安全观。亚信也是一个比较松散的组织，是20世纪90年代成立的，现在它只是一个对话平台，它也要在安全问题上找一个切入点。阿富汗问题是可以作为亚信会议的一个切入点的。

　　我列出来的这些是相关的、发展前景比较好的框架。随后是结论，关于亚洲安全治理，中国作为新兴大国应该承担更多的责任和义务，因为我们看到发达国家在面对全球危机上面，提供公共产品的能力在下降，这为中国在这方面扮演更为积极的角色提供了更大的空间。中国有好的一点，就是不把自己的政治和价值观念强加于人。像联合国或北约，基本上由西方国家主导安全治理，它们采取把它们看不顺眼的政治领导人拉下台的方式，在冲突后国家建立亲西方的民主政治体系。但我们也看到了，这个方式在阿富汗是很不成功的。中国通过强调发展经济建设，帮助周围的国家，这样的方式可以有很大的发展潜力，我们也看到，中国长期以来强调我们在全球经济中的作用。实际上，我们现在已经有能力在西方走向衰落的时候，提供更多的国际公共产品，发挥我们在这方面的创造力。不仅仅增加我们的话语权，不仅仅强调经济，也要强调政治影响力，在如何建立更加公正平等的国际秩序方面贡献力量。以多边主义为基础的新型合作机制在不断涌现，有的建立新的机制，有些是基于旧的机制，旧的机制在这个新的挑战面前可以赋予它新的内容。谢谢大家！

（清华大学）

G20 与区域经济一体化

崔琪涌

  各位老师、各位同学下午好。我研究的问题是关于 G20 和区域经济一体化的，我用的是一个实证的方法。这个话题的引出是这样的。因为我的研究方向是国际政治经济学，想研究 G20。那么在 G20 的框架下，其实有很多议题，宏观经济政策的协调问题基本上在每一次的 G20 峰会都会被讨论，这样的话，我就想找一个角度去研究一下。之前的研究主要是把 G20 成员国分成了发达国家和发展中国家来研究。我想换一个思路，在我的尝试之下，我把 G20 成员国进行划区域分类，按地理位置和现有的一些区域经济一体化的组织，比如说欧盟、北美自由贸易区和 APEC 把成员国分成欧洲集团、美洲集团和亚洲集团。这样的话，使这篇文章定位在研究经济全球化和区域经济一体化的关系。但是实际这个研究缺乏一个逻辑的支撑点，所以后来我做了三个假设。基本就是说把 G20 为代表的全球治理与区域经济一体化联系起来。这个背景其实很简单，从全球经济发展来讲，一个是全球经济一体化，一个是区域经济一体化，所以有很多的组织和现象，已经表明了这两种趋势的存在。

  我主要想研究的问题是宏观经济政策的协调，在我的文章当中国际宏观经济政策协调是指各国政府或国际经济组织，在承认世界经济相互依存的现实前提下，就汇率政策、贸易政策、货币政策和财政政策等宏观经济政策在有关国家之间展开的磋商和协调，以维持和促进各国经济的稳定发展，这是它的一个定义。从宏观经济政策协调的角度说，在 G20 之前其实已经有发达国家之间的经济协调的存在。G20 在 1999 年的时候成立了，但那个时候还不是一个领导人峰会。在 2008 年经济危机发生以后，才把 G20 提上了一个重要的全球治理主体的角色，然后基本上每年都要开一次会议，印象中好像有一年是开了两次峰会，这是一个基本的背景。

下面是三个假说，尽量地把 G20 或者是这个经济全球化和区域经济一体化进行联系。第一个是区域经济一体化，可以看作是区域内部国家在面对经济全球化浪潮的一个集体回应。第二是，这样的一个宏观经济协调的机制，我认为假设它可以推进区域经济的一体化。第三个就是，从研究方法的角度来说，宏观经济政策的协调效果可以用国家与国家之间的宏观经济的波动的相关性来衡量，这是我做的三个假设。研究方法就是计量经济学的方法，建立一个 VAR 模型用到了 HP 滤波、脉冲响应分析和方差分析。当然这个技术层面的东西我就不打算讲太多了。

我想说这篇文章当中，用各种技术手段得出的一些结论还是有待于我们进行思考的。这是研究的一个步骤，我将成员国按照现有的区域经济一体化组织和地理进行了分类，比如说，欧洲集团包括英国和主要的欧元区国家，然后美洲集团是包括北美自由贸易区的美国、加拿大和墨西哥，还有南美当中的巴西和阿根廷也划分在里面。然后亚洲集团当中，以 APEC 为基础，包括澳大利亚、韩国和印度尼西亚等国，这里面有一个问题就是，有几个国家是没有研究的，比如说一个是俄罗斯，因为我选的数据是 1980 年到 2010 年的数据，而这里包括一个苏联解体的问题，所以这个数据没有一个连续性。另外一个俄罗斯在地理上距离亚洲和欧洲集团还是比较远的。另外一个排除了南非和沙特阿拉伯。然后分别计算各区域总体的年人均 GDP 数据。区域总体的数据是按照 G20 区域内成员国的人均 GDP 配比各国年 GDP 占总区域的 GDP 的份额为权重，是一个加权平均数。第二步是做了一个 HP 滤波，这个滤波的目的主要是为了把这个总体趋势滤掉，把波动性提出来。因为是研究波动性之间的关系。进而做了一个动态相关性的分析，看它们的同步性和相关性如何。之后又建立了一个 VAR 模型，运用脉冲响应分析和方差分析。经济学上，如果没有理论依据，是没有办法建立模型的，但是我这个不是看它的回归之后的结果，我是想通过 VAR 模型来做脉冲响应分析和方差分析，观察当一个国家经济受到冲击后，该区域整体经济会受到什么影响以及该区域整体的波动程度到底有多大。做这样一个分析，数据方面说的差不多了，就是有几个国家排除掉了的。人均 GDP 是以美元为基本的，这样的话，可比性更高一些。这是我做的一个结果，HP 滤波以后的第一个图是欧洲集团的，包括了欧洲集团的平均数还有这个法国、英国、德国，还有意大利，更广泛的是把欧元区国家都加入进去，其实大家可以看到这个波动性是蛮一致的，相关性还是蛮好的。这个是美洲集团的，这个波动性就差得很多了，比如说美国、加拿大，它们之间的波动性比较一致，墨西哥还可以，主要是南美国家的一致性差一些。然后就是亚洲，其实亚洲集团波动性比较大，但是在 2005 年之后，波动性有趋于一致的趋势。其实可以做一个假设，通过这个波动性，可以看出来它们 2005 年之后，这个经济联系可能更紧密了。

　　然后进一步的话，我做了一个动态相关系数，大家其实可以看到，这里的相关系数有一个规定，我们会认为相关系数等于 0.8 或者是大于 0.8 是高度相关，在 0.5 和 0.8 之间是中度相关，在 0.5 和 0.3 之间是低度相关，然后这个之后可能相关性很差。大家可以看到，整个欧洲集团的相关性很好了，所以我做的美洲集团和亚洲集团，在美洲集团这里，美国的数据很高为 0.9，加拿大为 0.8，这两个都是与总体的相关系数是很好的。然后墨西哥，之后不好的是两个发展中国家，南美的。亚洲集团，大家可以看到，比较高的是日本，整个的 0.9，还有韩国，其他的国家就相差的比较多一些，中国在这里面都不是很相关。如果硬说要相关，那这个 0.434 还算是相关，已经领先两三个周期了，说明中国的经济在整个区域中是一个领导作用。

　　下面说一个 VAR 模型，其实我主要是在模型中加了一个虚拟变量，1980 年到 2010 年的数据，G20 中的数据是 1999 年，假设我将 1999 年之前的 G20 的数据设置为 0，然后 1999 年之后的数据都设为 1，我看回归之后的，看一下相关性，显不显著，看一下 G20 对这个区域经济的一体化有没有影响，结果做出来以后是不显著的。

我有这么几个解释的原因，第一个是 G20 机制成立的时间可能较晚，特别是提出这个宏观经济的议题是在 2009 年的美国匹兹堡会议，这是第一次提出，这也是第三次峰会了，所以这个时间可能是比较晚。如果说我做到 20 年 30 年，可能会更明显一些。G20 本质上仍然是一个全球治理的经济组织，它的贡献突出地表现在经济全球化，与区域经济一体化相关性不太明显，不过这个做法还是有它的意义的。做的这个分析主要是想看一下，当区域内部成员国，受到外部的经济冲击的时候，到底能不能有一个一致性，我很快得出结论。这个图当中，这是一个欧洲集团，可以说波动是非常大，而且越来越大。说明这个欧洲经济可能有一个不稳定，或者欧盟内部可能会有一个不稳定。这个是美洲的，一开始波动很大，后来波动很小，趋于一致。这可能说明美洲，形成区域经济一体化的趋势是存在的。这个是亚洲的，大家也可以清楚地看到波动。这边做了一个主要看贡献程度的。

　　当然之后有一个结论，简单说一下，第一个是，区域内发达国家和发展中国家区域经济一体化同步性可能较差，说明各区域内发达国家和发展中国家宏观经济政策的协调效果不佳而且难度较大。第二个，宏观经济对于区域经济一体化的影响并不显著。第三个，从分析结果来看，相比之下这三个区域经济集团之间，欧盟经济一体化的程度最高，但是未来的发展存在不确定性。美洲集团具有形成一体化的潜力，亚洲集团的区域经济一体化进程将会更加困难，其中澳大利亚可能是不稳定的因素。具体的大家可以看看我的论文，谢谢。

（上海外国语大学）

全球治理指数SPIGG2015年报告

王金良　高奇琦

我们主要是做这个指数。首先我们把做这个指数的背景说一下。主要做的是国家参与全球治理，主要讲的是国家的贡献度。实际上我们第一节的时候，和老师涉及很多争论，我们是政治学研究院，这个指数是我们一个团队合作的成果。就是2014年已经做过一个报告叫"2014报告"。就我们指数名称，衡量的是二十五国对全球贡献的参与以及贡献程度，主要是讲这个。就是你为国际社会提供了多少公共产品和提供了多少规则等，主要是从这个来衡量的。

评估的周期是一年，如果以后有经验了，从2000年甚至说从1999年开始，衡量国家，原先我们定的国家是很多的，后来发现工作量太大，这是第一个原因。第二个原因，实际上因为G20一些具有代表性的国家已经具有代表意义了。为什么这么讲呢，因为G20国家GDP占世界的90%，人口约占三分之二。我们外加六个国家，实际上这六个国家是我们增加的，如果将来允许的情况下，我们很可能继续增加国家的数目，然后进行评估。我们的数据就是客观数据加主观数据，但基本上以客观数据为主。指标体系共有三级。其中的一级指标四项，包括全球机制的创设、全球机制的维护、全球角色的参与和全球责任的承担。其中第一项包括两个小的方面，就是全球框架的形成和全球制度的形成。第二个，全球制度机制的维护，包括全球制度的参与。第三个，全球角色的参与，包括角色制定。最后一个是全球责任的承担，就包括两个方面，物理承担和人力承担。第三级为具体的度量层，我们的重点领域提到了。就是全球观念倡议以及具体动议，包括参与了多少国际会议、国际条约、国际组织。在国际组织中的话语权，包括投票权，等等。再有的一些重要领域，比如说经济、环境等一系列重要议题领域的迹象我们大概有四个。人力支持和物力支持包括联合国，包括联合国其他一些贡献，就是会用人力物力来设立。数据类型大概是这几个：第一个类型是直接的定量数据；第二个是文本数据，通过专业评述来转化为定量数据；第三个是文本数据，不可以直接转化但是可以通过这个执行分析的软件。我们实际上工作量是非常大的，我们实际上用了50多个学生，其中包括本科生和研究生，对文本进行编码，比如说，联合国的每日新闻，实际上是我们的编码的重要内容；第四个解决还有一些定型的数据，比如说，是否是联合国常任理事国，这是一个定性的数据。数据的来源，就是联合国、世界银行，还有各国际组织的新闻的网页，搜索它们每天的新闻进行编码。再有的数据来源于国际组织，比如说世界银行、国际货币基金组织，它的人员架构。中央国际组织的领导集团的国籍，这个也要进行区分，人力物力这一方面是有些。设定是依据指标之间权利的设定，包括一级指标和二级职指标的设定，我们采取的方法叫作层次分析法。简单介绍一下，通过专家打分的方式，比如说我们有四个指标，这些指标 A 和 B 之间，你觉得哪个更重要。通过专家打分的方式，我们调整了一项指标，相对于 2014 年调整了两项。其中一项是环境方面的，就是环境的清洁机制，但是我们发现这个机制是有问题的。因为有些发达国家的环境非常不错，不需要这种机制。反而是发展中国家的得分非常高，所以我们就进行了一个提高，叫各国单位的 GDP 的能耗，由这个替代的。我们还有一个变化，就是 2015 年的报告比 2014 年做得漂亮，就是数据的表达形式更多样化，而且增加了可视化的数据。最后加入了一些聚类分析，比如金砖国家的排名，各分项排名是什么。总的排名情况大家是这个，大家看看 PPT，还是比较符合我们一般惯常的理解的。

　　我简单介绍一下，美英法中俄是前五名，变化最大的是加拿大，从二十六名上升到第八名，墨西哥从 2014 年的第十名降到了第二十名。我们还有一个报告，前面有一个简述，我们的题目叫作参与与包容，我们实际上已经讲到了，西方这些机制，有一个英国学派的任务，有人就提出一个重要命题。当前国际社会这些机制也好，规则也好。实际上是西方社会向非西方社会扩展的过程。在这个过程当中，我们发现，新兴大国已经成为重要的参与者，欧盟国家是全球秩序的维护者。美国是充满矛盾的全球政治引领者。大部分的国际组织都是由它组织的，但是我们发现，它自己会违反这些，比如经常拖欠联合国会费，而且一旦它发现这些规则跟它利益不符合的情况下，它会绕开。实际上，它很大程度上是一个充满矛盾的引领者。中国是一个被卷入者，然后冷战之后叫作被疏离者，到现在是一个积极的参与者，而且我们发现，我们积极参与的并不是要打破这些规则，而是在西方主导的这些情况下的积极参与，从这个角度来讲，我们是一个负责任的大国。这是一些结论性的东西。

我们还有另外一个指数，刚刚做的一个指数，国家治理的指数。这个讲的不是全球治理，是国家治理，是自己内部的治理。这个指数我们已经做了一个发布，是一年的时间，50 个团队成员及两次小规模的研讨会，咨询过 123 个专家，N 次头脑风暴。带有 60 个单项指标，国家样本是 111 个，最后形成这么一个数据。这个关系图，实际上是三个一体指标，包括基础性指标、价值性指标和可持续性指标。数据的挖掘、来源和数据搜索、数据整理，实际上也是一个非常困难的工作，基础技术性的指标包括三个方面，设施，我们首先认为设施是非常重要的，治理的情况下，跑到别的国家设施都不行，怎么说它治理好呢？实际上，我们把设施放在一个非常重要的地位。秩序和服务，秩序，社会有没有秩序，该有的提供的服务是什么。这是第一个大项。第二个大项，价值性指标就是三公，"公开、公平和公正"。第三个持续性指标是环保、效率和创新，这个数据来源也是统计 NGO 的报告，国际组织的报告，还有一些学术论文和公开的网站的数据。因为我们涉及的国家比较多，在数据收集的过程中，我们也是 50 多个学生，包括 164 个公开的统计网站，125 个国家的公开信息的网站，还有国家年度报告。指数的操作化，我们最后形成了这么一个可视化的排名，ABCDE 五类国家，A 类国家是这个颜色，B 类国家是这个颜色，最后 E 类国家是没有涉及排名的国家，排名情况是，前 20 位，新加坡是第一，第二是瑞士，中国排在十九，相对符合常理的。

中国在总体排名是第十九位，我们发布以后，西方也提出了一些问题，他们觉得中国的排名高了，但是实际上我们这个基础性指标是比较重要的。因为我们认为你这个国家基础性指标都不提供，光讲民主那些东西有什么用呢，这是我们设定的一个东西。我们发布之后，目前为止，受到了广泛关注。谢谢。

（华东政法大学）

论构建全球商事治理基础的可能性

——以贸法会仲裁规则为视角

陈　睿　齐海滨

谢谢各位专家学者，然后也谢谢大会这一次可以给我们一个机会，跟各位同行交流，并且是针对一个我们了解的理论，就是对全球治理的相关理论的汇报，听了很多专家学者的介绍，收获很大，我们都是有共识的。我们相信在我们随后的汇报里会有一个比较清晰的联系。我们也试图谈一下我们的感受。基于我们是从高校毕业之后开始从事实务，在深圳国际仲裁院担任理事秘书，工作中有对全球经济的一些纠纷和国内经济的处理，然后总结出来的一些结论，就试图从联合国贸法会的仲裁规则的文本变迁和它的文本结构分析的角度，来谈一下全球商事治理基础的可能性。需要注意的一点是这一次的论文，我们是希望作为华中科技大学国家治理研究院的一个研究项目的前期的一个申请。这个是作为这个项目的一部分。

在我们论题开始之前，关于全球治理的问题，我们对自己提了两个问题，第一，是否存在全球治理的基础规范或者原则；第二，是否存在全球治理规范的样本。我们认为如果要解决全球治理的问题，这两个可能是所有研究者不可能绕开的问题。然后从今天的发言来说，我们其实许多的参与者都涉及了这两个问题，对联合国、贸法会、UNCITRA 仲裁规则的研究，我先大致介绍一下这个 UNCI-TRA 仲裁规则的背景：第一，仲裁和普通的法院的解决纠纷的方式是有区别的。第二,它是仲裁局,也就是说它的裁决是无法上诉的,一旦由独立的仲裁局做出仲裁规则,双方都必须得遵守,而且它的裁决效力是具有全球性的可执行效力,它的依据基础是《纽约公约》。第二个与司法相比,它的程序比较灵活,从开庭时间到结束的时间可以远远地短于诉讼。举个例子,我们曾经处理过一个达到两个亿的纠纷,是在 70 个工作日内得到了执行,它的仲裁员是可以由双方共同选定或者指定的,这个和我们一般法院的理解是不一样的,因为一旦进入法院的话,所有都是通过公权力在推进。第三个是,具有专家断案的特点。基于以上的几种特点以及它符合了商事对裁决结果迅捷、高效的传统要求,因此,它在商人里面得到了广泛的运用。从 1976 年联合国的第 3198 号会议正式提出了 UNCITRA 仲裁规则,到 2010 年经过了第一次修改,这 30 多年的时间里面,它广泛地影响了各个仲裁机构和各国的仲裁法律的制定。它里面有四个特点,一是它允许没有一个常设的仲裁机构,它是允许双方的临时约定,有这么一种去机构常设化的特点,具体的条文可以参见我们的论文。二是有一个半开放式的程序设计,双方都可以根据自己的意志去构造解决双方矛盾的、适合纠纷解决特点的程序。三是具有一个保障性救济程序的设计,它的直接依据是在海牙常设仲裁法院的仲裁庭来解决当事人可能因为仲裁员的选定或者费用等问题得不到充分保障的时候的纷争。四是它充分允许了各方当事人的意见的表达,就在它的仲裁申请或者答辩意见和证据展示的时候,充分地保证了双方当事人都能够表达自己的权利的程序。

　　然后基于以上四个特点,我们认为是体现了全球治理的基础规范的特点:第一个就是意识形态原则,因为客观地说,矛盾是不可能解决的,也是不可能提前预防的,也就是说矛盾既定也不能绕开的时候,我们能够做的就是,矛盾发生之后,我们如何解决它,意识形态无涉的原则首先要确保的是,对双方当事人,即所有的参与矛盾的解决方公平公正地对待,对这一点我们很高兴,陆洋博士在这个论文里面已经谈到了这一点,实际上就是一种不强加自己的政治制度价值,我认为我们是可以达成共识的。第二点是根据理性,也就是在 UNCITRAL 仲裁规则里面,它不谈价值理性,没有谈价值优先序列的排列，它只谈怎么去解决矛盾，我们认为在全球化的环境里面，要特别重视这个意识。这一点我想回应一下徐清飞老师的观点，因为如果太过于照顾对方的利益的话，很有可能损害它的程序的正当性。这也是很多人提出来为什么一定要保证全球治理的规范性的工具性的理解，就一定要做到和价值意识形态的绝缘。第三点是效率原则，这一点的话，我们在做意识形态价值无涉的前提下，如何衡量一套治理规范有效无效或者是效率大，是否有效的标准，我们建议必须要有一个最大经济化为前提。它是可视的利益。就举仲裁里面，仲裁和司法的比较，一个纠纷在仲裁里面，以十万美元的成本，在三个月内可以解决，但是如果走司法程序，可能要三年，需要花费的经济成本可能是 5000 美元的话，两项对比，当然后面的案例我们会进行补充，明显的话，应该是以效率优先，这个时候就不会考虑自由民主之类的价值，纯粹的是由可视的经济利益去衡量比较。第四个是交往紧迫性原则，我们的理解是，经济交往在全球化的前提下，你中有我，我中有你，这个是不可避免的情况，就像 IS 的许多交战武器是由其他各方来提供的一样。因此，严格交往是必需的，首先要适用全球治理的领域，也就是交往最平凡的商品交易、贸易领域，最早可以由这些领域先介入，构建一套全球治理的体系。而通过 UNCITRAL 仲裁规则对各仲裁机构的影响和对世界贸易的促进发展来说，我们认为它在交往紧迫性的原则上已经打下了非常扎实的基础。

我们想从第三点谈的话就是 UNCITRAL 仲裁规则作为一个全球商事治理的经验，第一个就是去中心化，刚才几位发言人或多或少都已经提到这一点，我们认为治理不同于管理，governance 不同于 administration，或者不同于 management，因为它不存在一个上下的关系，它是一个多元参与的概念，在 2013 年清华几位教授的论文里面也谈到了社会治理和社会管理的区别。我们认为我们如果在今天谈全球商事治理乃至于全球治理的时候，必须有去中心的概念，这应该是促成各方的更积极因素，来参与全球治理的过程。第二的话是开放性的治理的心态，从 UNCITRA 这个仲裁规则里面，它的许多环节是与当地的法律法规有一个接口的，就是说它承认地方法律的有效性，这实际上体现的是一种就等于像 USB 的一个接口，它可以对接各地的不同的数据，只要它规范，工具理性上是合适的，就能够保证这种畅通。这种开放性的心态和这种程序设计实际上保证了这种全球商事治理的可持续发展。我们认为如果我们在谈论其他方面的全球治理经验的时候，这一点也必须要考虑。第三点就是关于它的一个程序性保障与救济，这一点是源于我们学法律的最基本的一个认识，就是无救济无保障无权利，因为所有的权利都是一个纸面的程序，而没有一个切实有效的程序能够让他去申诉的话，实际上是不能达到预期的目的的。第四点的话，我们认为从 UNCI-TRA 仲裁规则的发展来说，它必要的强制性是必需的，依照的是《纽约公约》的相关的法规。因此，我们就总结了以上的几个特点。

这个是从文本的分析来谈全球商事治理的一个经验。这就是我们今天的一个报告。然后我们想谈一下我们今天的一些体会，就刚才像陆洋老师论文里面谈到的经济建设和发挥国际公共产品的创造力，我们认为和我们强调效率原则和它的效率可视性是相关的。像崔博士谈到的 G20 区域经济一体化，宏观经济的政策并不显著，其实我们认为可以从规则的制定端考虑，如果把全球治理当作一个前端和后端的话，可能我们的研究更重于后端的研究整理，因为崔博士的报告里已经能够证明经济发达和经济发展中的国家宏观经济政策的互相影响并不显著。因此，我们认为从后方保证各方的合适和正当权利可能会更为妥当，这样的话可能更多的参与者也更愿意参加到我们的全球治理的环节里面。谢谢。

（深圳国际仲裁院）

全球安全治理模式变革

——基于实验主义治理的视角

李　翔

　　进入 21 世纪以来，虽然局部战争和武装冲突依然存在，但在全球范围内军事安全威胁正逐步降低。全球安全的最大威胁不再是国家之间的暴力极端主义。取而代之，由核扩散、恐怖主义、跨国金融犯罪、种族冲突、贩卖人口，以及通过"跨国安全风险"，如气候变化和网络犯罪所引发的全球安全问题正越来越成为全球治理的重点议题。"安全"在学术文献当中，有很多争议的观点。比如说，可以把安全视为具体指向目标的威胁，可以把它视为是国际社会对无政府状态框架下，构筑的一系列国家之间的关系，也可以视为不同群体之间权力关系的模式，以及一种能够起到加强或抑制作用的社会建构的规范；也可以把它看作是免予恐惧的，或者是免予匮乏的自由，而这种自由是真正的自由。安全已经遍布不同的领域。在20 世纪 80 年代的时候，它可能会被视为是影响经济、环境、政治，以及军事领域当中的重要因素。而在现在新的世界格局中的安全，可以把它视为思考宗教的重要因素，安全是无处不在的。

　　在全球安全治理中，联合国安全制度的权威性和广泛的发展援助已经不能持续提供有效成果，而新兴经济体，如中国、巴西、印度等国家的作用越来越凸显。根据联合国宪章第 24 条，虽然安理会不是唯一的，但它对国际和平与安全负有主要责任。然而，自 20世纪 90 年代初，普遍认为安理会大刀阔斧的改革已经延误。尽管联合国现有十多个反恐公约和议定书、相关的安理会反恐决议，以及联合国大会的全球反恐战略，"为各国反恐提供了很好的法律政策基础"，但是，联合国决策机制没有随全球多极化趋势调整，也没有在地区和全球利益相关者日趋增加的压力下进行调适。联合国安全制度的权威性及其广泛的援助已经不能为全球安全提供强有力的保障。

　　从全球治理模式来看，传统自上而下、依靠国际"硬法"的治理模式日渐式微，而以异构型结构为特点、以权力的多中心和以多样性的联合和协调的实验主义治理在代表着一种应对全球安全治理挑战的新模式。实验主义治理模式包容和促进多样性，无论是从对问题的定义，还是预期的解决方案，以及对政策学习的目标都非常重视。实验主义治理鼓励利益相关者，而不是仅仅有代表性的行动者的参与。它强调公开透明、信息共享，以及持续的审查和评估，然后对治理方案不断修正和完善。这种依据全球治理特定领域目标的开放性和地方因地制宜的解决方案，以自下而上的方式推动全球治理目标实现的模式在越来越多的领域取得成效。哥本哈根大会的失效和巴黎气候大会的成果即是典型的案例。此外，反洗钱金融行动特别工作组（Financial Action Task Force on Money Laundering, FATF）作为一个反洗钱和反恐融资的政府间组织，其创始国包括西方七国在内的 15 个国家。成为世界上唯一的专注于打击洗钱犯罪的一个国际组织。截至 2014 年 11 月 19 日，FATF 共拥有 36 个正式成员（34 个国家和地区及 2 个国际组织）以及 28 个准成员和观察员，是目前全球最有影响的专业反洗钱国际组织。它发布的反洗钱国际标准体现了反洗钱的先进理念和最佳实践经验。从全球实验主义治理角度对 FATF 的治理机制进行分析，可以发现其取得成功的前提条件和关键因素，证明了实验主义在全球安全治理领域的潜力与前途。

（华中科技大学）

第三分论坛

全球治理与"一带一路"

"一带一路"大湄公河次区域跨界水域合作的问题与挑战

黄　麟

各位老师大家好，我是黄麟。这次我主要想谈一下"一带一路"大湄公河次区域跨界水流域合作存在的问题与挑战。

在"一带一路"沿岸，大湄公河次区域的水资源跨界问题是一个非常值得我们研究的东西，首先，大湄公河次区域涵盖中国云南省，云南又和多个国家接壤，多个跨界水系都流经云南，这也为中国提供了很多机遇与挑战。

大湄公河次区域主要有哪些方面？就是跨界水资源合作问题，在跨界水资源合作上是机遇与挑战并存的，中国在湄公河跨界水区域有过一些作为，比如说在2011年的时候中国、缅甸、老挝、泰国四国共同签署了《澜沧江—湄公河通航协定》，2001年的时候实现了澜沧江—湄公河航道的正式通航。2001年的时候还签署了《关于湄公河流域执法安全合作的联合申明》《湄公河流域执法安全会议纪要》。在水电开发方面，中国与湄公河流域的各国通过双边合作打造了很多水电项目，比如中国与老挝建设的水利工程项目，还有在柬埔寨等地区开展的水电合作项目。

跨界水资源流域的合作主要是通航和水利工程项目，在这个合作当中其实是存在着许多问题的。

第一，流域的水流量、泥沙等问题，这些问题严重困扰了这个地区的水资源合作。比如我国做这个水系的位置非常特殊，云南处于湄公河上游，云南建的电站配套水库水流量非常大，于是在雨季的时候会将水入库，旱期的时候放水，这是实现水库的基础功能。但是下游的一些国家就会怀疑中国是通过这种方式，对下游的用水造成了严重的影响，同时国际上把中国修建水电工程的行为称为水上霸权。

同时还有泥沙的问题，中国修建水利工程也截了一些泥沙，这就对下游的农产品产生了影响，造成了一些舆论的干扰，把这些问题的原因归结到了中国，这也就是我国在跨界水资源流域合作存在的问题。

第二，区域外的大国介入对中国产生了影响，比如说 2009 年的时候，美国同老挝、柬埔寨、泰国、越南开展了一个综合水资源管理建设，启动了湄公河下游行动计划，但是整个项目单单地把中国排除在外，2011 年的时候美国邀请缅甸代表团以参观员的身份参与了湄公河下游的计划，但是这些会议都把中国排除在外，就是对中国进行一种制衡。欧盟也参与到了这些活动当中，它们决定在2014—2020 年期间对湄公河国家提供一些援助款项，尽量地让自己在这个区域取得一些话语权。美国十分重视湄公河国家之间的技术交流和资金投入，2009 年的时候密西西比河委员会同湄公河委员会建立了合作关系，在水旱灾管理、水供应、食品安全等方面交流经验，同时也对它们的农业、渔业发展注入了一些资金的支持。亚洲国家中，日本将 2009 年定为日本湄公河交流年，召开了一些峰会，并且为湄公河下游国家提供了资金和技术援助，达到 6000 亿日元，2013 年组织发起了日本东盟特别峰会，针对当地政府开放问题，向越南、老挝提供了 630 亿和 104 亿日元的经济援助。

随着大湄公河次区域合作问题不断升温，其他国家也越来越关注相关的事务，比如韩国 2011 年的时候通过了《韩国—湄公河伙伴合作协议》，希望创造一个湄公奇迹，希望将大湄公河次区域的问题国际化。区域外大国对大湄公河次区域水资源的介入的方式是多样化的，时间也非常持久，这无疑增加了大湄公河次区域国家的凝聚力，这给中国解决大湄公河次区域的问题带来了一些阻力，产生了不少负面的影响，弱化了中国在湄公河地区和周边战略实施的效果。

　　根据上面介绍的基本情况，我们可以看到大湄公河次区域的水资源合作问题主要集中在三点：一是中国的地理位置非常重要，处在上游水域，一些国家根据自己的利益诉求，不断地在国际社会上给中国施加压力；二是中国的快速崛起给周边小国施加了压力，它们担心中国威胁论成为现实，所以它们的态度也折射到了与中国进行的跨界水资源合作的问题上；三是西方国家刻意夸大矛盾，制造分歧。

　　解决这些问题要重视国际水塔的理论和实践研究，明确中国在这一区域的水资源合作机制，第一，充分利用跨"一带一路"的合作平台，出台一些合作方式，让中国在合作中尽量占领主动权。第二，防止问题国际化与多边化，因为"一带一路"的提出制衡了西方国家的发展，所以中国在解决争端时尽量以双边方式解决，警惕他国第三方势力的介入。第三，以水资源开发为核心，重视交流与合作，同下游国家积极开展合作，改变它们对中国的错误印象，也为中国在国际上树立良好的形象起到良好的作用，谢谢大家！

（解放军国际关系学院）

基于全球治理视角的"一带一路"战略的各国博弈分析

唐少清　段祥伟　刘立国　姜鹏飞

中国正从贸易大国向贸易强国转变，中国需要从利用全球化向主导全球化过渡。"一带一路"战略的实施和自贸区的持续建设不仅明确了中国在这一过程中的地位，而且为中国取得这种主动性地位提供了条件。

一　问题的提出

"一带一路"战略既是通过新一轮对外开放实现中国经济升级和再平衡的新举措，又是通过发展沿路国家拓展中国发展空间、促进地区繁荣和稳定的新战略，它是新时期合作发展的理念和倡议。"一带一路"的意义不仅在于拓展对外经贸关系，而且在于推动与相关国家的人文交流。因此，它既不是一个"纯粹的经济项目"，更涉及政治和军事、外交等方面，必须兼顾政治与经济利益，这关系到整个世界的和平与稳定。结合了中国现在的实际情况，也传承了中国的历史经验。中国经济经过35年的改革积累，积蓄了很大力量，目前已经到了走出去的阶段。

二　"一带一路"战略的逻辑起点与特征

（一）"一带一路"战略的逻辑起点

"一带一路"战略构想是中国寻觅新的经济增长点与实现从

"引进来"到"引进来"、"走出去"并重的重大转变的政策。基于当前和今后一个时期国内外经济环境，中国经济不可能像以前一个时期一样处于高速增长状态，增速放缓成为新常态，但是，必须保持一定的增长速度。为此，一方面，要深化改革，加快转变经济发展方式，调整经济结构；另一方面，通过强化实施全方位开放的新举措，扩大对外经济合作，努力推进"走出去"政策，通过输出过剩产能等，使中国经济从整体上完成一次新的转型升级。

"一带一路"沿线国家人口总数达 44 亿，经济总量约 21 万亿美元，分别占全球的 63% 与 29%。沿线大多数是新兴经济体与发展中国家，它们普遍处于经济发展的上升期，因此，通过"一带一路"战略规划的实施，不仅有利于沿线国家经济的发展，也可能使该区域成为全球经济发展的一极。从空间来看，可将"丝绸之路经济带"分为国内段和国外段两大部分。对于国内段部分，在交通通道方面，已形成了以新欧亚大陆铁路桥为主的北线、以石油天然气管道为主的中线、以跨国公路为主的南线三条线。丝绸之路的国际部分，建设运行主要涉及中国和中亚、南亚、中东，辐射作用还可延伸至欧洲地区。"21 世纪海上丝绸之路"不仅传承了古代"海上丝绸之路"和平友好、互利共赢的价值理念，而且注入新的时代内涵，合作层次更高，覆盖范围更广，参与国家更多，将串起连通东盟、南亚、中东、北非、欧洲等各大经济板块的市场链。

从地区来讲，"一带一路"有利于中国欠发达的中部与西部地区经济发展，有利于东部地区扩大对外开放度。"一带"主要涉及的省份有陕西、甘肃、青海、宁夏、新疆、重庆、四川、云南与广西等西部 9 省区。内蒙古自治区也属"一带"范围。考虑到东北三省特别是黑龙江省与俄东部地区有密切的经济合作关系，加上西伯利亚大铁路建设等关系，也是"一带"的重要沿线地区。"一路"主要涉及江苏、浙江、广东、福建、海南等东部 5 省，山东、河南亦将纳入"海上丝绸之路"战略实施范围。

从安全因素考虑，"海上丝绸之路"的实施，有利于中国减少对南中国海与马六甲海峡的依赖，从而降低运输风险。中国对外贸易运输 60% 以上、能源进口运输 90% 以上均经过马六甲海峡。同样，"丝绸之路经济带"有利于新疆地区稳定，对新疆经济发展有着十分重要的意义。

（二）"一带一路"的特征

"一带一路"不论在性质、组织形式方面，还是在推行方式等方面，都有自身特点。

（1）概念性。"一带一路"战略构想的规划，也只是确定一个基本的框架，之后逐步充实内容与具体化。因此，很难做到一开头就制定详细系统的规划。

（2）多样性。"一带一路"，不同于有着紧密关系的具有经济一体化特征的"经济区"，它更具有开放性、灵活性与合作形式多样性的特点，可以双边合作，也可以多边合作。参与者完全本着自愿原则。合作领域也不受限制，根据参与者的需要选择合作领域与具体项目。

（3）平等性。"一带一路"战略构想的实施，是通过参与国共同协商、共同努力来推进，没有主导国或领导国，参与国的地位是平等的。这充分体现古"丝绸之路"的"和平、合作、和谐"的精神，通过友好合作实现互利共赢，共同发展，最后达到的目标是形成"利益共同体"和"命运共同体"。当然，我们说参与国的地位都是平等的，经济合作实现的方式是友好协商、求同存异，并不否定某个国家在组织实施"一带一路"战略构想中起更多的组织作用。在某个合作领域或某个合作项目方面，如中国在建立亚投行与设立丝绸基金方面，发挥的作用更大些，但绝不会因此影响互利共赢的原则，而是使参与国能更多得益于中国的发展。

（4）开放性。"一带一路"建设中，要推动包容开放发展，这是一个重要的原则与特点。包容开放发展，它包含着多方面的内涵：一是参与国不论大小、强弱，在合作过程中都要相互理解、相互包容、共享机遇、共应挑战、共创繁荣的精神；二是在各个合作领域中本着在政治上互信、睦邻友好、经济互补的精神；三是提倡多元化、开放式发展，与其他国际经济组织进行合作，不排斥它；四是不搞封闭排他机制，参与国的范围是不受限制的，只要该国感到需要，对其有利，就可通过各种形式参与进来。在中国，也并没有限制只能哪个省区参与进来，各省区市亦可根据需要、可能与有利的原则来决定。

三　基于全球治理视角的中国理念阐述

全球治理理论是顺应世界多极化趋势而提出的旨在对全球政治事务进行共同管理的理论，最初由德国社会党国际前主席、国际发展委员会主席勃兰特于 1990 年提出。1992 年，28 位国际知名人士发起成立了"全球治理委员会"（Commission on Global Governance），并由卡尔松和兰法尔任主席，该委员会于 1995 年发表了《天涯成比邻》（*Our Global Neighborhood*）的研究报告，较为系统地阐述了全球治理的概念、价值以及全球治理同全球安全、经济全球化、改革联合国和加强全世界法治的关系。自 1992 年全球治理委员会正式成立以来，全球治理①的理论和实践已有 23 年历史。伴随着全球化的深入发展和人类相互依存的日益加深，全球治理的重要性愈来愈为人们所认同。它既是人类合作的新模式，也是时代发展的新要求，同时也成为一国对外战略的重要视角与内容。现有的"全球治理体系"是由英国和美国接力建立的，建立过程中经历了世界范围内的两次力量转换，而形成了今天以美国为主导的"全球治理体系"。常青②认为"国家治理体系"和"全球治理体系"没有本质上的区别，基于"国家治理体系"和"全球治理体系"演进的历史事实，世界已经进入了这一演进阶段：强大的民族国家→联合国→全球国。

现有"全球治理体系"，又称"国际治理体系"，是指包括国际经济金融体系在内的一系列政治、经济、军事等国际制度。该体系是二战后由美国设计并主导的，建立了包括联合国、北约等政治、安全机制以及以美元为核心的世界经济、金融体系的一系列国际制

①　卢静：《中国参与全球治理的角色责任与任务》，《前线》2015 年第 9 期，第 44—47 页。

②　常青：《中国"国家治理体系"与"全球治理体系"统一问题研究导言——中国道路的哲学基础和世界意义》，《延边大学学报》（社会科学版）2015 年第 48 卷第 5 期，第 22—36 页。

度。这些制度大致可以分为两个部分：一部分反映了全球社会的普遍意志，例如联合国制度，这是以《联合国宪章》为依据建立起来的体现主权平等基本原则的国际制度。另一部分则主要反映的是西方国家的意志，例如世界贸易组织（WTO，其前身为关税及贸易总协定，GATT），以及大家普遍关注的国际货币基金组织、国际刑事法庭等。这一部分组织主要服务于西方国家利益，反映着西方国家的价值观与偏好。但随着全球利益格局的不断变化，中国等非西方国家也逐步加入了世界贸易组织等国际组织。

（一）中国是现行全球治理体系的参与者和建设者

现行全球治理体系是二战后在以美国为首的西方发达国家主导下建立起来的，主要包括以《联合国宪章》为核心的国际政治安全治理体系和布雷顿森林体系主导下的世界经济治理体系。尽管全球治理体系是西方发达国家利益和意志的反映，但中国在改革开放后仍以积极姿态参与其中。中国不但在经济上全面而深入地融入到西方主导的全球经济体系中，而且越来越多地参与到政治、安全、社会、文化等各种国际制度中，不断提升了自己的地位。如今，中国加入了 400 多项多边条约，加入了所有联合国专门机构和绝大多数全球性政府间国际组织，并是世界银行、国际货币基金组织、亚洲开发银行的重要参与方。

（二）西方发达国家是现行全球治理体系的治理者

现行全球治理体系虽然在维护国际和平和促进世界发展方面发挥了积极的历史性作用，但是，长期以来发达国家是"治理者"和治理体系的"中心"，而发展中国家则处于"被治理者"的"外围"地位的全球治理结构，使得发达国家通过主导国际规则的制定权和解释权来维护自身利益，而广大发展中国家因发言权的缺失而无法保障自身利益。特别是 2008 年国际金融危机的爆发和蔓延，充分暴露了现行全球经济治理体系的缺陷和弊端，也凸显出改革和完善全球经济治理体系的紧迫性和必要性。在此形势下，20 国集团（G20）作为"国际经济合作主要平台"强势崛起；金砖国家（BRICS）从概念转化为机制，正成为"当代南南合作与南北对话的重要载体"；世界经济的三大支柱——世界银行、国际货币基金组织（IMF）和世界贸易组织（WTO）也进行着重大结构调整与制度改革。

（三）中国要成为全球治理体系的改革者

中国一方面倡导把合作共赢作为全球经济治理的基本理念，另一方面积极推动全球经济治理机制的改革与完善。对于新的"全球经济治理平台"的20国集团，中国努力进行维护和建设，推动G20对于全球经济问题的解决。中国还积极向周边地区乃至世界提供"公共产品"，提出构建丝绸之路经济带、21世纪海上丝绸之路、中印缅孟经济走廊、中巴经济走廊等重大倡议，成立丝路基金、亚洲基础设施投资银行、金砖开发银行，补充和完善现有国际金融治理体系。总之，中国遵循公开、透明、高效的原则，努力构建一个真正体现合作共赢理念的多边经济治理平台，推进全球经济强劲、可持续、平衡增长。

（四）中国追求国家利益和人类共同利益的均衡

中国在追求国家利益的同时也强调发展人类共同利益，并以此作为参与全球治理的责任和义务。

（1）全球性。全球治理的核心是强调价值与理念的全球性，从而坚持全球主义的理念与价值。中国参与全球治理的实践证明，中国在处理国际问题、应对全球性挑战中已经从阶级、意识形态、国家的视野转向整体、全球的视野，将人类日益增多的共同性，看作其更加积极参与全球治理的新的理论视角与支撑点。全球化的世界反映出"人类只有一个地球，各国共处一个世界"的现实要求，而且"当代中国同世界的关系发生了历史性变化，中国的前途命运日益紧密地同世界的前途命运联系在一起"，因此，"我们主张顺应历史潮流，维护全人类的共同利益"，坚持合作共赢的基本理念。

（2）共赢性。树立正确的义利观，反对以损害别国利益去追求本国利益最大化的国家主义倾向。全球治理始终存在着全球价值与国家价值之间的矛盾，以及不同民族国家在治理体系中处于事实上的不平等地位的现实。国家利益至上、国家利益最大化是典型的国家主义思维与理念，也是迄今为止各国在处理国际事务时所信奉与遵循的原则。这决定了国家在国际政治中的行为必然是追逐权力与利益，国家关系必然是对抗、冷战和冲突，这与全球治理的价值追求完全相悖，也就不可能实现真正的全球治理。

（3）平等性。坚持民主平等、公正合理的原则，推动全球治理机制改革创新。中国通过积极参与全球治理，在现有国际体系和国际机制中行使权利、承担责任，并发挥作用。但是，由于现有全球治理机制存在着事实上的不民主、不平等、不公正、不合理的规定和原则，有时甚至成为"霸权稳定论"者侵害广大发展中国家利益的工具。国际社会期望实现一个民主平等、公正合理、安全和谐、共同繁荣的世界新秩序。中国随着综合实力的不断增强，正以更加积极稳健、负责任的姿态融入其中，发挥更具建设性的作用。

（4）兼容性。秉持"和而不同、兼容共存"的外交伦理原则，努力构建安全、合作、和平、发展的全球安全体系。"万邦协合、和而不同"、"和谐世界"、"命运共同体"等理念是中国参与全球治理的价值理念。在此理念下，中国坚持"和平共处"五项原则，通过平等互信、政治协商、互利合作等手段促进与相关国家和国际组织之间的合作关系，建立起基于合作、和解、和谐的新型安全关系。中国倡导世界各国"在追求本国利益时兼顾他国合理关切，在谋求本国发展中促进各国共同发展"，努力追求全球合作安全、普遍安全、综合安全、共享安全。

从全球治理的含义和要求来讲，国家治理体系和治理能力现代化最本质的体现是实现善治，善治的内涵是在政府、社会、民众等参与主体充分互动、相互配合的基础上，实现公平与效率的兼备，其表现为国家富强、社会和谐和人民幸福。国家治理的关键就是促进政府与社会、民众之间的良性互动，从而形成三者间的共生互补关系。对于当今中国而言，特别需要在国内层面的治理中提升公民的公共精神和参与能力，提高全体公民的法律意识，依法治国、依法办事、自觉守法。总之，中国需要加强国家治理，推进国家治理体系和治理能力现代化，只有这样才能更好地参与全球治理。

四 "一带一路"中的大国博弈分析

美国、俄罗斯、印度是"一带一路"沿线具有关键影响的大国[①]，在此区域中拥有广泛的利益。中国推动的"一带一路"能源合作与上述三国的利益存在竞争甚或矛盾，这是国际政治、经济中的客观现象，并在一定程度上具有规律性。积极厘清并管控这些竞争与矛盾，才能推动良性竞争、抑制恶性竞争，将矛盾控制在秩序的范围内，在良性竞争中共同获益，将有助于争取关键国家的支持。美国介入东亚事务并意图制约中国在中亚、中东的影响力，对"一带一路"能源合作政治环境产生负面影响；俄罗斯担忧"一带一路"建设淡化其建设欧亚经济联盟的努力；印度意图打造其"印太"大国地位，且在能源贸易、投资方面与中国存在竞争。积极运筹"一带一路"能源合作中的大国因素，应推动中美在"一带一路"沿线地区开展大项目合作，开展新型大国关系，并就阿富汗、全球能源安全等问题进行良性沟通；深化中俄能源战略合作，并在能源产业上下游合作、欧亚经济一体化、能源价格等问题中照顾其合理利益；扩大中印共同能源利益，共同保障能源供给安全、参与全球能源治理和产业安全。

在国际能源体系中，形成以中东、中亚、俄罗斯、北美为主体的四大能源供应板块，以欧洲、东亚、南亚三大区域为主体的能源需求板块的国际能源供求大格局。从长期来看，由于石油、页岩气是不可再生能源，随着大规模开采和使用，石油、页岩气总会有枯竭的一天。在新能源研发没有取得突破性进展之前，美国、欧洲、日本、印度，包括中国对石油、天然气的需求不会减少，国际能源价格具有长期上升的张力。

（一）美国的"亚太再平衡战略"

美国全球战略向亚太倾斜，推行"亚太再平衡"战略，在安全事务中制衡中国影响。美国对中国崛起的疑虑和偏见不断加深，其

---

① 杨晨曦：《"一带一路"区域能源合作中的大国因素及应对策略》，《国际政治与经济》2014 年第 4 期，第 124—128 页。

政、学界普遍认为，东亚地区局势不稳的根源在于中国军事力量的快速发展及其对外政策的愈发强硬。

美国推动建立由其主导的亚太合作，对中国与周边国家间既有合作机制构成竞争，在经济事务中制衡中国。2013 年，美国促动日本加入"跨太平洋伙伴关系协定"（TTP）谈判，并于 2015 年 11 月完成了 TTP 签署。加大"美国—东盟扩大经济合作倡议"（E3）的推动力度，扩大与东亚经济体的合作。在中亚，美国主导"新丝绸之路"计划，大力介入地区事务。此外，为了牵制中国，美国在东南亚、南亚、中亚指责中国主导的合作项目存在环境、古迹保护隐忧，给项目实施制造障碍。

如何避免零和博弈，是中美新型大国关系的关键。要建立"不冲突不对抗、相互尊重、合作共赢"的中美新型大国关系，不断深化双方的利益交融格局。作为在地区及全球事务中具有举足轻重影响的两个大国，中美两国在全球治理领域有着广泛的利益交汇点，也肩负着重要的责任和使命①。对于中美两国来说，要避免"囚徒困境"，中美合则两利，斗则俱损。

（二）俄罗斯的"欧亚一体化战略"

中国与中亚各国深化能源合作易引发俄罗斯的疑虑，担心其主导的欧亚一体化进程受阻。俄罗斯将中亚地区视为其重要的战略后方，推动与中亚国家的经济一体化进程，是俄罗斯对外政策的重要考虑。俄罗斯对外政策的优先方向是进一步巩固独联体，致力于加强独联体地区一体化进程，优先任务是建立欧亚经济联盟。2013 年，吉尔吉斯斯坦、塔吉克斯坦申请加入俄罗斯、白俄罗斯、哈萨克斯坦三国关税同盟，亚美尼亚正式加入关税同盟。俄主导的欧亚经济联盟取得重要进展。

中国不谋求在中亚地区的主导地位，且是地区安全稳定的受益者；俄罗斯推进的欧亚经济一体化既不抵消中亚各国开展对华经济合作的需求，也并不过于排斥中国。欧亚经济联盟与丝绸之路经济

---

① 韦宗友：《安全治理合作：中美全球治理合作新空间》，《当代世界》2015 年第 9 期，第 23 页。

带完全可以并行不悖地共同发展，可逐步推动形成"欧亚经济联盟+1（中国）"模式，推动中国与该机制的合作。中国与中亚各国能源合作深化发展，互联互通建设不断取得成绩，俄罗斯对此难免疑虑。如何在"一带一路"能源合作中与俄罗斯互利共赢、助其充实欧亚经济联盟、避免恶性竞争，是能源外交工作的一个挑战。

俄罗斯对中国推动"一带一路"建设及相关能源合作总体上持积极态度，中俄能源合作对于双方更是具有战略意义。积极谋划欧亚大陆南北向（纵向）互联互通项目，合作推动以乌鲁木齐为中心，北通远东及新西伯利亚、南至印度的纵跨欧亚大陆的油气管线建设。俄罗斯长期以来一直力图开辟进入亚太和印度洋的便捷通道，使自己在新西伯利亚和远东的能源资源更便利地进入东亚、南亚、东南亚市场。中、印则由于能源资源短缺，始终希望利用更为便捷的通道进口俄罗斯东部地区的能源资源产品。相关项目的建设将牢固捆绑三国利益，深刻改变欧亚大陆能源、地缘格局，并对世界政治格局产生影响。协调中俄能源上下游合作，使能源产业涉及上游的勘探开发、中游的运输、下游的炼化与销售等高附加值产业，能源贸易只是国际能源合作中较为初级的水平。中俄在天津炼化厂和亚马尔气田液化天然气项目中的合作，开启了中俄间能源上下游产业链的合作。通过向俄方开放一定量的下游产业，中国实际上为俄方留出了更多的高产业附加值空间，将双方利益捆绑在一起。

（三）印度的季节计划（Mausam）

两国的国情极其相似，同为世界上的人口大国，同为两个最大的发展中国家，同为金砖国家成员，本身的发展受到现有美国主导下的国际政治经济体系的桎梏和西方世界的联合打压。中国和印度都是人口总量庞大、国内油气资源相对匮乏，而经济和能源需求增长又十分迅速的发展中大国，消耗了全世界能源消费增量中的绝大部分。2010—2011 年度印度能源消费达到 5.22 亿吨油当量，预计至 2016—2017 年度，印度能源消费将达到 6.81 亿—7.38 亿吨油当量，其石油对外依存度超过 70%。迅速增长的能源消费促使印度大力寻求长期稳定的能源进口源和安全的运输通道。而中国的石油对外依存度也已接近 60%。因此，两国都在努力争取与中东、中亚乃至非洲油气产区国进行能源合作，积极扩大自身在相关地区的政治、经济影响力。对于中印两国来说，扩大与能源产地国合作，几乎都是经济因素与政治因素各半。

印度对中国在区内地位的上升有所顾虑，且两国间在国际能源贸易中存在竞争。印度非常重视其南亚影响力，并积极发展与中亚、东南亚各国的双、多边关系。近年来，印度陆续强化与印度尼西亚、缅甸、日本的双边关系，并积极与东盟深化合作；努力扩大与哈萨克斯坦等中亚国家的能源贸易规模，并深化上下游合作水平。作为发展中大国，印度加强与"印太"区域各国关系与能源合作，是合乎国际政治、经济规律的，但又难免与中国产生竞争。印度实施的"季节计划"（Mausam）对"21 世纪海上丝绸之路"的影响和反制，印度的位置和权力使其成为印度洋秩序的组织者，印度是"印度洋海军大会"和"反海盗联络集团"的创始国。

从这个层次而言，印度是中国可以选择而且必须选择的战略合作伙伴，印度是中国突破美国战略遏制、打破美国东亚霸权的必要选择。美国视印度为推行其亚太"再平衡战略"的重要伙伴，意欲利用中印矛盾和竞争心理挑动两个相邻大国对抗，迟滞中国崛起的势头，因此百般拉拢印度对中国进行联合遏制。中国影响力扩散至印度洋地区是自然延伸式的，中国在印度洋更多的是追求经济利益，而非战略安全，中国的利益更多地集中在北印度洋地区，和印度致力于向印度洋南部挺进并不矛盾。印度追求成为印度洋地区占主导地位的国家，而中国崛起和影响力进入印度洋地区可能对此造成威胁，印度担心中国崛起导致亚洲可能成为一个单极地区，因而影响印度在亚洲的地位。

印度是当前中国可以选择的，应该选择的，甚至是必须选择的战略合作伙伴。而由于双方在经贸政治军事等各方面彼此之间强烈的互动和制约，中印之间的这种战略伙伴关系绝非奉行均势原则、追求冲突的国家利益的现实主义中的权力政治，而是奉行共同利益和双边合作、追求建立"一荣俱荣"的共同体的相互依存。让南亚国家充分意识到亚洲有足够的空间能够容纳中国和印度的同时崛起。

中印之间在边界问题、贸易纠纷、对彼此的安全认知等诸多具体问题上还存在着较大的分歧，这些都不符合当前印度在中国的地缘战略中的角色定位。因此，从大局出发，和印度展开全方位的战略合作，不断增信释疑，加强交流与合作，扩大利益共同体，既有利于边界争端等具体问题的解决，促进中印双边关系的成熟和向更高轨道的发展，也符合印度作为中国战略合作伙伴的角色定位，有助于突破美国的战略遏制，从而对当前中国地缘战略的整体规划带来积极作用。

（四）关注中美竞争与合作

中美之间在政治、经济、贸易、安全、文化等诸多方面存在竞争甚或矛盾。推动中美在"一带一路"能源合作重大项目建设方面的合作，其目的在于创造互利共赢的空间，进而最大限度地降低美国对我推动相关国际合作的疑虑和抵触。

中东、海湾等世界主要能源产区，一直是美国防止世界能源秩序失序和应对重大突发事件的重要战略区。以石油为代表的能源资源兼具大宗商品、金融和地缘政治属性，又与美元霸权密切相关。在美国能源进口下降的背景下，能源生产国普遍变得更加重视与中国的关系。而中国推动开展"一带一路"能源合作，无论是扩大贸易规模、进行基础设施建设，还是建立能源合作机制，都将扩大自身在主要能源产区的影响力。美国与中国在相关地区影响力的此消彼长，对美国的主导力形成了挑战，易于引起美国的反制。

表1　　　　　　　　　中、美、俄、印的博弈比较

项目		美国	俄罗斯	印度	中国
主体		守成大国	地区大国	地区大国	新兴大国
战略	名称	亚太再平衡	欧亚一体化	关注南亚、中亚	一带一路
	相容性	冲突、需找共同点	连通、联通	竞争	竞合
能源依赖度			输出	进口70%	进口60%

续表

项目		美国	俄罗斯	印度	中国
竞争	东亚	TPP			东盟自贸区升级 2.0、RCEP、中日韩自贸区商谈
	欧洲	TTIP			中欧自贸区商谈
	综合	不能让中国来制定贸易规则			一带一路
合作	军事	不对抗、不冲突，合作共赢			
	经济	中美战略与经济对话（7 轮）			

（五）合作共赢战略

在美、俄、印、中四方博弈中，尽可能采取互赢、多赢的策略，避免单赢、单损的情况出现，最重要的、最关键的是最差情况出现时的应对方案。一个安宁稳定的周边环境和争取一切可以突破美国遏制的战略合作伙伴是中国崛起的战略基点，当然，坚持"合纵与连横"，这也是当前中国制定一切地缘战略所应遵守的核心准则[1]。

五　"一带一路"中的策略选择

坚持"政策沟通、道路联通、贸易畅通、货币流通、民心相通"原则。"一带一路"的时空范围广、跨度大、周期长，甚至将伴随中国新一轮开放型经济发展的全过程。加强顶层设计和摸着石头过河相结合，整体推进和重点突破相促进，国家层面不应制订过于细致的实施方案，而是要确立原则、目标、方针、路径等，要留下足够的空间"让市场做主"。以点带面，从线到片，逐步推进区域大合作。要以实质性利益调动相关国家参与的积极性，防止短期目标设定得过高过大。

---

① 李英铭：《印度在中国地缘战略中的角色定位及影响》，《亚非纵横》2014 年第 3 期，第 64—74 页。

（一）中东的特殊价值

"一带一路"战略大框架包括五个关键的支点：中亚、东南亚、中东①、中东欧、欧洲，中东蕴藏丰富的石油资源，是丝绸之路经济带的重点区域，中东地区处于亚、非、欧三大洲的连接点和交通要冲，是海上丝绸之路的枢纽。随着中国经济的增长，中国现在已成为世界第一大能源消费国，第二大石油进口国，能源因素在中国外交战略中的权重增加，中国与中东能源合作成为"一带一路"战略的重要支点。

（二）中亚的特殊地位

中亚②国家在经济、政治与军事等方面处于弱势，尽管这些国家在推行内外政策时竭力维护自身的独立主权，但它们不能不受到俄、美、中三国的影响。这三国在中亚地区，在地缘政治、经济、军事与安全等领域都存在利益差异。俄、美、中对中亚国家政策上的这些差异往往引起对立或冲突。三国之间明的、暗的、直接和间接的博弈一直存在。在此背景下，中亚国家为了自身的利益，不得不左右逢源，实行"等距离"的平衡外交。就是说，中亚国家的内外政策就难以避免受到大国的干扰，乃至一定程度的制约。

中亚的哈萨克、吉尔吉斯、塔吉克和乌兹别克斯坦四国，中亚四国与中国在石油天然气领域有深入合作，并且传统上即是丝绸之路西出国境之后的战略要道，同时中亚国家在脱离苏联之后，铁路等基础设施建设较为薄弱。"一带一路"与土库曼斯坦的"强盛富民"时代目标对接，同哈萨克斯坦的"2050年发展战略"呼应，同乌兹别克斯坦的"福利与繁荣年"规划共鸣，同吉尔吉斯斯坦的"国家稳定发展战略"交会。而对美国来说，对中亚的主要目标是不让其受到俄、中的控制，推进其民主改造中亚的战略，使中亚成为反恐基地，获取中亚的能源并不是美国的主要目的。而对俄罗斯来讲，对中亚的主要目标是牢固确立中亚为俄罗斯的战略后院和势

---

① 潘旭明：《"一带一路"战略的支点：中国与中东能源合作》，《阿拉伯世界研究》2014年第3期，第44—57页。

② 陆南泉：《"一带一路"若干问题》，《中国经济报告》2015年第1期，第101—104页。

力范围，这是使俄成为强国的一个重要因素。具体说，俄罗斯在中亚的经济利益体现在以下四个方面：恢复俄罗斯在中亚能源地缘政治格局中的主导地位，实现俄罗斯能源战略中的利益；实现由俄罗斯主导的欧亚一体化；通过引进劳动移民实现与周边国家的外交利益和民族利益，中亚国家是俄罗斯外来劳动移民的主要来源地；中亚国家是俄罗斯的重要市场。对中国来说，对中亚的主要目标是为了中国西部地区的安全与通过经济合作获得能源资源。除此之外，中国对中亚并没有其他诉求。中国一直坚持习近平主席 2013 年访哈时提出的发展与中亚国家的关系"三不"政策，即决不干涉中亚国家内政；不谋求地区事务主导权和不经营势力范围。

（三）"一带"先行，扩大推进

"一带一路"战略实施中，丝绸之路经济带建设先行。因为"一带"建设已有一定基础，不少合作项目已经开始或正在酝酿之中。"一带"的境外建设，中亚是重点地区，也是中国向西方开放的第一站。这主要因为，一是从地缘战略来看，中亚地区属于亚欧大陆的中心地带，其重要性十分突出；二是中国与中亚的经贸合作已有相当的基础；三是中亚是资源丰富的地区；四是中国与中亚各国的边界已全部划定，不存在难以解决的政治问题；五是中亚地区存在"三股势力"的威胁，加强与中亚各国合作，有利于中国西北边疆的安全。这些因素，决定了中亚是中国推进"一带"建设首先要布局的地区。同时，要积极发展与俄罗斯的合作。

（四）交通运输基础设施先铺设

全面深化落实中蒙、中印已签署的合作项目，积极参与推进中俄高铁合作和中老、中泰、中巴、中哈等铁路合作项目，促进我国与周边国家铁路互联互通建设。充分发挥铁路合作组织、铁路联盟、中美交通论坛等工作机制作用，加强与国际标准化组织等机构的沟通联系，积极开展政府间铁路对外交流合作。交通运输基础设施领域的合作应先走一步，要形成经济带就要铺设交通运输通道。"丝绸之路"将是一条特殊的从亚洲（具体说从中国西部）到欧洲的交通运输走廊，这一新的运输通道的建成，不仅能便利商品和服务贸易的流通，还可以催生出新的工业群、新的产业和技术。现在中国商品走海路到欧洲需要 45 天，走西伯利亚大铁路需要两个星期，走新的丝绸之路则不超过 10 天。这条运输走廊的建设将使俄罗斯、中亚国家都受益。

不论是俄罗斯还是中亚国家，在交通运输设施方面都并不很发达，特别是俄罗斯东部地区较为落后。哈萨克斯坦在交通运输设施建设方面也面临着巨大的任务，在加强交通运输设施建设中，在资金与技术等方面都需要与国外合作，中国在这一领域可以成为重要的合作伙伴。目前，中国有两条铁路与哈连接，一条是在阿拉山口，一条在霍尔果斯口岸。在这一口岸依托铁路，中哈两国已建立起跨国合作中心与国际合作区，预计到 2018 年货运量可达到 2500 万吨。并且，中哈两国铁路、公路的相通，意味着中国与中亚各国都连接起来。然后再建中吉、中乌铁路，这样就可以形成较为完整的中亚立体交通网。

泛亚铁路包括中、东、西三条线路，中路从中国云南的昆明出发，经过景洪、磨憨，到达老挝首都万象，沿途经过泰国首都曼谷和马来西亚首都吉隆坡，直达新加坡。东路从昆明出发，经河内、胡志明市、金边到曼谷，西路从昆明出发，经瑞丽、仰光到曼谷。东、中、西三线在曼谷交会后经吉隆坡直达终点新加坡。

2014 年 12 月 26 日，兰新、贵广和南广三条高铁同时开通运营，丰富了我国的高速铁路网，贯通了"一带一路"思路。

（五）能源合作中的战略意义

能源合作将使丝绸之路经济带建设具有重要的现实意义和战略意义。

（1）能源纽带。在"丝绸之路经济带"上，地理位置比较接近的国家集中着大的能源生产国、出口国和大的能源消费国、进口国。前者有俄罗斯、哈萨克斯坦、土库曼斯坦、阿塞拜疆、伊朗等国；后者有中国、印度等国。能源资源国与消费国两者之间的合作，对双方的能源安全都十分重要。

（2）丝绸之路经济带中国家间的能源领域合作已有相当基础。如中俄两国，2013 年中国从俄进口石油 2435 万吨，这个供应量将逐步增加，并且在电力、煤与核能方面都有合作。2014 年 5 月 21

日，中国石油天然气集团公司和俄罗斯天然气工业股份公司在上海签署了《中俄东线供气购销合同》。根据双方商定，从2018年起，俄罗斯开始通过中俄天然气管道东线向中国供气，输气量逐年增长，最终达到每年380亿立方米，累计30年。目前，西线向中国供气的合作项目正在洽谈中。还有2012年，哈萨克斯坦向中国出口石油1070.37万吨。2013年，土库曼斯坦向中国出口天然气241亿立方米，这比2012年增加了22%，占中国天然气进口总量的一半。乌兹别克斯坦对中国出口天然气逐年增加，到2016年可能达到250亿立方米。

（3）中、俄、哈、乌、土国家之间的油气合作将会日益加深，朝着上、中、下游多领域发展，另外，各国在资源开发、资金、技术等方面有很强的互补性。

（六）以点带线、织线成面

中国现在建立的"境外经贸合作区"，也可以是"一带一路"战略的"承接点"。所谓境外经贸合作区，是指在国外建立经贸合作区，由我国国内的企业牵头在当地招商，吸引国内外相关企业进驻，从而形成产业集群的一种合作方式。商务部网站显示，现在已有16个这种合作区，分布在亚、欧、非、拉美等地。中国和其他国家的自贸区谈判，也将成为"一带一路"战略的一个新支点。同时着力打造中新经济走廊、新亚欧大陆桥经济走廊、中伊土经济走廊。推动着中巴经济走廊、中蒙俄经济走廊、中印缅孟区域经济合作。

（七）兼顾"一洲"非洲战略

在"一带一路"战略上，加上"一洲"非洲战略，促进中国劳动密集型产业转移到非洲。基础设施投资不仅会促进所在国的经济增长，还会拉动其他国家包括发达国家的出口。发达国家的基础设施还有改进空间，中国以外的发展中国家的基础设施非常差。发达国家的退休基金、中国及石油输出国的外汇储备大量购买政府债券，收益率很低，不如用于基础设施投资。

中国还拥有一个重要的优势，即巨大的劳动密集型产业。由于国内工资上涨，中国在这方面的比较优势逐渐消失。以前类似的转移已有多次，这次的新特点在于中国劳动密集型产业规模庞大。按照第三次工业普查，中国制造业的就业人员是 1.24 亿人，相当于当年日本的 12 倍。世界上能够承接这么大规模劳动密集型产业转移的地方只有非洲。非洲有 10 亿人，大量剩余劳动力在农村，年轻人比例高，工资水平只有中国的十分之一至五分之一。在转移劳动密集型产业到非洲方面，已有华坚集团等成功案例。中国可以帮助发展中国家消除增长瓶颈，引入"造血机制"，所有发展中国家都可以发展起来。

六　结论

"一带一路"战略体现了理念的创新、合作模式的创新、合作内容的创新、体制的创新。就当前世界范围的区域合作现状看，基本都是网状的、块状的，而"一带一路"的合作是带状的，是条型的合作，这是一种世界历史中少有先例的合作愿景。创新合作方式，从这个意义上讲就显得更加迫切和重要。"一带一路"反映了中国经济发展战略的新变化：从出口市场的直接竞争到着眼于外需市场的间接创造；从内政外交的分离到内政外交的一体化；从单一国家合作到区域经济全面合作。

策略选择要发挥市场决定作用。发挥市场的决定作用符合经济发展的客观规律，也是推动各国经贸往来的共同法则。"一带一路"建设既要发挥政府的管理服务功能，更要发挥好市场的调节和资源配置作用，减少对市场主体的束缚，激活市场主体的内在动能和活力，形成"政府搭台，企业唱戏"的格局，使企业成为推动"一带一路"建设的主体和支撑力。可复制、可推广上海自由贸易区的改革经验——以负面清单管理为核心的外商投资管理制度、以贸易便利化为重点的贸易监管制度、以政府职能转变为核心的事中事后监管制度。

在"一带一路"战略中，拟采取"以软先行，以虚带硬"策略，通过"学者交流，商务合作，逐步开展项目运作"，政府的支持和引导是保障和条件。市场运作机制是操作。如首届"一带一路"华夏论坛、宁夏已连续四年成功举办中阿经贸论坛和中阿博览会。上合组织、中国——中东欧、大湄公河次区域经济合作会议等将成为新的"一带一路"战略合作平台。"一带一路"这条贯通中国、亚太和欧洲经济圈的、世界跨度最大的经济走廊正在稳步建设中。随着圈内近60个国家经济贸易往来更加密切，人民币国际化的步伐将很快提速，并将在这条经济走廊中形成"人民币区"。

"一带一路"是本届领导人非常重视并积极推进的中长期国家发展战略，也是中国的强国战略，能够为中国产能过剩的化解和工业能力的持续发展提供出路。强调与相关各国打造互利共赢的"利益共同体"和共同发展繁荣的"命运共同体"。"共同体"一词，就本义而言，是指人们在共同条件下结成的集体。共同体真正为人熟知并成为国际关系领域的重要概念，是在20世纪50年代以来的欧洲一体化进程中，特别是1965年欧洲经济共同体的成立。此后，共同体逐步成为一种较高形态的区域经济合作形式，一体化程度介于关税同盟和经济联盟之间。目前，世界范围内以共同体形式存在的区域合作组织，主要有欧亚经济共同体、南部非洲发展共同体、西非国家经济共同体等。应该说，经济共同体是"共同体"在区域经济合作领域机制化、平台化的制度安排，是共同体的一种表现形式，但并不仅限于此。特别是，随着近年来经济全球化的深入发展和国际秩序、治理格局的调整重塑，人类面临的共同挑战和外部性问题日益增多，你中有我、我中有你、密不可分的相互依存关系不断加强，更加需要人类携起手来联合应对全球性挑战。因此，对共同体的理解和认识也应超越区域经济合作的范畴，回归其团结、联合、合作、共赢的本质，从而在更高层面、更深层次促进人类共同发展进步。习近平总书记反复强调共同体理念，先后提出与东盟等周边国家、非洲、拉美、阿拉伯国家打造命运共同体，与法国、德国、欧盟等打造利益共同体等。

"一带一路"战略是一种国家的综合性战略，既有政治智慧，又有经济利益，还有军事保障，更有共同发展、共同富裕的愿景，需要在与美国建立新型大国关系中发展和前行。

（北京联合大学商务学院）

全球治理背景下的"一带一路"战略

孙治国

"一带一路"战略是中国积极参与 21 世纪全球治理的顶层设计，对于构建开放型经济新体制、形成全方位对外开放新格局有着重要意义。在金融危机爆发后全球治理变革态势日渐凸显的背景下，"一带一路"倡议标志着中国逐步迈入了主动引领全球经济合作和推动全球经济治理变革的新时期，"一带一路"相关议程着眼于为全球治理输出公共产品，体现了中国作为负责任大国的作用与地位，"一带一路"倡议是对全球治理理论的重大贡献。

当前国际经济和国际秩序进入大调整时期。经济全球化、世界多极化明显，资源分布和利益分配相对不均且有扩大之势。二战后形成的国际政治经济格局在发生变化，非西方力量的治理意愿和能力显著增加。日益严峻的全球问题呼唤有效的全球治理体系。国际传统和非传统安全问题交织，世界经济增长乏力，社会极端思潮抬头，中东巨变、非洲埃博拉疫情、欧洲难民潮乃至法国巴黎暴恐等，都在催生新的全球治理体系。国际共识加快全球治理体系建设步伐。国际社会在促进经济转型发展、推进联合国 2030 发展议程和巴黎气候变化大会、促成伊朗核协议、打击"伊斯兰国"等问题上达成共识并转化为行动。中国在国际社会中发挥着日益重要的作用。作为世界上第二大经济体和最大的发展中国家，中国应该积极融入全球化过程，在参与完善国际政治经济新秩序中做出应有贡献。

中国倡议按照"共商、共建、共享"的原则建设"一带一路"，打造命运共同体、责任共同体、利益共同体，实现政策沟通、设施联通、贸易畅通、资金融通、民心相通。建设"一带一路"有着重要影响和意义，一方面，建设"一带一路"是改进全球治理的新途径，将推动全球治理结构与全球深化要求相匹配，促进新兴国家主动积极作为，推动全球治理结构调整。另一方面，建设"一带一路"将创造全球经济增长新动力，培育新增长点提振全球经济；促进沿线国家基础设施更新，寻求持续增长；对中国而言，有助于调整经济结构，扩大各类配套投资和出口，有助于宏观经济稳增长目标。

一 全球治理应增强新兴国家话语权

中国、印度等新兴国家的崛起，必将对全球治理格局产生影响。目前新兴国家的发言权还不像西方发达国家那么大。当然，这也要看机构和机制的具体情况。以全球贸易为例，目前的全球贸易体系建立在非歧视原则、最惠国待遇以及减少关税的基础上，这些已经是既定的机制结构，新加入世界贸易组织的成员无法重新改写、再创造这些规则或对这些规则产生巨大影响力，只能接受和适应这些规定。另外，有的机制具有较为固定的属性，不会发生很大改变。但我认为新兴国家和市场能在全球治理中发挥很大作用。

二 中美合作有助于全球治理

中美两国作为世界上的两个重要大国，两国关系备受瞩目。在全球治理方面，两国可以做出贡献。

中美两国合作越多，越有益于全球治理。两国应尽量寻找共同点、共同制定政策，努力解决问题。中国在治理污染等许多全球事务的处理上都应该并且能够发挥领导作用。

中国是世界上人口第一大国、第二大经济体，世界各国希望中国在更多事务上发挥更大的作用。要想扩大影响力，必须要参与其中才可以。

三　"一带一路"建设的推进对金融危机的解决有重要借鉴意义

新丝绸之路将把亚欧大陆上的很多地方联系在一起，特别是地中海地区、黑海地区和中东地区。尽管包括希腊在内的一些欧洲国家仍然深陷金融危机，但这并不意味着欧洲的发展没有新机遇。"一带一路"建设近期取得的结果说明，欧洲国家间可以相互开放更多的投资项目，共建基础设施，一起实现经济复苏，促进区域共赢。况且，今天的欧洲之所以能够从第二次世界大战的千疮百孔中走出来，正是因为各国通过经济合作加强了沟通，有效克服了战争对彼此造成的伤害。"一带一路"建设的推进给我们的另一个启示则是，当今人们面临的许多问题是地区性、全球性的，非一国之力可以应对，因此各国必须加强在区域治理和全球治理领域内的合作。金融危机往往像流行病一样，由华尔街发端，向全球传播和蔓延，更需全球共同应对。

亚投行得到了 57 个国家和地区的响应。"一带一路"、亚投行这些战略规划都成为中国对外开放、走向世界的一个里程碑式的事件，对中国的外交战略而言，是意义非常重大的转变，也是我们国家区域战略布局的一个重大调整。

首先从经济方面来看，中国已经成为一个名副其实的经济大国。

第一，中国已经成为全球第二大经济体。

第二，中国已经成为世界最大的贸易体。

第三，中国已经成为世界第一大制造业国家。

第四，我们的金融、人民币的国际化，已经进入了不可逆转的趋势。

其次，我们在香港建成了最大的人民币离岸中心，在新加坡建成了人民币离岸中心，在卢森堡、纽约、法兰克福建立了人民币清算中心。现在，人民币离岸中心和清算中心还在继续发展，特别是这些年，以中国为主导的一支新的金融机构诞生了，包括刚才说的亚洲基础设施投资银行，包括中国所主导的金砖国家开发银行。金砖国家开发银行包括中国、印度、南非、俄罗斯、巴西五个国家。亚投行的总部设在北京，第一任行长由中国派出。金砖国家开发银行的第一任行长是印度派出的行长，总部设在上海。

此外，中国还在主导、筹办上合组织银行。上合组织银行也就是上海合作组织，主要是中亚、西亚这些国家共同发起成立的金融机构，现在正在加快筹办。除此之外，大家知道，围绕"一带一路"的途径，中国独资成立丝路基金。这个丝路基金是公司化运作，也是公司化的投资方式，我们国家出资400亿美元。

所以，中国作为一个金融大国，现在正在国际社会上展现出新的面貌，人民币将从交易货币、结算货币，逐步到储备货币。我们所倡导建立的这些金融机构，现在陆续地进入了实际运作，并且在国际社会上产生了很大的影响。除了亚投行57个创始成员国之外，世界银行、国际货币基金组织，还有亚洲开发银行都已经明确，与中国倡议建立的亚投行进行合作。所以当中国成为第二大经济体后，可以在预见的未来成为第一大经济体。当中国成为第一大贸易体，当中国成为最大的制造业国家，当人民币走向国际化，那么逐步地成为国际货币，在这样一个进程中，中国真正完成了从一个落后的、经济总量比较小的国家，向一个经济大国的转变。那么正如习主席所说，我们现在距离实现中华民族伟大复兴的中国梦越来越近。

那么世界的秩序，那种在冷战时期形成的不合理的国际秩序、国际规则，也将因为中国这个最大的变量逐渐地得到改造。

四 "一带一路"可以推动中国参与构建全球治理创新体系

在未来的全球治理当中，中国应当也有能力扮演更重要的角色。我常听到有人说，在全球治理的问题上，中国总是"站在门外不愿进来"。这个问题牵涉到国际规则的制定，因为获得广泛认可的国际规则是全球治理开展的前提条件。如果中国可以更深度地参与世界规则的制定，那么凭着中国的经济、财政和金融力量，一定能够在联合国等世界舞台上发挥更大的作用。事实上，以"一带一路"为例，中国正在为全球治理的推进做很多具体的工作。在气候变化方面，中国最近投入巨资进行可再生能源的开发，并提出了更高的环保标准和更低碳的发展理念，而不是简单地通过消耗能源拉动经济增长。

中国外交部部长王毅曾表示："一带一路"是中国向世界提供

的公共产品，这句话的理解应该体现在基础设施的互联互通上，这是一个搭台的过程。美国搭建了一个互联网的平台——万维网，被全世界采纳和使用。万维网是虚拟的，我们则提供了一个实体的基础设施的网络，给一带一路沿线国家提供一个公共产品的机制，在这个平台上，全世界都可以参与进来，也都可以从中受益。

"一带一路"倡议不仅是贡献"中国智慧"，积极参与全球治理顶层设计的具体体现，也是中国为推动全球经济发展，实现产能互补与战略对接提供的公共平台，更是推动构建以合作共赢为核心的新型国际关系的重要举措，符合国际区域经济合作发展的主流。

"一带一路"作为新一届政府推出的重要倡议，不仅对我国经济结构的转型升级起到促进作用，也将对沿线国家的经济发展，尤其是基础设施建设和"互联互通"方面起到推动作用，而随着与沿线国家凝聚共识，"一带一路"倡议将产生辐射效果，它既没有纯粹的起点，也没有纯粹的重点，远至非洲拉美国家也将因合作而受益，进而在全球范围内产生经济效果，笔者认为可以划分为国内、国际两大方面。

国内方面，我国经济由高速发展进入了中高速发展的"新常态"，经济结构的转型升级也成为经济持续健康快速发展的重要议题。这时，中国企业就面临着"走出去"和提高自身技术水平的客观要求。"一带一路"倡议所提倡的战略对接与产能合作则为这一客观要求提供了快捷的"通道"。

中巴经济走廊电力合作、中国与哈萨克斯坦的产能合作等，都是典型案例，并将起到示范作用。随着与沿线各国在包括基础设施领域在内的全方位合作，中国的优势产能以及资金与沿线各国的广阔市场和丰富资源将形成优势互补的局面，而且也会进一步完善沿线各国的基础设施，实现互联互通，从而达到合作共赢的目的。

国际方面，先有2015年3月《推动共建丝绸之路经济带和21世纪海上丝绸之路的愿景与行动》（简称《愿景与行动》）的正式公布，后有中国首倡的亚投行获得各国响应，丝路基金启动，"朋友圈"不断扩大，这背后反映的是各国对于经济复苏的迫切愿望，对于基础设施改善的迫切需求。

中国是世界第一出口大国，同时是 120 多个国家的最大贸易伙伴，而世界在经历了 2008 年的经济危机之后陷入低迷，始终难以完全摆脱泥潭。而数据显示，2010—2013 年全球经济增量中的 26.2% 是中国提供的，仅仅从增量角度看就已经超过美国的贡献。

综上两方面，"一带一路"倡议的推进对于中国本身、中国周边国家、沿线各国乃至世界其他国家的经济发展都有着巨大的推动作用，这种通过开展合作，实现共赢的倡议充分体现了中国积极参与全球治理过程中的智慧和构想。

简而言之，在全球治理发生深刻变革的大背景下，中国首倡的"一带一路"战略构想，是站在全球化的浪潮之巅，审时度势做出的创新之举。这一倡议所涉国家之多，沿线之长，辐射面积之广，都展现出了充满包容、多元和合作的思想。作为联系亚非欧各国政策、贸易、基础设施等领域的跨地区合作模式，"一带一路"赋予了古代丝绸之路新的内涵，不搞封闭机制，任何有意愿的国家和经济体都可以成为倡议的参与者、建设者和受益者。当然，这还需要各国和衷共济、相向而行。

通过"一带一路"我们将和更多的国家开展共建行动，这是国际合作以及全球治理新模式的积极探索。

在《愿景与行动》里面，我们提出了共建原则，概括为六个字就是共商、共建、共享。通过共商、共建、共享，推进和沿线国家发展战略的衔接，或者是对接，和这些国家的重大规划的对接，和这些国家的经济通道的对接，和这些国家的大的宏观政策的衔接。这样就可以促进经济要素更顺畅、更自由、更快捷地流通，就能够使资源得到高效率的配置，使市场能够得到深度的融合。

"一带一路"将有助于我们和更多的国家和地区共同建设开放包容、精诚普惠的区域经济合作关系、合作构架。

中国怎样和我们周边国家，和我们贸易关联度最大的国家，跟我们经济往来最密切的国家建立这种开放、包容、均衡、普惠的关系，这对中国来说是非常重要的。中国这些年已经谈成了八个自由贸易区的协定，涉及 20 个国家，现在正在谈的是六个自由贸易协定，涉及 21 个国家。随着我们和 40 多个国家签订了这种自由贸易区的协议，未来我们是要建立一个自由贸易区的网络体系。2014年，习主席组织中央政治局常委学习构建自由贸易区网络体系。我觉得最容易构建的就是我们的"一带一路"沿线的国家和地区。现在"一带一路"沿线这些国家和地区对中国提出的"一带一路"也是积极响应的，我们提出来的65个国家，现在其实已经有60个国家和地区包括国际组织响应。也就是说，这些沿线的国家确实是有共同的意愿。

　　总体上来讲，"一带一路"对于中国来说，对世界来说，都是一个巨大的变量，也是一个潜在的变量。如果说世界现代史上最大的事是什么？我认为就是中国在世界上的觉醒和崛起，就是中国用和平的方式，用友好的方式，用对人类负责任的方式，用更多的国家和地区共同寻找发展空间的方式来再造新的规则、新的格局。

（中国国际交流促进会秘书长）

"一带一路"国际合作的
政府管理新思维

乔 然

有关"一路一带"这个话题，在国际上已经讨论了很长时间，我作为中国"一路一带"总体规划的副组长，我们总结了这样的一句话，请大家共同讨论一下，什么叫丝绸之路？就是"散硝烟以响驼铃，息战事以兴商贸"。中国散掉了战争的硝烟，响起了驼铃的声音，就是说我们不打仗，特别是郑和下西洋的时候，带着上千名的团队，没有一个士兵，全都是技术、种子，进行这样的交流，所以这就是中国和平发展的历史见证，所以中国威胁论是不存在的，我们不打仗，我们没有威胁。

现在有关丝绸之路合作的思维方式问题，是一个要讨论的大问题，请大家看，我不是说要宣传中国的传统文化，前两天在巴黎开世界气候大会，吵得一塌糊涂，有可能又会卡在一个瓶颈上，很多国家说你减排，起码要经费，最少是一千个亿，现在能拿出的就是50个亿，存在巨大的资金缺口，达不成共同的意见。

我觉得有一句话要调整一下，叫核心利益，很多国家都在强调自己的核心利益，核心利益是什么？就是这个，中间的圆点，就是利益点，如果都站在自己的核心利益上，是根本谈不成的，永远地吵下去。世界气候大会开了这么多年，有什么结果？所以强调的就是核心利益，我们现在建议世界上的共同管理，特别是政府要调整一下思路，调整什么？调整成这个，请大家看这个，这叫什么？共同利益，大家平常讲儒学，中国的传统文化，儒学最齐心的是仁，大家并没有懂什么是儒学？什么叫仁，就是处理好两个人以上的关系，不同的国家，不同的民族，只要是人，就应该仁者爱人，互相平等地处理问题，不能只强调核心利益，如果只强调核心利益就永远对接不了。现在要从核心利益调整到共同利益，大家看这个，两个点对点是很难融合的，这个图是多中心的，中间一条曲线，融合的可能性就比点对点大得多了。现在大家讨论政府管理的时候，最好少讲政府层面的，形而下的事情，多讲形而上的事情，上升到哲学层面，讨论大道之行的问题。

中国的传统文化讲什么？中国传统文化的核心很简单，其中一条就是义利合一，义就是道义，利就是利益，企业和国家没有不讲利益的，但是你的义在哪儿？没有人讲了，中国文化讲的是义利合一，义在前面，不管是企业还是国家，你取得了利益是向人类和社会，在取得利益的时候必须向国家和社会反哺，不然就是掠夺。

政府应该调整思维，少谈点核心利益，多谈点道义上的事，这样问题才可能解决。我搞了半辈子外交，所有国家都在谈核心利益，但到最后只有战争的可能，核心利益实在谈不拢的时候就是战争。政府应该多多倡导义利合一，这不光是中国人要强调的一个传统文化，应该是人类社会文明要遵守的一个共同准则。如果大家都强调共同利益，这个地球会好一些，现在太乱了。

（清华大学）

打造责任共同体：全球治理体系转型与重构的战略路径

唐皇凤

刚刚听了乔老师的话题，我觉得讨论全球治理问题还是一个极富政治性的问题，"共同体话语"这几年在我国主流话语当中非常时髦，一方面是新的领导集体要展现新的治理理念，但是我个人觉得，背后有很深厚的学理方面的内涵，我力图揭示一点。

第一，汇报的是我的问题是怎么来的。第二，构建共同体秩序是全球治理体系转型的愿景目标。第三，利益安全与命运共同体是全球治理体系的本质属性。第四，权利本位和责任本位，全球治理体系转型的基本战略路径。

从康德到基辛格都非常强调秩序问题，尤其是国际秩序，是人类社会学要解决的问题，承接国际体系是这个时代对全球政治家才能的挑战。在当前的全球治理体系当中，如何让各个国家，在一共同的体系内尽自己应尽的义务，又遵守公共的全球治理规则，同时又充当一个负责任的利益攸关者，这是我们在考虑秩序建设的时候思考的最为关键的问题，问题主要是三个层面，一个是国际治理格局的深刻变化，二是当下全球治理机制面临着严峻挑战，第三是如何在日趋多极化与碎片化的全球治理体系当中承接秩序。

国际政治经济格局的深刻变化，我把它概括为四个方面：一是美国实力的相对衰落。二是新兴大国的全面崛起。三是经济全球化与区域经济一体化的相生相克，我们考虑人类政治问题或者秩序建设的问题的时候，人类面临很多历史性的悖论，比如在全球化与区域经济一体化当中，体现得很明显。四是当前的世界政治格局面临地缘政治竞争是空前残酷的。

全球治理机制面临的严峻挑战我总结了四个方面，一是全球治理难题的出现挑战民族国家为主体的全球治理体系，也由于刚才乔老师讲的，国家的核心利益和人类的共同利益是有矛盾的。二是后金融危机时代，传统的全球治理机制失效，也就是世界银行、国家货币基金组织，甚至 WTO，在后金融危机时代已经上升到了全球治理的合法性。三是缺乏一个使大国能在重大问题进行磋商与合作的有效机制，比如很多论坛是有名无实的。四是全球治理机制缺乏合理性与协调性，民主性的规制不足。

日益碎片化的全球治理体系有三个方面：一是治理主体的多层化与多样化；二是民族—国家建设利益分化与价值冲突；三是国际规制主导权的争夺空前激烈。这三个因素更使得全球治理体系高度多极化和碎片化。

这是具体的表现：一是各个民族国家在全球治理体系当中的地位是不平等的；二是国际政治体系是基于各种迥异的世界秩序观，要调和不同的国家利益观；三是主权国家、全球公民社会和国际组织各有自己不同的利益和价值，很难在重大全球问题上达成共识。世界是混乱无序，同时在各国之间都是史无前例的相互依存，这就使得全球治理面临的秩序危机空前严重。

我们要思考一个问题，到底是按照现有的权利构建秩序，还是从责任构建秩序，我们到底是要追求自身的特殊利益和权力政治还是培育共同的治理原则与可以普遍认可的价值观。整体而言，如果我们承认多极世界是一种客观的存在，那我们就要避免对绝对价值做出评判，采取务实的态度接受多元的世界，寻求通过多样性和部分包容性克制生成的世界秩序。

构建共同体秩序到底是什么意思？首先我觉得全球治理转型重构的核心是发展与秩序问题，而个人治理与主体之间的关系不顺，是阻碍全球治理体系现代化进程的障碍，具体就是民族与国家之间的关系是适合的，全球公民社会、国际组织、民族国家之间的关系是持续的，因此在推进全球治理体系现代化中，关键是要理顺关系，在我看来权利关系是核心，利益关系是根本，责任关系是灵魂。

共同体秩序的构成要素，一是共同利益，二是共同价值观，三是归属与认同感，四是需要共同的命运。

这是国际社会与全球共同体的比较，代表了共同体秩序的核心要素，比较关注人类共同的利益，强调治理的基本单位是跨国的行为体，同时在内部关系里面也有一些基本要素。

共同体秩序成长有一些前提条件：一是全球相互依赖程度的不断加深。二是全球化的负面效应不断彰显，都要求我们建立一个共同体秩序，而不是过去的以权利为主体的秩序。三是全球公民社会发育成熟，为共同体秩序的成长提供了坚实的社会基础。四是科技革命的持续深入，为共同体秩序的成长提供了物质条件。因此，共同体在今天的流行，应该是人们对于全球化时代日益加剧的差距和归属感的危机的一种回应。可能到目前为止不存在严格意义上的共同体，但是共同体作为一种全球治理模式，意味着我们依然可以以共同体的旗号或者名义，来增进社会的凝聚力。所以在共同体内部，我们可以对全球某种责任的态度，能够在有利益纠纷的时候，以共同体的利益作为出发点。

全球化使得我们的命运与利益交融，休戚相关。同时，长期以来我们传统的全球治理按照利益、霸权军事维持的全球治理体系有很大的问题，我们要遵循国际正义，遵循道义。因此，经济全球化使得我们成为一个利益共同体，全球治理难题的出现，使得我们成为一个命运共同体。整体共同体秩序是一种共生性的秩序，就包括我们要打造四个共同体，但是核心不是基于利益，而是基于分享的信念与价值观。

从权利本位到责任本位的思考，权利本位的国际秩序有内在的缺陷，就是以利益和权利为本位的缺陷，一是会强化利益冲突与价值分歧，加剧国际社会的无政府状态。二是权利本位的国际秩序面临内生性的归整能力比较低的问题，经常面临治理机制的失效，在我看来更重要的是第四和第五个方面，也就是权利本位缺乏方向感和正向性，同时也缺乏公平公正性、包容性和可持续性。正是因为权利本位的国际秩序存在内在的缺陷，我们在需求超越之路的时候，就找到了以责任本位的共同体秩序。首先在全球层次我们有一些责任机制，但是它们是断裂的，不连续的，因此在设计全球治理制度的时候需要把责任感纳入规则制度与规则实施的机制当中，扩大与负责任的利益相关者之间的沟通与合作的机制，推动责任规范在更多利益相关者之间形成的规范，进而构成一个基于全球治理一体的责任共同体。

构建责任共同体有一些基本原则，比如权责对等原则，共同责任原则，矫正正义原则，合作共赢原则等。

构建责任共同体主要体现在四个方面：一是培育治理主体的共同目标、共同利益、共同意志。二是建立自上而下彼此分工、充分监督、可控的行动机制。三是走向基于责任的全球治理制度和政策体系。四是平衡国家、国际组织、全球公民社会和个人之间的责任关系。

我简单地讲一下第三点，基于责任的全球治理制度和政策体系有一些什么具体的举措？一是要确定公正的信息权利，提高主体承担责任的能力；二是引入回应监督机制；三是创建更具合法性、有效性、可问责性的全球治理机制。

人类社会的任何制度都是暂时的，可能衰落，可能消亡，但是利益相关者对某一议题的责任意识却能长存于心。责任共同体具有共同体治理的特征，是未来可能形成的一种新的全球治理模式，它将与国际制度一起，共同维持全球性问题的长期治理效果。因此，21 世纪可能是一个伦理的世纪，但人类的理解能力和现有的制度框架能否引导我们建设这样的一个基于责任本位的共同体秩序，我们还需要每个个体基于"人类公民"的身份和国际政治行为体，以及对历史和未来负责的使命担当，来给予切实的践行。谢谢大家！

（武汉大学）

中东地区与全球经济治理：
"地区化"全球治理

喻　珍

　　非常高兴有机会参加这次会议，不管是在中东研究还是在全球治理，我都只是一个刚开始的学术学徒，不是专家，所以实际上大家可以从我的论文和阐述当中发现很多不足，请各位批评指正。

　　我今天的阐述是从四个部分开始，大家可以看到，提出问题之后，世界上有一个关于联合国和美国在中东地区的治理，以及欧盟和海合会的全球治理当中的相关活动，最后是结论和展望。

　　在我们讲中东地区的时候，需要做一个必要的界定，因为不同的国际组织，不同的学者指的中东是一个包含了不同国家的地理，或者说地缘政治范畴，我采用的是世界银行的标准。包括了西亚、北非等20多个国家，再加上西岸和加沙，也就是大家理解当中的巴勒斯坦。这是一张更为简单明了的地图，有一些国家因为国土面积过小，没有在这个地图上。

　　接下来进入问题，第一个非常正式的问题，亟待治理的中东和现在谈中东和全球治理是否太早？这是从两个方面阐述的，第一是中东地区的现状，大家可以看到这一地区的经济、社会危机；中东剧变；难民危机和"冲突缠身"等各个因素的集合体，这是惨淡的现状。另一方面，整个国际社会对于中东的印象可能偏负面，尤其是在全球治理方面，可能认为中东整个地区的全球化程度过低，另外一个非常重要的因素是这一地区内外的权力的极度不平衡，制约了这一地区内国家发挥自己的治理能力。

接下来是一张很有意思的图表，大家可以看到，这张图表（略）当中涉及中东地区的六场战争，从1882年的英国和埃及之间的战争，一直到2003年的伊拉克战争，这是六场由地区外大国发动的中东战争，实际上和我们传统认知有所差异的是，这六场战争当中，大国能够称为取得胜利是到1991年的海湾战争为止。接下来是另外一张关于国际恐怖主义的分布图表（略），大家可以看到在2000年之前，中东地区的恐怖主义活动数量少于拉丁美洲，甚至少于西欧。

提出了这些疑问后我得出的一个结论就是，研究全球治理当中的中东地区问题，有非常明确的必要性和紧迫性。紧迫性非常明确，因为现在整个地区局势处在临界点，对这个地区的危机治理也处于一个临界点。在两个危险临界点的同时，加上全球化背景和所谓的"蜂窝效应"，蜂窝效应就有一个非常简单的解释，如果说在住宅门口有一个蜂窝存在的时候，人和蜜蜂是相对危险的，但是蜂窝一旦受损，这个住宅的居民和蜜蜂都可能会遭遇威胁。必要性，首先因为中东在全球的地缘政治当中和它在全球能源经济当中非常重要的地位。另外一个必要是因为现在的中东地区研究和国际学之间的割裂，欧美的中东研究划在人文学科，我国的中东研究明确地划定在国际关系学中。另外一个割裂是重要的中东研究学者和研究国际关系学者，对于中东的研究态度持截然不同的乐观或消极态度，还有更多原因是超出了我现在的解释范围之外，所以用省略号代表。

接下来进入论题正文，联合国和美国在中东地区的治理。我认为讨论中东地区在全球治理中，存在四个非常重要的时间节点，第一个是1918年，奥斯曼土耳其作为中东地区的主导大国，在第一次世界大战当中作为战败国，开始了被西方列强肢解的时间节点。第二是20世纪30年代中东被纳入英国殖民全球化。第三是1948年联合国开始管理巴勒斯坦问题。第四是2003年伊拉克战争之后，这场对美国而言的军事胜利，但带来了很多后续难以支付的政治、军事成本的战争，使得地区外大国对于武装介入中东问题有了更多的顾虑，可以作为地区外大国武力干涉中东问题的转折点。

接下来是对于之前内容简单的再解释，实际上关于联合国的中东地区治理，这样的一个议题甚至可以写成学术专著，我用这样的简短篇幅来说，在很多关键问题上是存在偏颇的。1948 年，联合国安理会通过了巴勒斯坦地区分治的决议，这个决议的直接后果就是引发了当年的巴以战争。巴以战争爆发之后，联合国成立了第一支维和部队，就是停战督战组织。现在联合国正在执行任务的 16 个维和特派团和 1 个阿富汗政治特派团中，有 3 个就在中东，分别监督以色列与巴勒斯坦、以色列和黎巴嫩的关系。

大家可以看到，这张图中包括了联合国在中东地区的治理网络。其中，联合国大会下属的主要包括近东救助工程处等，经济与社会理事会里有一个专门的西亚经社会，此外，还包括联合国安全理事会和秘书处下属的一些专门部门。

接下来是关于 1945 年之后美国在中东的治理部分。美国在中东地区的影响力是与其经济实力、国际政治影响力等多重相互交织的因素相关的，我们这里只讨论军事实力，而且只谈军事实力的两个部分，分别是美国在中东地区的驻军，和美国在这一地区有选择地向其盟友出售武器。美国在海湾地区的 10 个国家都有驻军，但这张美国驻军图中也标注了一些南亚国家和中亚国家，之所以标注在这张地图当中，是因为这些驻军同样影响了中东的安全形势。而且，美国的驻军目标有一个非常明确的指向，就是伊朗，伊朗实际上是被紧密地包围在美国的军事驻军范围之内。

接下来是常规武器的出售，大家可以看到，伊朗对新武器的采购远远低于沙特和阿联酋。1997—2007 年间，美国的海合会盟友在国家安全上的花费是伊朗的 7 倍多，其中与美国签订的新武器进口订单达 890 亿美元，是海湾战争结束时的 16 倍多。这些军售已经极大地改变了这一地区的军事力量对比。

第三部分，全球治理当中欧盟和海合会的内容。这里有一个非常明确的前提，就是不管在世界治理的任何一个维度，欧盟和海合会的差距非常远，但把研究视野单放在中东的范畴内，这两个组织都愿意采用经济和特别行动计划弥补经济上的不足，例如欧盟于

1995 年和 12 个地中海沿岸国家签订了《巴塞罗那宣言》，真实建立了欧盟—地中海伙伴计划。而海合会，尤其是其中的科威特、卡塔尔、沙特和阿联酋利用其巨额的石油财富，在整个中东地区乃至世界上其他地区展开了令人瞩目的国际援助。

最后一个简单的结论，这不是我个人的想法，是很多学界前辈的观点，认为有必要继续完成，有可能需要"补上"全球治理拼图当中的中东板块，实际上这一地区的国家也希望发挥它们的积极作用，最后谢谢各位！

"一带一路"中的俄罗斯：俄罗斯同胞治理政策分析（2000—2008）

陈欢云

这个题目改动了，俄罗斯是"一带一路"中的重要国家，所以我把题目修饰了一下，叫"'一带一路'中的俄罗斯"。主要讲的是俄罗斯的同胞治理政策，对于俄罗斯同胞问题，我们可能不是特别熟悉，但有一个事情大家比较清楚，就是 2014 年的克里米亚事件和乌克兰东部冲突，有一部分原因就是俄罗斯人引起的。

苏联解体后，一部分苏联人突然间成了另外一个国家的人，他们面临的问题是什么？是他们的社会地位低下，语言被取消。这些问题很迫切，他们的地位非常低，语言被取消，俄罗斯作为一个大国，它非常关注这些问题，所以这也促成了我的这篇论文，就是"俄罗斯同胞治理政策分析"。2000 年到 2008 年是普京的前两个任期。

首先同胞这个名词是 20 世纪初才出现的，指的是两个概念：一是苏联解体后瞬间被抛弃在除俄罗斯之外的俄罗斯人，他们从来没有想过要离开俄罗斯，但是事实上他们现在离开了祖国。二是俄罗斯历史上有几次移民潮的时候移民出去的人，这就是他们指的同胞。

他们有一个《国际法》，将同胞定义为三个范畴，一个是居住在俄罗斯境外的俄罗斯公民，不取决于其领事登记；二是苏联公民，没有指明民族或仅仅指那些 1991 年以前居住在俄罗斯联邦的人；三是俄罗斯或苏联移民的后代。现在在俄罗斯境外生活的同胞至少有300万，这是一群由于政治动荡、战争和冲突的原因而留在祖国之外，认为自己的命运与俄罗斯的命运紧密相连的人。同胞不取决于国籍，同胞是俄罗斯文化的载体，俄语被他们视为母语。

苏联解体以后，原苏联地区奉行民族主义政策，推广自己的语言，推动本民族人上领导岗位，俄族人处境艰难。尤其是拉脱维亚和爱沙尼亚对俄族人采取歧视政策，许多俄族人成为无国籍者。俄语在原苏联的一些国家地位大大下降，甚至受到排挤。俄罗斯成立之初，对同胞问题没有做出积极的反应。"在1994年第一届国家杜马工作期间首次提出同胞问题，但那时没有专门的机构负责同胞问题，也没有拨款。"

普京总统非常重视同胞问题。他将同胞问题定位为俄罗斯对外政策的重要方向。2001年普京在俄罗斯联邦外交部的讲话中坦白指出："我们显然对保护我们同胞聚集的地方，对保护俄罗斯文化和俄罗斯语言方面做得不够。那些在一瞬间脱离了自己祖国的成千上万的人们没有任何过错。"在2002年的讲话中又指出，"有一个迫切的问题今天是必须要讲的，就是我国侨居国外的同胞的问题。此事关系到这些人的命运，关系到他们具体的生活问题。这里绝对不能采用形式主义和官僚主义的冷漠态度。""我们要在法律、教育和事业方面帮助同胞。"

在普京总统前两个任期（2000—2008）内举行了两次世界俄罗斯同胞大会。第一届世界同胞大会于2001年在莫斯科举行。普京首次非常详细地阐明了同胞问题。"同胞不属于法律范畴，也不具有地位或者某种优越条件。这首先是个人的选择，是自我决定的问题，更准确地说是宗教上的自我定位。"并将同胞问题定位为国内政治和对外政策的最重要的方向。2006年10月2日在圣彼得堡举行的第二届世界境外俄罗斯同胞会议上，普京发言强调支持俄罗斯境外同胞的路线。"普京特别强调，与离散族群互动，支持和保护同胞的权利是俄罗斯的一项国家优先任务。"

在机制上俄罗斯组建境外同胞事务政府委员会，2002年开始由外交部长领导工作。联邦预算向该委员会拨款。2003 年拨款 2.1 亿卢布，2004 年增加 20%，2006 年拨款 3.23 亿卢布，2007 年为 3.42 亿卢布。境外同胞事务政府委员会下设专家委员会。俄罗斯外交部设置境外同胞工作司。根据 2006 年世界俄罗斯境外同胞大会的决定组建了俄罗斯同胞协调委员会，并已运行工作。

在法律上，2001 年俄罗斯总统通过了《俄罗斯联邦支持同胞政策的构想》。2006 年通过了三个基本文件，分别为《境外同胞工作纲要（2006—2008）》《俄语联邦目标计划（2006—2010）》《国家协助境外同胞向俄罗斯联邦自愿移民纲要》。

俄联邦同胞政策的实施主要表现在五个方面：一是在境外保存俄语空间，巩固俄语地位；二是保存俄罗斯文化保护同胞的权利和利益；三是接纳同胞移民，做联邦各主体的工作；四是吸纳移民在精神上加强与境外同胞的联系；五是让同胞成为所在国与俄罗斯的桥梁。

在第一方面，是境外保存俄语空间，巩固俄语地位，保存俄罗斯文化。针对部分独联体国家和波罗的海国家排解俄罗斯同胞，独联体国家波罗的海国家的俄语学校减少，明显地歧视俄语，俄罗斯境外的同胞的教育和文化权利，保存了俄语和俄罗斯文化在世界上的地位和影响力。

在 2006—2010 年的俄语联邦计划中推动了俄语在国外的地位，俄罗斯的任务主要是保存俄语空间，俄罗斯向同胞提供了俄语方面的援助，提供俄语书籍、俄语影像作品，支持俄语学校培训教师。这是一些具体的例子。

它的长期利益是要在独联体框架内，形成统一的教育空间，在独联体国家组建斯拉夫大学、创建俄罗斯主要大学的分支机构和其他与俄罗斯相关的教育机构、创建斯拉夫大学。在吉尔吉斯斯坦、塔吉克斯坦和亚美尼亚创建了吉—俄斯拉夫大学、俄—塔斯拉夫大学、俄—亚斯拉夫大学。

在信息方面，俄罗斯为同胞创建了一些地区性的杂志。如针对波罗的海国家创办杂志《波罗的海世界》，针对中亚创办《多样性中的统一》，针对国外创办《圈子更宽》杂志。这样在独联体成员国中形成统一的信息空间、保存境外俄罗斯同胞的民族文化独特性，加深其作为一个俄罗斯人的自我认同。

他们在保护民族的权利和利益方面，最大的问题就是同胞在原苏联空间的地位问题。刚才我们已经说到了，某些邻国歧视俄罗斯同胞，这一问题在拉脱维亚和爱沙尼亚最严重。在拉脱维亚有50万、爱沙尼亚有20万俄罗斯和俄语居民没有国籍。拉脱维亚通过了教育法，在俄语学校用俄语教学不能超过教学时间的40%，并且逮捕二战老战士、前克格勃工作人员。

爱沙尼亚甚至拆除二战解放战士纪念碑。支持俄罗斯的境外同胞，这成为俄罗斯对外联系体系的直接责任和道德义务。俄罗斯政府提出法律援助同胞。

俄罗斯通过双边外交和多边外交的层面捍卫俄语居民的权利。一是继续与爱沙尼亚和拉脱维亚领导交涉，让这些国家尊重和遵守俄罗斯同胞的权利，二是将歧视同胞的问题提交给欧盟、欧安组织甚至联合国安理会讨论。

普京一直关注拉脱维亚政府审判原苏联游击队员、反法西斯战士科诺诺夫这一事件，他在2003年1月4日贺电祝贺科诺诺夫80岁寿辰。普京表示："您对拉脱维亚侵犯人权、试图改写历史进行了忘我的斗争。这在俄罗斯社会赢得了衷心拥护。"曾在2000年2月，时任代总统的普京呼吁拉脱维亚领导重新考虑苛刻和不公正的判决。2004年10月，拉脱维亚审判了科诺诺夫之后，科诺诺夫的律师向欧洲人权法庭递交申述，俄罗斯方面继续向二战老战士提供必要的帮助。对于爱沙尼亚拆除二战战士纪念碑一事，俄罗斯境外同胞组织倡议为加宁修建纪念碑。加宁在2007年反对塔林拆除二战解放战士纪念碑时的群众发言时牺牲。俄罗斯外交部明确表示，"特别注意保护同胞的法律权利，尤其是在后苏联空间，向所需要的人提供援助。"

接纳同胞移民，做联邦各主体的工作，吸纳移民。2006年6月通过的《国家协助境外同胞向俄罗斯联邦自愿移民纲要》，12个俄罗斯地区接受了同胞移民。俄罗斯同胞是其所居住国的公民，其精神上与俄罗斯、俄罗斯文化相连，同胞希望能返回俄罗斯，"我们不能力求给同胞特别的优惠，但是我们坚决地认为，能为他们提供所有公民权利、社会经济权利、文化权利和其他权利和自由"。

第三是在精神上，加强与境外同胞的联系，俄罗斯将境外同胞看成为具有统一精神价值观、历史和文化的伙伴。强调两者的文化同源；促进同胞与历史祖国之间的联系，形成"俄罗斯人世界"。

俄罗斯东正教会在形成"俄罗斯人世界"中起着重要的作用。"教会在团结离散族群发展其精神、文化和社会生活中起到了伟大的作用。"

最后一点，让俄罗斯同胞成为所在国与俄罗斯的桥梁。这是一群知道所在国和俄罗斯的心态的人群，他们在许多事情上能充当中介的作用。俄罗斯需要与俄罗斯同一文化、说同一语言、尊重俄罗斯的人。俄罗斯人作为一种地缘政治和文化力量留在邻国是必要的。如乌克兰，反对北约东扩的声音主要来自于克里米亚等俄罗斯人比例较高的地区。经济上，同胞因素在境外俄罗斯生意中发挥了一定的作用。在亚美尼亚、格鲁吉亚、阿塞拜疆、摩尔多瓦、塔吉克斯坦和吉尔吉斯斯坦的俄资中小企业都得到了同胞的支持。2007年 11 月 26—27 日在莫斯科举办"同胞与商业世界"国际会议，使俄罗斯同胞成为所在国的桥梁。

做的东西有一点细琐，但是从这些方面可以发现俄罗斯真的是一个大国，当它的同胞无意中流荡在国外被别人欺负的时候，俄罗斯还是支持他的。

这就是我在做这个论文时的一些体会，我的发言完毕，谢谢大家！

（华中科技大学）

第四分论坛

全球环境与资源治理

全球治理视野下的能源与环境

李隆兴

尊敬的各位嘉宾，大家下午好！我的发言题目是"能源发展与环境"，今天听到各位嘉宾精彩的发言感触很深，收益良多，下面我就世界未来能源发展与环境谈点看法，有不当之处请大家指正。

受经济发展和人口增长的影响，世界一次能源消费量不断地增加，近两年增速放缓，世界能源长期传统的格局将发生改变，北美非常规能源的裁量持续快速增长，到 2020 年，北美将实现能源自给，世界能源需求的重心将向新兴经济体转移，这将对亚洲地区的能源局势产生重要的影响。2020 年以后，中国能源需求增长将会放缓，印度成为亚洲地区新的能源需求增长动力，2035 年东南亚地区的能源需求将翻倍，这些都将大大影响到亚太地区及大西洋沿岸的能源格局变化，与此同时，在能源充裕的非洲，人均能耗将低于世界平均水平的三分之一，欧洲长期以来注重能效提高和结构调整，南美丰富的能源资源对保证该地区能源安全起了重要的作用。由于能源开发利用量的直线上升，就目前开发利用产生的环境问题十分严峻，能源产业链有四个环节，第一是能源的获取，第二是能源的收备，第三是能源的储存，第四是能源的终端利用，每一个环节技术不到位，都将会对环境产生重大的影响。现在的雾霾，说实在的，与现在大量的用煤有直接的关系，所以减少碳排放是我们义不容辞的责任。

能源开发利用造成的温室气体效应加强的趋势将依然保持全球碳排放量上升 20%，温度比工业革命前上升 2.5℃。减少排放，优化能源结构，重点是控制煤炭在能源消耗中的总占比，中国五年规划中明确要求减少煤炭消费，预计到 2035 年中国煤炭消费将减至 2011 年的 68%，减少为 32%，这是对碳减排的重大贡献，下一个五年，我们国家将会重点发展核电。我从 2011 年开始做核电发展的咨询，所以我对核电是特别的关心，我讲一个数字，输入大连红岩河核电站，六个堆发的电相当于 22 列到 25 列火车的煤发的电。原来生产火车煤的人要下岗，火车站要关门，怎么办？所以利益结构得调整，这是非常重要的一件事情。技术是很重要的，技术的发展必须在利益结构上算好账，如果没有算好账就会有很多的麻烦。最近我也在做三门核电发展的咨询，所有发达国家的核电占比都在 16%，法国核电占比 80%，所以核电的安全问题，现在三代核电在目前没有任何问题，但是核废料仍然是需要我们特别关心的问题。巴基斯坦的五个核电堆都是我们建的，我们也在英国投了 550 亿英镑做核电。

为应对气候变化，减少碳排放，特别是新能源的品类不断增加，依然是能源发展中的亮点。2014 年中国新增光伏发电建设规模 1400 多万千瓦，这个数字在十年前是不敢想的，未来十到十五年全球将新建 80 多个核电项目，未来世界能源消费将向高效、清洁、市场化发展。核电的安全问题，水能的环境问题，风能生态问题，等等，大家可能认为风能是洁净的能源，我专门做了一个调研，草原上有一台风电机，声音很大，羊要距离这个机器 200 米远，草也会长得不如原来好。大家也认为小水电好，可是他们现在是怎么做的？梯级发电，前面建一个站，流出的水用管子在下面又建一个站，这一段河就没有了，这个事情是很可怕的。我一直主张风自动，水自流，不要堵。

2003 年秋，世界能源理事会在韩国召开的《保证明天的能源》为主题的世界第 22 届世界能源发表的报告中，倡导政策制定者和业界领导人，面对那些争论要做到求实，从而为能源可持续发展定下路线图。年轻的一代要给后人留更多的后路，世界能源理事会一直倡导人们充分利用当地的能源，提高人们的生活品质，保证生态安全，走可持续发展道路。谢谢大家！

（世界能源理事会中国国家委员会）

人类命运共同体视域中的全球环境治理：制度创新与中国贡献

王宏斌

今天听了半天的会体会很深，我非常赞成老师们讲的观点，尤其是刚才李老师谈到的风电和水电。我最近和新能源公司有一些合作，和他们理事长谈了这些问题，他们就做风电和小水电，面临的就是转型的问题。

借这个机会简单说一下，我的题目不是"一带一路"的有关话题，我们学校是我国唯一以铁道命名的大学，我们学校的毕业生，按李老师的话来讲，"一带一路"要求高铁项目走出去，我们的学生就奋战在高铁第一线，作为老师没有想到这里面有很大的风险。我们在谈"一带一路"和全球治理的时候，要考虑到风险，"一带一路"和全球治理跟我们学校、学生是紧密联系在一起的。

今天时间有限，我就把我的观点和各位老师分享一下，我的题目是"人类命运共同体视域中的全球环境治理：制度创新与中国贡献"，是紧贴会议主题的题目。我认为，长期以来，出于发达国家对世界经济、政治秩序的主导，以及霸权主义、南北分歧的困扰，全球环境治理体系缺乏公认的权威机构，缺乏行之有效的国家间的合作，国家间的环境博弈倾向零和，环境殖民主义屡见不鲜。中国倡导互利共赢、共同发展为核心的新型国际关系，打造人类命运共同体的全新理念以及不懈的努力，对于在全球环境领域确立强有力的治理权威，推动以合作、平等、包容为理念的新型全球环境治理体系的构建意义重大而深远。

　　具体来说，论文从三个方面介绍：第一，目前全球环境治理体系存在的问题；第二，从人类命运共同体思想和全球环境治理的理念创新和中国的贡献谈几点体会；第三，从理念创新到制度创新，新型全球环境治理体系的构建，谈自己的看法。

　　第一，从目前来看，全球环境治理体系有这么几个问题。一是治理权威的缺乏。在全球环境领域联合国及其规划署等专门机构，发挥了不可替代的重要作用。从人类历史上的三次人类与环境大会看，应该说整个人类，包括联合国都做了重大的贡献。最近召开的气候大会有超过 150 个国家的政府首脑和领导参会，体现了联合国在全球环境治理方面做的工作。不可否认的是，由于各国对联合国的赋权有限，在相当程度上联合国还受到某些大国的把控和制约，加上近年以来的信任危机和财政危机，联合国的相关决议对世界各国尤其是大国的约束性是相当有限的。

　　二是合作性的缺乏。有三个方面：（1）基于利己主义的选择性合作，我认为代表性的国家是美国，根据美国学者保罗·哈里斯的研究，认为美国的环境政策是着眼于防范其环境是否受到破坏，也就是说从单一意义上讲，成本效益分析是美国环境外交政策的基本模式，如果从更广的角度看，美国国家环境的目标是维护主权和重新获得单边行动的能力，对这个观点我是赞同的。（2）基于道德主义的逼迫性合作，代表是欧盟国家。欧盟发展比较早，再加上近些年以来，国内的改良主义正在盛行，对国家的环境政策有很大的影响，表现出欧盟各国在制定对外环境政策，尤其是对待原来殖民地国家的环境政策时，会较多地考虑到道德影响和评价。同时对于像中国和印度这样的发展中国家，欧盟和日本也是拿着道德的大棒，站在道德的制高点上，推动所谓的全球治理，也意图要领导全球治理。从 2009 年哥本哈根气候变化来看，欧盟利用它们地主的优势，强行推行它们所谓的计划，最后由于中美的联合抵制而没有得到推行。所以道德主义的团结合作，在一定程度上具有逼迫性的特征。（3）无政府主义的一种消极性的合作。全球各国，尤其是发展中国家，还面临着艰巨的经济社会发展的压力，源于这种内生性的动力，在缺乏强有力约束和有效制约的国际社会中，无政府主义的发展主义、利己主义的狭隘民族主义，还是屡见不鲜的，一定程度上阻碍了真正意义上的有效合作。

三是互利共赢的缺乏。在竞争多于合作的国际社会中，由于国际地位、国家实力的不对等，造成国家间零和博弈成为常态，表现在发达国家通过产业转移、污染物转移所形成的环境殖民主义，"让他们吃下污染"的强权主义逻辑。"让他们吃下污染"这个词来自于世界银行首席经济学家萨拉斯，他在给一份发达国家的内部报告中宣称"让发展中国家吃下污染，以维持发达国家的优势地位"。同时，还表现在发达国家依据所谓的环境技术优势，向发展中国家输出环境技术的时候附加过多的不必要条件。

第二，人类命运共同体思想和全球环境理念的创新，来自中国的贡献。

这里面主要是两个跟习近平有关的谈话，一个是 2015 年 9 月 28 日习近平在第 70 届联合国大会上，发表了题为"携手构建合作共赢新伙伴，打造人类命运共同体"的重要讲话，谈到了互利共赢、共同发展是人类命运共同体这个理念的核心内容，同时这个内容也为全球环境治理走向公平、合作、包容的崭新时代，提供了强有力的理论支撑。第二个是来源于 10 月 30 日，习近平在巴黎气候大会上做了《公平合理气候变化治理机制》的讲话，他谈到巴黎协议不是终点而是起点，作为全球治理的一个重要领域，应对气候变化是全球努力的一面镜子，给我们思考和探索未来全球治理模式，推动建设人类命运共同体带来了宝贵的启示。综合这两个讲话体现出的精神，就是以互利共赢、共同发展为核心内容的人类命运共同体的新的理念，不仅是中国塑造新型国际关系提出的智慧，同时也为新型全球环境治理体系的构建，贡献了全新的思维方式和价值标准。

第三，在这个基础上，可以构建新型的全球环境治理体系。在以互利共赢、共同发展为核心理念的人类命运共同体理念指引下，坚持合作、公平、包容的原则，努力构建以联合国为中心、中美发挥建设性作用、多元参与的新型全球环境治理体系。首先，联合国的权威地位应该确立起来，各国应该让渡更多的主权给联合国，使其能够有更多的发言权和更高的地位。可以借鉴联合国常任理事国的模式，建立全球环境领域的常任委员会，但不采用五大国一致的原则，而是采用公平、合作、协商的模式，使其在治理体系中起到指导、整合、沟通和仲裁的核心作用。归根到底，还是要确立联合国的治理中心和权利地位。

其次，中美应该发挥建设性的作用。作为新型大国关系的构建者，中美关系的构建以及良性的发展，对于未来全球治理以及全球环境治理意义是重大的。中美作为全球环境领域重大的影响者，在未来全球环境治理领域中应该起到榜样的作用。

再次，全球环境领域的多元参与。这里面除了联合国和中美之外，还应鼓励包括国家、国际组织、非政治组织、跨国公司、有影响力的个人和广大公众在内的全球市民社会健康成长，实现全球环境领域的多元合作。三者共同努力，打造一个新型全球环境治理的体系。

这是我的主要观点，谢谢大家！

（石家庄铁道大学）

第五分论坛

理念创新助推全球治理

中国海洋周边秩序的区域治理和战略应对

王　建

　　各位老师，下午好！我的发言主要是从理念创新的角度谈谈对全球治理的认识。

　　习近平总书记在中央政治局学习时强调，全球治理体制变革离不开理念的引领。什么是理念？理念是理性化的观念，影响着行为体目标的确定、政策的选择及策略的制定，发挥着指示灯和路线图的作用。一个国家的外交和发展理念蕴含着一国对全球治理的认知倾向，引导着一个国家在全球治理过程中的政策选择，影响着全球治理的发展进程和未来走向。21世纪以来，中国外交和发展理念与时俱进，不断创新，发生了很大变化，主要归结为由"求同存异"演变为"聚同化异"，由"和而不同"转变为"共商、共建、共享"，由"睦邻、安邻、富邻"演化为"亲、诚、惠、容"，由"可持续发展"聚焦于"绿色发展"等，对全球治理进程有着深远影响。

　　第一个变化是针对国家之间的冲突与合作。1954年，周恩来在万隆会议上提出"求同存异"理念，主要是纠正一些亚非国家基于意识形态、国家制度而敌视中国的态度，这一理念得到各国认可。那时候还没有全球治理的概念，而解决国家间冲突和争端是全球治理最为重要的内容，"求同存异"因而成为处理国家间分歧与矛盾的基本准则。现在，这一理念有了新变化。2014年7月9日，习近平总书记在中美战略合作致辞中提出要相互尊重、聚同化异，构建新型大国关系。2015 年 7 月 15 日，习近平总书记在会见德国民众党副总理加布里尔时提出，两国应谋求从"求同存异"转向到"聚同化异"，聚利益、责任、挑战之同，化意识形态、政治制度、发展阶段之异。"聚"和"化"是带有动作性的词语，相对于原来的"求"和"存"更能展示出中国外交的主动性和积极性，推动中国在全球治理过程中积极参与，主动作为。

第二个变化是针对国际社会多样主体和共同发展问题。21 世纪以来，国际形势发生新变化，国际社会行为体主体多样化，非传统安全日益凸显，世界安宁稳定日益遭受挑战，于是我们提出"和而不同"理念。"和"是中国哲学最高范畴，可从几个层面进行理解。最根本层面是"和实生物"，表明世界存在和发展的基本规律；在价值观层面是"以和为贵"，即"和"是事物融合、矛盾化解的最终方式；而对待事物发展的根本态度则是"和而不同"，世界正是因为不一样才能成其为世界，两者是辩证关系，"不同"是"和"的前提，"和"是"不同"的必然要求。总的来说，"和而不同"理念有利于协调国家、社会、个人与自然之间的关系，实现综合发展和和谐发展。2014 年 6 月 5 日，习近平在中阿合作论坛讲话中提出"一带一路"建设应该坚持共商、共建、共享原则。2015 年 10 月 12 日，中央政治局就全球治理格局和全球治理体制进行集体学习时，习近平强调要弘扬共商共建共享的全球治理理念。共商是集各方智慧和创意，友好协商，有利于国际政治的民主公正；共建是聚各方潜能和优势，共同努力，有利于国际合作的发展效率；共享是成果惠及各方和各国人民，打造利益、责任和命运共同体。与"和而不同"的区别在于，"和而不同"讲的是不同事物之间相处融洽，最终实现融合；而"共商、共建、共享"除了相处融洽之外，还需要共同努力，通力合作，不是顺其自然的哲学沉思，而是付诸行动的现实实践，生动形象地展示出人们对和平、发展、公正、平等的孜孜追求。

第三个变化是针对中国周边区域治理问题。中国疆域海陆兼备，周边环境复杂，领土争端、海洋划界、岛礁归属等问题层出不穷。有些问题本是区域性问题，但是如果不加以管控，很可能转变成全球性问题（如中东问题），全球性问题必然要求全球治理，这样就使全球治理的任务更加繁重和艰巨。中国现代化发展需要和平稳定的周边环境，必须坚持周边区域治理。21 世纪以来，中国遵循"与邻为善，以邻为伴"的古训，坚持"睦邻、安邻、富邻"，开展睦邻友好外交。以近来南海紧张形势为例，中国与东盟签署《南海各方行为宣言》，磋商《南海行为准则》；提出"双轨"原则和"五个坚持"的解决思路；与美国积极沟通，倡导建设新型大国关系，管控海洋等。2013 年末，习近平在周边外交工作座谈会上提出中国周边外交要突出"亲、诚、惠、容"理念。"亲"就是亲近，重感情，常走动，多做得人心、暖人心的事；"诚"就是诚信，将心比心，以诚相待，真诚付出，赢得信任和支持；"惠"即互惠，讲情重义，先义后利，使周边国家在互惠中受益；"容"即包容，兼容并蓄，以开放的胸襟和自信的气魄开展对外交流合作，实现共同繁荣。中国周边外交理念从"睦邻、安邻、富邻"到"亲、诚、惠、容"表明，中国周边区域治理从原来的经济、军事领域向文化、感情领域拓展，由原来注重硬实力的交往到对软实力的追求，是更高层次上的对外交流活动。国之交在于民相亲，民相亲在于心相通，"亲、诚、惠、容"为区域治理乃至全球治理提供了新思想和新路径。

第四个变化是涉及全球生态环境问题。"可持续发展"是科学发展观的基本要求，基本内涵是能满足当代人的需要，又不对后代人满足其需要的能力构成危害的发展，旨在促进人与自然的和谐，实现经济发展和人口、资源、环境相协调。中国"十三五"规划则提出"绿色发展"新理念，2015 年 11 月 30 日，习近平在气候变化巴黎大会致辞中也提出，巴黎协议应该有利于实现公约目标，引领绿色发展。"绿色发展"是以实现经济、社会和环境的可持续发展为目标，将环境资源作为社会经济发展的内在要素，以经济活动过程和结果的"绿色化"、"生态化"作为主要内容和途径。"绿色发展"相较于"可持续发展"的新意在于"绿色发展"更加聚焦于生态环境，解决当下全球治理中最为关键的矛盾；将生态环境内化于发展方式之中，使生态环境观念渗透在经济社会发展的全过程；用解决现实矛盾的方式实现"可持续发展"要求的代际延续，使全球治理实践更加立足实际，易于操作，彰显效果。

中国的理念创新启示我们，全球治理既要立足现实，又要努力进取；既需要哲学思考，也需要付诸实践；既要注重经济利益，又要观照精神和文化；既要把握整体发展，又要关注重点领域。时代在发展，理念也要发展；发展无止境，创新也无止境，不断实现理念创新是推进全球治理的必由之路。理念创新着重要把握好以下几点：首先，坚持用辩证思维化解各种矛盾。世界是一分为二的，我们倡导的多样性、多元化，搞的多边机制，最终都可以化简为矛盾双方的对立统一。"冷战"思维只看到双方的斗争性而不见统一性，造成对抗和紧张。而辩证思维既看到斗争性又看到统一性，有利于我们处理好各种矛盾关系。在全球治理中，要处理好国家利益与全球利益，经济社会发展与全球分配公正，发展速度与全球环境承载程度等一系列关系。其次，汲取中国传统优秀文化的丰富滋养。中国如今已经走出"百年悲情"，以"自信"的姿态屹立于世界东方，其中博大精深的传统文化是塑造"自信"的深层来源。中华五千年文明，有着中华先祖对"大同"理想社会的美好憧憬，有着先哲对人类社会发展的深邃思考，有着劳动人民在长期实践中的智慧凝结，是我们迎接新挑战，解决新问题，培育新理念的思想资源，因此要使中华文化中积极的处世之道和治理理念同当今时代产生共鸣。再次，以开放心态强化对外交流沟通。人类各种优秀文明成果对于我们完善全球治理规则，提升全球治理效率，实现全球治理公正合理的目标是不可或缺的。"全球治理"的概念最初也是由西方学者提出，逐步引起国际社会的关注和重视，最终形成全球共同探讨的主题。全球治理是全人类的共同责任，各国应畅通交流渠道，加强思想碰撞，实现理念创新，将全球治理逐步推向深入、全面和常态化。

（安徽省中国特色社会主义理论体系研究中心）

全球能源治理中的中国使命与角色

刘友道

大家好，我是来自北京外国语大学的博士研究生，同时也是中国矿业大学（北京）文法学院的教师。我的题目是全球能源治理中的中国使命与角色。我主要从以下几个方面展开：第一部分主要讨论治理概念的界定和治理研究的演化，希望把全球能源治理放在一个宏大的理论背景之下；第二部分主要介绍全球能源治理体系框架，探讨全球能源治理现存的一些问题和机遇；第三部分主要讨论中国作为全球第二大经济体和最大的能源消耗国应该采取什么战略和措施，来更好地参与全球能源治理体系并在其中发挥应有作用，既体现中国的核心国家利益，又彰显中国的大国责任和形象。

一　治理概念和治理研究演化

治理（Governance）有一个希腊语词根 kybernan，最初的含义是"引导（pilot），指引（steer），或者引领（direct）"，后来被翻译成拉丁语 gubernare，后来演变成现代的英语 governance。

西方学术界于 12 世纪五六十年代开始出现关于"治理"的讨论，但是仅仅局限于高等教育治理和城市治理。70 年代末，奥利弗·威廉姆森发表学术论文"Transaction Cost Economics：The Governance of Contractual Relations"，扩大了治理研究的领域，这篇论文成为治理研究的转折点。90 年代一些欧美学者展开了国际治理研究，代表作有詹姆斯·罗西瑙主编的《没有政府的治理》和奥兰·扬撰写的《国际事务的治理》。

在界定治理概念时，罗西瑙首先指明治理与政府管理（government）之间的差异，他认为政府管理牵涉到正式权力，政府需要依照法律进行强制性的执行来推行其制定的政策；而治理通常是出于合法的非正式性的需要，通过非政府性的机制，由多数人参与并以各方普遍接受的方式，来实现各自愿望、满足各方需要的规则体系。因此，治理承担了政府职能部门没有触及或者遗漏掉的部分职能。但是，需要指出的是，有效的治理不能忽视政府所发挥的作用。

而奥兰·扬从另一个方面阐述了治理的概念，治理是一种新型的社会实践活动，它们通过专注于具体问题、不需要中心化的政治组织去对它们进行组织或者管理的体制、规则或者关系，来解决互不关联或者性质截然不同的问题。

二　全球能源治理体系和问题

基于以上理论背景，全球能源治理可以定义为国际社会为了管理和协调能源资源，保障国际能源供给，维护各国能源安全，避免国际能源领域出现集体行动问题，防止能源问题的外部性，走可持续发展之路所采取的合作行为。有几种理论可以解释全球能源治理体系的创建和发展，这些理论有："公地悲剧"理论、"囚徒困境"理论、"集体行动"理论。此外，我认为市场无效率理论也可以部分解释全球能源治理体系存在的必要性。如果国际能源市场完全按照自己的逻辑运行必然会出现市场无效率的情况，它就需要政府和非政府组织共同协作，影响市场运行，维护市场秩序。

现在的能源治理框架呈现出"多元化、多层次、分散化、碎片化"等特征。现行的全球能源治理体系框架大致有五个层次：

第一层次由能源治理国际组织构成，它们有：联合国相关机构、二十国集团、国际能源署、石油输出国组织、国际可再生能源署、经合组织等。

第二层次是多边贸易组织框架下的能源治理体制，它们有：欧盟、北美自由贸易区、亚太经合组织、金砖国家组织，包括亚洲发展银行和亚洲基础设施投资银行等在内的多边开发银行。

第三层次是国家层面的治理体制，可以简单分为：能源消费国和能源净进口国，能源生产国和能源净出口国，能源中转运输国等。

第四层次由能源治理理念和实践的国际公民组织构成，包括：达标环保诉求的公共利益集团、研究能源问题的非营利性智库和大学。

第五层次主要涉及能源公司的治理，可以简单分为：西方国家跨国公司、发展中国家的能源公司、能源出口国公司、能源进口国公司等。

全球能源治理的分散化和碎片化特征表现如下：首先，全球能源治理体系缺乏顶层设计，没有一个能够协调各国利益和政策的全球能源治理组织。既有的能源治理国际组织多为当事国双方或者多方针对具体的事务领域而签订的政府协议组成，缺乏国际能源治理的普遍合法性，对国际能源问题不具有广泛的治理效力。其次，这些既有的能源治理国际组织之间存在目标迥异、组织架构完全不同、功能部分重叠等问题。再次，能源治理体制通常是在能源问题发生之后的补救措施，能源治理没有较强的问题预防意识。最后，既有的能源治理体系并没有很好地纳入新兴能源治理行为体，更没有体现出他们的利益诉求。这些新兴能源治理行为体包括：新兴市场国家的金砖国家，新兴能源生产国，新兴能源企业和新兴跨国公共利益集团等。

三　中国使命与角色

中国经济经过数十年的持续快速发展，经济总量于 2010 年跃居世界第二。中国社会经济发展驱动着能源消耗持续增长，然而由于自身能源资源短缺，对进口能源依赖性增强，能够以合理的价格安全地获取能源资源成为关涉国家经济发展、社会稳定的核心国家利益。同时，中国社会经济过度倚重于传统的化石能源，能源消耗造成生态环境污染严重。在能源安全和生态环境恶化等双重作用下，中国需要积极参与和改革既有的能源治理体系。

首先，整合中国国内分散的能源治理职能部门，理顺国内能源治理体系，调整能源产业结构，鼓励发展清洁能源，消除化石能源燃烧的外部性影响，打破能源领域的垄断，并鼓励中国国内公民社会组织参与能源治理过程。

其次，积极参与全球能源治理体系，提升中国在全球能源市场中的话语权和定价权，伸张自我利益。在一些重要能源治理国际组织中，中国应该寻求获取成员国身份，例如：国际能源署。在加入能源治理的国际组织后，中国应该积极发挥建设者作用。中国已经于 2013 年加入国际可再生能源机构，清洁能源是未来发展方向，中国作为能源消耗大国发展清洁能源尤为重要，参与全球清洁能源治理是中国作为能源消耗大国的责任担当，中国应该在国际可再生能源机构中发挥领导作用，占领可再生能源发展和治理的制高点。此外，中国还应该充分利用 2016 年中国主办 G20 的优势地位，结合"一带一路"战略规划，把全球能源治理纳入 G20 讨论议题，仿照 WTO 或者 WHO 等争取组建一个全球能源治理的平台——世界能源组织（World Energy Organization），使中国参与全球能源治理的顶层设计。

最后，中国参与全球能源治理体系要具有战略意识。全球能源治理改革不会一帆风顺，毫无障碍，因此，中国要坚持维护国家利益，明确积极参与全球治理的战略意图，保持战略张力，积极推进全球能源治理体系改革。

（北京外国语大学、中国矿业大学）

从中国参与"消除贫困"看国家治理与国际治理的协调统一

杜艳艳　　刘宇赤

经济全球化与政治多极化进程的加速为越来越多的国家和组织参与全球治理提供了契机。面对迫切的全球治理需求，越来越多的国家和组织也积极参与其中，在国际事务中发挥着日渐重要的作用和影响。中国作为最大的发展中国家在全球治理过程中起着举足轻重的作用。特别是随着综合国力的显著提高和国际影响力的稳步增强，更多参与全球治理已经成为中国未来发展的客观趋势和必然选择。在这一过程中，如何正确处理国家治理与国际治理之间的关系是新兴国家参与全球治理面临的一个刻不容缓的现实问题。本文拟从中国参与"消除贫困"的角度研究分析统一协调国家治理与国际治理中存在的几对重要关系。

一　要实现权利主张与责任担当的协调

参与全球治理是每一个国家的权利，同时也是每一个国家的责任和义务。但是，全球各个国家的发展状况不是整齐划一的，它们参与全球治理的能力各不相同。按照能力与责任相匹配的原则，参与全球治理的各个国家应当承担与之能力相适应的责任。勉强承担超出自身能力的国际治理责任，尽管从近期看有助于该国际问题的解决，但从长远来看，它会进一步加剧一国国家治理的难度，进而又会反过来增加国际事务中存在的问题，久而久之，就会变成恶性循环，使全球治理陷入僵局。

就拿"消除贫困"这一国际问题来看，脱离贫困是广大发展中国家人民的基本权利，消除贫困是世界各国应当承担的重要义务和责任。中国扶贫攻坚是世界"消除贫困"的一部分，中国为消除贫困所做出的成绩就是对人类发展的贡献。为全面建成小康社会，中国已将"贫困人口全部脱贫、贫困县全部摘帽"纳入中国国民经济和社会发展第十三个五年规划纲要的建议当中。不仅如此，2015 年 11 月 23 日，中共中央首次在政治局会议上专门审议通过了《关于打赢脱贫攻坚战的决定》①，要求采取超常规举措，拿出过硬办法，举全党全社会之力，坚决打赢脱贫攻坚战；要逐级立下军令状，层层落实脱贫攻坚责任；还要实行最严格的考核督查问责。

同时，我们也要看到，中国是世界上最大的发展中国家，尽管经济总量已位居世界第二，但中国年收入不足 2300 元的贫困人口仍然有 7017 万。特别是在当前中国经济下行压力和风险加大，经济结构面临调整，发展方式必须转变，体制机制必须改革的形势下，减贫工作必然会受到一定程度的影响。仅靠自身的努力消除贫困难度更大一些，需要时间更长一些。因此，中国减贫工作仍然需要在自力更生的基础上接受多种形式的国际援助。就全球消除贫困行动总体进程而言，作为脱贫速度较快的国家，中国在解决本国贫困问题的过程中形成和积累了一套成功经验和技术，我们有义务将这些成功做法与他国共享。特别是随着中国经济实力的增强，我们有责任也有义务逐步增加对贫困国家和地区的物质援助，为消除世界贫困尽自己的一份力量。近些年来，中国不断加大对外扶贫的力度，通过捐赠、救助、借贷、免债等多种形式，支持其他国家，尤其是对非洲饥荒严重国家消除贫困，得到国际社会的充分肯定。由此可见，在参与全球治理时，我们必须将本国的权利主张与应当承担的国际责任有机结合起来，才会不顾此失彼，最大限度地实现国家治理与国际治理的协调统一。

---

① 《决定》提出，到 2020 年，稳定实现农村贫困人口不愁吃、不愁穿，义务教育、基本医疗和住房安全有保障。实现贫困地区农民人均可支配收入增长幅度高于全国平均水平，基本公共服务主要领域指标接近全国平均水平。

二　要实现文化沟壑与共同价值的协调

世界是丰富多彩的，世界各国的文化也是多种多样的。不同族群、不同国家或地区的人们在长期历史发展中形成了各自独特的思维方式、生活习惯、价值观念等，这种独特的文化特征是区分不同国家和民族的重要标志。但是，随着全球化的不断推进，不同文化间的接触、交流和沟通也越来越频繁，一方面出现了不同程度的文化融合现象，另一方面则产生了各种各样的文化冲击、碰撞和抵触。一个国家在参与全球治理的过程中，如何处理本国文化传统与他国文化传统间的差异是一个不容回避的矛盾，也是协调好国家治理与国际治理的重要内容。

正如世界的多样性统一于物质一样，人类多种多样的文化也有其共同的价值理念，如渴望被尊重、追求自由、和平、富裕等。因此，在参与全球治理的过程中，我们应该平等对待不同文化，充分尊重文化差异，真诚开展文化沟通和交流，尽可能找到不同文化间的最大公约数，而不是进行文化侵略，粗暴地推销和移植本国文化。以"消除贫困"为例，接受援助的国家和地区大部分都是发展相对滞后的区域，人们对它们的文化存在诸多不解，甚至形成了文化沟壑、文化误解。如果在对一些国家和地区进行援助时附加各种各样的条件，诸如私有化、市场化、民主化、人权、良治等，这种"束缚性援助"不仅不能更好地促进落后国家和地区的发展，反而还会使一些国家和地区陷入撕裂和社会动荡之中。中国在对亚非拉国家进行对外援助时从不附带任何条件尤其是政治条件，始终坚持援助国和受援国的地位平等，充分尊重受援国的主权，更不把意识形态、价值观和发展模式强加于受援国。尽管这样的做法遭到了所谓"支持独裁"、"保护落后"之类的指责，但我们坚信帮助落后国家和地区尽快脱贫就是充分尊重它们的人权，说到底，这也才是我们应该守护的全人类共同价值准则。正是因为这样，中国对亚非拉地区的援助受到普遍欢迎。可见，消除全球治理实践中的自我中心色彩，充分尊重受援国的利益诉求，要求我们在参与全球治理的过程中，必须正确认识本国文化与他国文化之间的差异，充分挖掘不同文化间的共同价值，努力实现文化沟壑与共同价值之间的协调统一。

三　要实现长远规划与临时措施的协调

在全球治理的过程中总会有一些偶然的突发事件。如地震、海啸、台风、洪水等自然灾害，火灾、交通安全、重大设备运行安全等突发事故，及军事政变、恐怖袭击等突发事件，对于这些特殊情况需要采取特殊的临时性措施，根据具体情况制定具体的应对方案和临时需要遵循的特殊程序。力争将损失降至最低，将治理效率和效果提升至最高。

但是，随着国际治理覆盖范围的不断扩大，纳入全球治理议程的事务越来越多，从保护生态环境到实现可持续发展，从维护政治、军事、外交等传统安全到消除经济、金融等新的安全威胁，从保护普遍人权到保护知识产权、原住民权利，从地球治理到太空开发等，不一而足。为了增加治理的可预期性和实际效果，在开展全球治理的过程中必须有一个长远的规划和清晰的目标，使不同的国家可以根据自身发展状况制定与国际治理目标相适应的可行性方案。加之多元治理主体的出现和多种治理模式的并存，客观上也要求它们彼此之间应该有一个统一协调的治理方案，以形成良好的治理秩序，提高配置治理资源的效率和效益。故长远规划和临时性措施在国家治理和国际治理中互为补充，缺一不可。

以"消除贫困"为例，联合国制定并努力实施了"千年目标"①。中国从 20 世纪 50 年代开始开展对外援助，至今已有 60 多年的历史，其间有一些援助是有计划性的，有一些则是临时开展的。随着中国实力不断增强，开展经常性的援助，推进全球减贫进程已经成为常态。一方面，我们根据本国经济增长速度和承受能力制定了参与全球减贫的长远规划，包括生产技术、投资融资、项目援建、产业替代等内容，以增强对外援助的可控性、科学性、系统

---

① 联合国千年发展目标是联合国全体 191 个会员国一致通过的一项旨在将全球贫困水平在 2015 年之前降低一半（以 1990 年的水平为标准）的行动计划，2000 年 9 月联合国首脑会议上由 189 个国家签署《联合国千年宣言》，正式做出此项承诺。

性和前瞻性。另一方面，对于一些突发的严重自然灾害和人道主义灾难我们也积极开展紧急援助，包括提供紧急救援物资、现汇或派出救援人员等，并不断在实践中完善我国人道主义紧急救灾援助应急机制，力争最大限度地帮助受害国减轻人员和财产损失。消除贫困是一项艰巨而长期的任务，不可能毕其功于一役，因此必须把打"攻坚战"与打"持久战"统一起来。

四 要实现政府行为与非政府组织活动的协调

通过政府行为开展国际治理是二战之前国际治理的主要形式。二战之后，这种状况已经发生重大变化，国家权力的局限性逐步显现。"面对不断整合与分裂的矛盾世界，国家单方面控制的权力在减少，不仅传统的对外行为模式遭遇挑战，即使实现国内目标，政府也必须进行广泛的多边合作。"① 随着代议制民主的健全及现代网络传媒技术的发展，公民参与政府决策、监督政府行为的意识逐渐加强，参与国家和国际治理的新兴因素不断增长。因此，无论是在进行国内治理还是在参与国际治理的过程中，政府都应该重视来自社会、市场等不同主体的综合力量，积极开展与非政府组织之间的协同合作。

从观念形态来看，人类社会从传统的"统治"、"管理"发展到"治理"本身就是一种进步，就是对多主体共同参与解决问题过程的认可。联合国开发计划署曾经对"治理"的含义做过权威的解释，认为在治理系统中经济、政治和社会事务的管理是通过国家、市民社会和私人部门之间的互动来实现的，通过这些主体之间的互动缩小它们之间的分歧，以达成相互理解，取得共识，采取行动。并认为治理可以在家庭、村庄、城市、国家、地区和全球各个人类活动领域运行。② 可见，国家治理和国际治理虽然开展的领域各不相同，但它们的共同之处在于都必须体现"共同参与"的理念，构建实现"共同参与"的机制和制度。中共十八届三中全会明确将"完善和发展中国特色社会主义制度，推进国家治理体系和治理能力现

---

① 吴志成、何睿：《国家有限权力与全球有效治理》，《世界经济与政治》2013 年第 12 期。

② UN, *Governance Indicators: A Users' Guide*, see from www. undp. org.

代化"确立为全面深化改革的总目标,足以说明中国已经将国家治理现代化置于全球化的宏观背景下考虑,实现国家治理与国际治理协调统一,更多地鼓励、引导或放开社会组织参与其间就是一个必然趋势。

从"消除贫困"这一具体事例来看,多年来中国开展对外援助主要是通过政府行为完成的,而发达国家普遍采取的是政府授权、民间主导的形式。这两种形式的差别就在于有没有引入民间参与及民间参与的程度如何。尽管通过单纯的政府行为中国为援助国在基础设施、人才培养、国家能力建设方面做出了很大贡献,但是由于民间参与程度较低,受援助国家和地区的老百姓无法充分享受中国援助的成果,有的甚至曲解了中国援助的目的,从而降低了援助的效果。可见,引进民间参与开展国际治理已经成为一种更受欢迎、更有效果的模式。未来中国参与全球治理的过程中,必须把政府行为与非政府组织活动统一起来,提高公民救援意识,鼓励自由结社形成国际 NGO,并让 NGO 承接更多政府委托、海外中资企业委托参与国际援助。

五　要实现国家治理与国际治理方式上的协调

就公共管理的一般概念而言,治理系统包括这样几个相互影响的基本要素,即治理主体、治理客体、治理方式、治理目标等。主体责任明确、客体响应支持、治理方式有效,治理目标就能较好地实现。因此,治理方式也是决定治理目标的重要一环。而世界上社会形态各有不同,各国国情千差万别,即使是消除贫困这样一个明确的目标,在不同的国家或地区、在不同的历史阶段,都不可能有一种"放之四海而皆准"的方式。故不能将本国的国家治理方式照搬套用于国际问题的治理上,也不能将国际治理方式强加于一国的国内治理当中。如何实现国内与国际治理方式上的协调,至少要解决好以下三个问题。

第一,区分主次,坚持以国家治理为主,以国际治理为辅。国家是社会组织的最高形式,而国际组织只是国与国之间达成共识而形成的交互形态,因此,面对国与国之间普遍存在的共同问题,包括消除贫困、反恐与维和、环境与气候、重大流行疫情防治、毒品泛滥等问题，首先都是当事国的责任，然后才是世界各国的共同责任。只有厘清这样一种主次关系，才能建立科学的全球体系和治理制度，就如同任何国际法公约都要经过国内立法机构批准才能在这个国家生效一样。同时，也只有厘清主次关系，才能科学界定国家与国际组织的责任，而责任正是治理主体的核心。概言之，一国政府不能以执政者的利益为借口，把问题的原因归结为自然条件、历史影响或现行国际秩序，完全依赖支援而推卸国家责任；同时，国际组织或他国政府也不能以人类共同利益为借口，在开展国际援助时撇开当事国政府，越俎代庖，甚至干涉内政。2015年12月12日第21届联合国气候变化大会通过的《巴黎协定》提出"各方将以'自主贡献'的方式参与全球应对气候变化行动"，正是国家治理与国际治理方式协调统一的最好例证。

　　第二，相互借鉴，大胆运用行之有效的普遍规律。一方面，国与国之间存在着宗教信仰、文化习俗，尤其是社会制度上的差异，直接影响到国家治理和国际治理的理念、架构和方法；另一方面，国与国之间面临着人类生存发展的共同问题，也有很多可以逾越意识形态、政治体制的普遍规律。不考虑前者的因素，国际治理难免"有力无处使"；而忽视后者的存在，国家治理则会"心有余而力不足"。强化国家治理体系和治理能力现代化建设，要求各国政府必须以一种开明、开放的姿态看待世界各国的社会治理体系和治理能力，大胆吸收人类文明的一切优秀成果，不断丰富、完善、创新自身的体制机制，更多更好地承担国际责任。尤其是不能盲目推销适应本国国情、带有本国特色的治理模式。在消除贫困的伟大实践中，世界各国人民创造了丰富的经验，我们应当虚心学习；同时，改革开放30多年来，特别是实施消除贫困千年目标行动以来，中国为全世界消除贫困做出了特殊的贡献，也得到了国际社会的公认。其中，发挥社会主义的制度优势，运用强大的国家动员力，这是一条成功的经验，可供世界各国借鉴参考。

　　第三，有序推进，充分发挥国际公约和国际组织的作用。面对人类普遍而长期存在的突出问题，国与国之间达成共识，形成具有约束力的国际法，它就成为国家和国际治理的行动纲领。签约各方必须遵守承诺，认真实施，从而避免治理行为中的随意性、盲目性、短期性。围绕着消除贫困这一目标而产生的国际组织，如联合国开发计划署、难民事务所、世界粮农组织等是从事相关领域国际治理的专门机构，它们具有信息充分、资源丰富、专业化程度高等众多优势。在这些组织内承担义务、履行职责，就是参与国际治理。除此之外，还有许多非政府国际组织，它们遵守当事国家法规和国际公约，不谋私利，开展消除贫困的具体工作，是重要的社会资源，应当予以鼓励并积极发挥它们的作用。相反，如果从某些国家或组织的私利出发，"顺之者昌，逆之者亡"，动不动就抛开由长期历史过程所形成的国际秩序，动不动就另立门户、重起炉灶，那必然会造成治理成本的巨大浪费，治理目标的严重背离，治理效果的混乱无序。我们相信，只要切实履行国家责任，更多更好地在国际公约和国际组织框架下参与国际治理，中国全面建成"小康社会"、世界消除贫困的目标是完全可以实现的。

（岳阳行政学院）

参考文献：

[1] 联合国开发计划署：《2003 年人类发展报告——千年发展目标：消除人类贫困的全球公约》，中国财政经济出版社 2003 年版。

[2]《中共中央关于全面深化改革若干重大问题的决定》，人民出版社 2013 年版。

[3]《中共中央关于制定国民经济和社会发展第十三个五年规划的建议》，人民出版社 2015 年版。

[4]《〈巴黎协定〉：中国参与全球气候治理新起点》，《人民日报海外版》 2015 年 12 月 14 日第 1 版。

[5]《关于打赢脱贫攻坚战的决定》，《人民日报》 2015 年 11 月 24 日第 1 版。

"保护的责任"与国际人权保护的新发展

张　旗

　　"保护的责任"（responsibility to protect）这一概念最早由"干预和国家主权国际委员会"（ICISS）于 2001 年提出，它的基本内涵是指每个国家均有保护其人民免遭灭绝种族、战争罪、族裔清洗和危害人类罪之害的责任，而当一国未能提供这种保护时，国际社会有责任随时准备根据《联合国宪章》采取及时、果断的行动，保护其人民免遭这些罪行之害。这一理念是试图消解主权原则与国际人权保护之间张力的一种新尝试。

　　该概念提出十多年来，从政治理念发展为国际实践。通过考察这一演进过程，我们可以探讨很多有意义的话题。其一，"保护的责任"是一种新兴规范，新兴规范的特质本身具有复杂性，它面对着仍然具有强大影响力的旧有规范，即主权规范，这就提出了新兴规范与旧有规范相遇的问题，两者之间怎样互动、博弈呢？这些互动、博弈有什么特点呢？其二，这一规范兴起的历史进程与新兴大国群体性崛起的历史进程是同步的，这就提出了另一个重要的问题——新兴大国与新兴规范相遇的问题，新兴大国如何看待这一新兴规范呢？新兴大国在这一规范的演进过程中发挥着怎样的作用，又有何特点呢？通过对这一规范兴起与演进过程的考察，有利于我们一定程度上厘清这些问题。

　　"保护的责任"问题实际上是人权保护领域的全球治理。当面对索马里、叙利亚和伊拉克等地发生的侵害人权的重大暴行时，国际社会应该怎么应对？是坚持传统主权观，认为人权问题是一国的内政而不予介入，还是基于国际道义责任，予以介入和干预呢？这给国际社会提出了一个难题，"保护的责任"概念的提出即旨在解决这一难题。我用"一组关系"、"两种理念"、"三大支柱"、"四种罪行"和"五份文件"来概括其内涵。

"一组关系"，即主权和人权保护之间的关系。该概念重新界定了主权，认为主权并非意指"控制"（control），主权不再被认为是一国对其国境内人民至高无上的权利，而是对其人民的一种责任（responsibility）。"两种理念"，是指"保护的责任"赖以立论的两种思想源泉，即"作为责任的主权"（sovereignty as responsibility）与社会连带主义（solidarism）。20世纪90年代中后期弗朗西斯·登（Francis M. Deng）等人提出的"作为责任的主权"观以及社会学里的社会连带主义理念，都被"保护的责任"理念吸收和发展。"三大支柱"，即联合国秘书长提出的履行这一责任的三种机制构想，一是主权国家的保护责任，二是国际社会援助的责任，三是国际社会干预的责任。"四大罪行"是指"保护的责任"所适用的四种情势，即灭绝种族（genocide）、战争罪（war crimes）、族裔清洗（ethnic cleansing）和危害人类罪（crimes against humanity）。"五份文件"，就是该概念演进过程中五份重要的文件。分别是 2001 年 ICISS 发布的《保护的责任》报告、2004 年"威胁、挑战和改革问题高级别小组"提交给联合国秘书长的报告《一个更安全的世界：我们的共同责任》、2005 年联合国秘书长的报告《大自由：实现人人共享的发展、安全和人权》、2005 年联合国大会通过的《2005 年世界首脑会议成果》（联大 A/RES/60/1 号决议）和 2009 年联合国秘书长的报告《履行保护的责任》。其中最主要的是《2005 年世界首脑会议成果》，当年有 150 多个国家的元首或政府首脑参加了世界首脑会议，他们共同确认了"保护的责任"原则，将其写进了会议成果文件。

"保护的责任"得到确认，也就意味着当我们面临上述四种重大暴行的时候，国际社会有责任援引《联合国宪章》（包括第七章），乃至使用军事手段进行介入。这一概念为什么会引起国际社会的高度关注呢？就是因为该概念意味着可能援引宪章第七章。上述侵犯人权的重大暴行一般发生在一国国内，如果国际社会去干涉，是不是违反了不干涉内政原则呢？从一定角度讲，该理念确实逾越了传统的绝对主权观。也就是说，国际社会为了预防上述四种罪行，有责任干预。

"保护的责任"已经由一种理念变成实践。联合国安理会已经在很多决议中援引了这个概念。一是完全援引，就是援引《2005年世界首脑会议成果》这份文件；二是不完全援引，也就是在援引时只提及三大支柱中的第一支柱；三是间接援引，是指虽未直接提及"保护的责任"字样，但却用相同的话表达了第一支柱的意思。到2014年底，安理会决议中已经29次援引了这一概念。援引这一概念的安理会决议涉及的议题广泛，除了包括武装冲突中保护平民、预防和打击灭绝种族罪等专门议题外，还涉及很多国别议题，如涉及苏丹、利比亚和叙利亚等国的人道主义情势。

国际社会对这一理念的反应，既有支持，也有反对，存在着纷争。在一定程度上，这是因为"保护的责任"和既有人权保护机制存在双重关系：一方面它有延续既有人权保护实践的部分，另一方面也有超越既有实践的部分。对于延续既有实践的部分，容易达成国际共识；但对于超越既有实践的部分，则容易激起国际社会的争议。我们考察《联合国宪章》就会发现，宪章一方面确立了主权平等原则、不干涉内政原则等，另一方面也确立了保护人权的建制宗旨。近年来更是把人权视为联合国工作的三大支柱之一。而主权和人权保护在一定程度上存在着张力。这就意味着，这种张力在宪章中本身就存在。

首先，从"保护的责任"与《联合国宪章》的关系来看。超越部分就在于"保护的责任"预示着人权保护的安全化。安理会是处理和平与安全问题的机制。当面对重大人权侵害罪行时，要求国际社会进行干预，这实际上扩展了安理会的权限，把人权议题安全化了。其次，从"保护的责任"与国际法院的关系来看。国际法院虽不是专门处理人权问题的机构，但是它在1970年的一份判决中首次提出并论述"对国际社会整体的义务"（obligations erga omnes）

概念，意指在诸如灭绝种族、侵略行为、"有关人的基本权利原则和规则"等情势中，所有国家都是攸关方，都存在着关切，都有"法律利益"（legal interest）进行保护，也就是说，国家对作为整体的国际社会负有义务。这个概念和"保护的责任"是一脉相承的。区别在于什么呢？"保护的责任"强调危机前的预防责任和危机中的行动责任，而"对国际社会整体的义务"强调一国未履行国际公约，要承担一定的国家责任。最后，从"保护的责任"与国际刑事法院的关系来看。对于侵犯人权的重大罪行，国际社会不是没有相关公约，其实早在 1948 年联合国大会就通过了《防止及惩治灭绝种族罪公约》。但是在实践中，它被援引的次数很少，几乎可以说处于失灵状态。2002 年国际刑事法院的正式成立改变了这种状态。它实际上就成为"保护的责任"的执行机构。因为该法院处理的四种罪行，其中三种与"保护的责任"所指涉的罪行是重叠的，就是灭绝种族罪、危害人类罪和战争罪。如此一来，相关国际公约指明了国际社会的意志和共识，"保护的责任"提供了预防和行动的启动机制，安理会担当起国际保护的主体责任，国际刑事法院则是追责和惩戒的执行机构。多种机制相互配合、相辅相成，构筑起预防、行动和追责的国际保护链条，共同推进强制保护人权的发展。可见，"保护的责任"一方面顺应了国际人权保护的时代趋势，另一方面相对于既有人权保护机制来说，又有所超越和突破。这就为国际社会的纷争与共识埋下了伏笔。

国际社会在以下几个方面存在着分歧：为了履行"保护的责任"，而推行政权更迭，是否正当；利比亚干预和叙利亚危机之后，"保护的责任"究竟是成了国际社会认可的国际规范，还是已经名存实亡；如何履行及其由谁来履行"保护的责任"。纷争的一方面原因是对规范的争执。一部分国家支持"保护的责任"规范，而另一部分国家则强调主权原则，对"保护的责任"持谨慎态度。纷争的另一部分原因，也是主要原因，那就是各国利益的分歧。

当人道主义危机情势与大国利益、大国政治博弈交错在一起的时候，规范的作用将不是决定性的，起决定性作用的因素是国家利益和权力较量。值得注意的是，随着新兴大国的崛起，新兴大国也要捍卫自身的利益，也要发出自己的声音，比如说当危机情势涉及中国国家利益的时候，中国要发出自己的声音，提出自己的利益诉求。在多个国家，尤其是传统大国和新兴大国的权力较量和利益博弈之后，最终出现的结果将是一种均衡状态，结果既不完全按照西方预想的那样，也不像中国或者印度这些新兴大国预想的那样，而是达到某种中间的均衡状况。由于这种均衡的出现，各国也便在"保护的责任"上达成了有限的共识。第一，非冷漠原则。国际社会在面对重大人权侵害暴行时，不应该置身事外，而应该积极介入，这已经是国际共识了。自从这个概念出现以后，国际社会介入危机的次数越来越多，并且越来越具有强制性。第二，三大支柱中的前两个支柱已经没有争议，对于第三个支柱也只对一部分存在争议，即对强制手段的争议，对于和平手段的介入并不存在很大的争议。

我们从上述"保护的责任"演进过程中可以看出，国际人权保护呈现出一些新特点：人权保护日益成为国际化、政治化和安全化的议题，越来越呈现出强制性，同时，在此过程中，无政府状态的特点依然存在，大国政治的影响仍旧弥漫在"保护的责任"践行中。

（北京大学博士生）

第六分论坛

全球治理与中国参与

处在亚投行与 TPP 之间的东盟

——基于全球治理视角

成汉平

2015 年 12 月 31 日东盟共同体将会成立。随后，东盟共同体将于 2016 年 1 月 1 日正式运行。这是一个以经济、政治安全和社会文化为三大支柱的东盟共同体。东盟就此将成为世界第七大经济体，拥有 6.25 亿人口，GDP 总量达到 2.6 万亿美元。而到 2020 年，东盟经济总量有望增加至 4.7 万亿美元。届时，东盟也具备成为世界第四大经济体的潜能。共同体是个"具有标志性意义的成就"。

某种程度上，这也可以看作是东亚一体化的起点与起步。东盟共同体的建立符合世界多极化的发展趋势。现在，我们如何站在全球治理与区域治理的视角来看待东盟对亚投行与 TPP 的选择，这对我们研究人员来说，等于提出了最新的课题。

随着形势的发展，中国与东盟的经济合作将越来越广泛和深入。目前，中国是东盟第一大贸易伙伴，东盟则是中国第三大贸易伙伴、第四人出口市场和第二大出口来源地。2014 年，中国与东盟贸易额超过 4800 亿美元。

2015 年底建成的东盟共同体将主要由政治安全共同体、经济共同体和社会文化共同体三大部分组成。迄今，东盟经济共同体推进势头良好，其发展无疑对中国的"走出去"战略是一个新的机遇。

一 从区域治理视角对比东盟与欧盟

东盟共同体与欧洲共同体：区域治理。如果说欧盟在限制成员国的部分主权、货币和金融政策方面实现了统一，而东盟则将摸索建立一个与之完全不同的新型合作模式，各自的区域治理模式完全不同。

第一，欧盟是通过进一步的统一，来推动团结；而东盟一直都是致力于密切的合作加强区域主义，而不是削弱各成员国的主权。"我们最基本的行事方式就是要实现团结，而不是统一。"

第二，与欧盟共同体相比，它（东盟共同体）更加灵活，它不是一个中央集权的官僚体制，这对东盟成员国来说是更容易接受的，而且这种框架也不会在短期内发生巨大的变化。

第三，东盟共同体强调的重要原则之一就是要保持相互和谐的关系，照顾区域内部彼此各自的"舒适度"。从全球格局上来看，东盟共同体的成立体现了对国际秩序非常重要的一个补充。

二 从全球治理视角看东盟对亚投行与 TPP 的选择

（一）TPP 对东盟国家的吸引力

TPP 全称为"跨太平洋伙伴关系协定"，是在美国的主导下于 2015 年 10 月 6 日推出来的，目前东盟十国均表达了欲加入其中的迫切愿望，其中越南、马来西亚等几个国家已经率先签署了加入协议，这意味着它们将会按照 TPP 的准入规则要求对国内治理进行逐一整改。而最终的目标是东盟成员国全部加入 TPP。

在越南、马来西亚等东盟国家看来，加入 TPP 虽然有着剧烈的"阵痛"，但早日加入 TPP 不仅可以参与到它的更加完善规则的制定之中，成为第一批受惠国，而且能够主宰其他国家的进入，其中包括中国，从而能够在未来对中国的贸易话语权取得某种主导性的地位。当然，以此来遏制中国在这一地区的一家坐大，也是某些东盟国家考虑的重要因素。

（二）亚投行对东盟国家的吸引力

2014 年 10 月 24 日，中国、孟加拉国、文莱、柬埔寨、印度等 21 国在北京正式签署《筹建亚投行备忘录》，共同决定成立亚洲基础设施投资银行（AIIB），标志着这一中国倡议设立的亚洲区域新多边开发机构的筹建工作将进入新阶段。

截至 2015 年 4 月 15 日，亚投行意向创始成员国确定为 57 个，其中域内国家 37 个、域外国家 20 个。涵盖了除美日和加拿大之外的主要西方国家，以及亚欧区域的大部分国家，成员遍及五大洲。其他国家和地区今后仍可以作为普通成员加入亚投行。

亚投行的建立既可帮助区域内相对落后国家的基础设施投资建设，提升这些国家长期经济的增长；还可以加快区域经济一体化发展，促进"一带一路"的构建；同时还将在宏观层面上提升我国及亚洲地区在全球经济、金融领域的地位。在东盟的多数国家中，基础设施比较落后，而且资金缺乏，如果加入到亚投行之中则可使这些问题迎刃而解。在政治层面，它还可取得一种与 TPP 的平衡，更准确地说是在中美之间的大国平衡。

三　亚投行与 TPP 选择中的大国平衡战略

大国平衡战略，其实是东盟的一种自然或者天然的战略选择。在历史上，不少东盟国家均采用了这一战略为本国赢得了宝贵的战略机遇期，新加坡是一个最为明显的实例。

从国家治理层面来说，如果采用这样的大国平衡战略，能够使自己的国家达到国家利益最大化，避免了选边站队；从区域治理的层面看，大国平衡战略能够在一定程度上促进东南亚治理的平衡以及战略的均势，因为从区域治理来说，它们抱团可以影响其他大国势力的介入，或者是大的国际组织，一句话，作为小国以及一个弱小的地区联盟，它们需要紧紧地抱团取暖。

美国正在推动旨在遏制中国的亚太再平衡战略，而中国除了亚投行，也有自己的"一带一路"。在东盟国家看来，这些被认为对它们都有利。

首先，美国推出的亚太再平衡战略被广泛认为是制衡中国的，防止中国过于强大，并且可能威胁到东盟。因而，东盟对此持欢迎的态度。2015 年底，新加坡允许美军 P8—A 海神反潜侦察机在该国停留，并且巡航南海。

其次，亚投行以及"一带一路"倡议是带动这些国家的经济与人文发展的，因而东盟国家极为积极，普遍希望能够惠及本国经济及基础设施的发展。东盟成员国在这两者之中保持着一个平衡，也就是对于中美双方谁都不得罪。

四　全球治理视角下东盟大国平衡战略的未来趋势

东盟作为东亚地区第一个共同体，即将正式启航。未来在两个机制里面怎么去做，笔者认为可能有这样几个趋势，首先必须肯定的是，从现在到未来始终采取一种大国平衡战略，因为其中的原因非常简单，即这个战略能够让它的国家利益和区域利益最大化。

其次，对于处理与各大国的外交会更加灵活、务实，而非一成不变，并影响到这些国家的国家治理。这里面会考虑到一些诸如历史、政治、经济、文化等综合因素，谁的实力最强，它可能更倾向于哪一方。具体说来，可能会在中美两国，或者在其他大国之间，会有某种适当的倾斜。说到底谁的实力更强、综合国力更强，可能会相对倾向于这一边。

再次，结构性矛盾会阶段性爆发，比如说南海主权之争，即中国和菲律宾、越南为海上主权而进行的争夺，甚至会影响整个东盟共同体。因为东盟共同体成立的核心就是体现于"三个一"之中，即一个目标、一个身份和一个声音。

此外，越南2016年共产党的大选以及菲律宾的总统选举，必然围绕着权力的竞争与政治的洗牌，很可能会波及这些国家的战略利益，尤其是在新政府执政之后必然会涉及国家治理的调整。

总之，2016年是非常关键的一年，东盟中几个国家要选举，缅甸虽然进行完了选举，但权力的组建仍有待完成，这些因素都会影响到中国。这些地区的区域治理，一些国家权力更迭之后的重新治理，都有可能波及影响到中国，乃至影响到东盟与中国的关系及地区的和平和稳定。

谢谢各位！

（解放军国际关系学院东南亚研究中心）

伦理治理：从全球伦理学的视角看异种移植

雷瑞鹏

刚才林主席介绍，我的这个内容非常"专家"，这个跟我们小组的主要议题有一些出入，但是从治理的角度看，是有关联的。因为我做的一个主要研究背景是对于高新生物医学科学导致的伦理挑战，我们在治理阶段如何去应对。我们国家在生物医学方面的投入非常大，这种投入反而由于沟通和交流上的问题，使一些国外媒体觉得我们跨越了伦理的界限，似乎没有底线去做研究。一个突出的例子，在 2015 年 4 月的时候，中山大学 30 多岁的黄教授，他是专门在畸形的胚胎上做基因编辑，就是对地中海贫血的胚胎研究，但是 6 月在纽约时报上引起了一个轩然大波，就是对我们研究的批评。在这个报告之后，采访了国内一些专家，但是我们国家话题体系方面的问题，引起了更多的谴责和批评。我想我们在这方面，我们的研究其实是符合伦理的，关键是如何在这样一个交流和传播当中，把我们的形象构建起米。因为我们有这方面的教训，这是一个非常突出的例子，就是器官移植，但是我们的规范的完整，器官移植在科学研究的团体，可以重新回到世界研究团队里面去，原来是被排斥的。我想应该是跟我们整个全球治理，面对的挑战一样，生物技术带来的挑战是一个全球性的挑战。今天我选择的主题也是我曾经的博士论文，也是做得非常专业的。由于我们人体器官移植非常的短缺，科学家想用生物医学，转基因的因素，用转基因的猪给我们做人体器官移植，这个研究进展比较迅速。在 2015 年，特别火的基因编辑技术，似乎要应用于临床了。我想对它管治的问题变得更加迫切。

首先简单跟大家回顾一下，异种移植技术的一个现状，刚才也提到了一点，很重要的一个目标，科学家想去缓解同种器官移植供缺和不足。如果我们这个研究可以成功，可以用到这些动物的组织细胞和器官，我们就可以非常好地完成器官移植供体不足的状况。但是这个研究有一些争议，这个争议来源于，现在用到的研究对象，是经过科学家的研究来确定，是专门培育出来一种类型的猪，这个里面会有一个非常大跨物种免疫阻碍的问题。当然现在科学家在用基因超群的技术，包括基因编辑的技术，能够去攻克。但是同时还有一个非常大的问题，如果把动物的器官跟人的器官来做移植，那么动物原有的一些病毒，会感染人类的供体，造成人与人之间传播跨物种感染的风险，这是主要的问题。

对于伦理管治所带来的挑战，我想来做一个介绍。我主要会梳理，现在非常大的难题就是跨物种的感染，对我们伦理管治的框架带来什么样的挑战，不仅仅是一个科学需要解决的问题，还是道德的难题。

先回顾三个认为，从科学家的观点认为我们伦理治理没有关系的观点给出一些反论证，第一个论证就是科学家广泛持有，这个研究最终成功会成为一种新的治疗方式，可以给我们成千上万的人带来治疗的福音，比如说器官坏死的人，等不到器官，还有对于一些糖尿病，或者像一些神经退行性疾病等，可以用到其他动物细胞的移植，给出一种新的治疗方法，科学家会用这个去支持。科学家的一个问题在哪里？我们对一个技术进行评判，比如说技术评估，但是它最终的确定风险和受益的比值，不仅仅是一个科学问题，还是一个价值判断。所有的新研究都会涉及一些不确定性，在这种不确定性当中的权衡，最终多大的一个风险，或者说带来多大范围的风险，需要认真思考。我们作为一个共同体，在这个意义上来说，真正体现了一个全球的含义。因为真正出现一个全球，人与人之间传播的新型病毒，不会是介意国家界限的，比如说埃博拉、艾滋病等病毒，它们跨越了动物的界限，在动物上有这个病毒，跨越了物种，到了人体之后，会引发一种人与人之间传播的严重疾病的流行。HIV 病毒是来自于猴子的一种逆转病毒，在猪身上也有这种逆转病毒，这个病毒无法用超体来进行研究。很多支持研究的一些生物技术公司，比如说诺华公司，还有 TPL 公司等，它们往往会持一个非常乐观的态度，但是这种乐观会带来一些问题。

第二个论证，跟转基因的争论一样，没有证据来验证跨基因感染的风险，这种新病毒的感染，一旦发现，已经是不可逆的结局，一定要有非常好的防范措施，而不是因为现在缺乏证据，就认为一定没有风险，这个是需要我们界定出来的。

最后是对我们目前规范和管理体制带来的挑战，现在规范生物圈挑战，就是这个《赫尔辛基宣言》，这里面有一些条款，在我们研究的过程中遇到这个问题，就不能使用。所以我们就需要进行改变，如果让参加实验的试验者，将来移植了一个猪的细胞，他还可以随时地退出，那么对这个跨物种的监控会出现很多的难题，那么从我们国家的层面，从国家治理的层面，这都是需要紧迫解决的问题。

因为时间的原因，我就在这里结束，欢迎大家提出问题。

（华中科技大学）

中国国际治理暨领土安全面临的新挑战

胡宗山

我今天讲的议题，是我自己想的一个题目，主要涉及中国参与到国际治理的思路和方法。我个人认为，我们在参与过程中，有三个大的领域，第一个是区域治理，这里面涉及一个跟切身利益相关的，尤其是与周边国家领土争端的问题。二是中国参与全球的权力治理，简单来讲就是中国参与国际秩序和权力再分配。中国在不断地崛起，中国崛起了以后，跟老的霸权国之前的权力分配的问题。三是我认为中国面临的治理问题，就是中国参与国际事务的治理，尤其是中国参加国际气候治理，像打击恐怖主义等。

我认为中国面对三类治理，可能它的思路就不一样，我现在考虑有一个概念，就是多轨趋和、融合等思路。我把这三个领域介绍一下。

第一个是中国与周边国家的领土争端利益治理。我们追求的是一个双轨的思路，尤其是 2012 年以后，中国外交面临的重大挑战就是跟周边国家的领土争端迅速激化，尤其是以 2012 年 5 月与菲律宾在对峙，以及在南海周边国家对南海主权的侵占，对我们国家在领土争端上有一些挑战。除了领土争端，我们在东海、南海，关于海洋权力的争端，这不是一个简单的领土争端的问题，而是使用何种原则来进行海洋权益划分的问题。尤其是在南沙群岛的争端上，我们一直说南沙群岛是中国的，但是我们中国缺乏管理。别的国家认为是"无主之地"，但是中国不这样认为。中国有六个岛屿实际控制，但是大部分的南海被其他国家占领，这里面有一个领土争端的问题，我们在领土争端方面有一些困境，一方面要建立一个和平的国际环境，为我们进一步改革开放、经济建设创造良好的条件。另一方面就是领土的分化，如果我们不面对这个问题，我们国家的领土和权力都会受到侵犯。传统的方法我们也有，跟传统相关的区域治理，我们有一个宏观的方式，就是搁置争议，共同开发。无论是对南海还是其他国家来说，没有跟我们搁置争议，共同开发。我们是搁置争议，但是他们不是，我们是共同开发，他们是抢占开发。所以可以看到南海的一些领土，被周围的国家瓜分。原先我们对区域治理思路有两大挑战，在这样的情况下，要不要树立新的思路，我认为是需要的。面对领土争端要有一个新的思路就是"双轨思路"，不能用原来的外交方式，原来的方式就是外交妥协和退让。比如说黄岩岛，这个黄岩岛已经被菲律宾侵占了，他们一直在黄岩岛巡逻，我们通过外交，把这个黄岩岛的主权拿回来了。我们对领土的控制存在很大的缺陷。另一方面，有一些网友谈的，我们要打仗，我们把我们的航母建起来，通过打仗把我们的岛屿夺回来，如果在现代社会中，用战争的方式把岛屿夺回来，不太划算。所以我们要进行双轨思路，有一些国家是可以进行谈判的，比如说跟马来西亚可以进行谈判，有条件的国家，我们可以搁置争议，然后再进行谈判。或者是我们通过武力威慑，对一些国家进行控制，逐渐把这些国家挤出去。这个思路在其他国家的领土争端问题上可以使用。

　　第二就是中国参与国际权力治理受到挑战。我们跟美国处理好关系是中国一贯、必须长期重视的做法。因为美国也好，中国也好，双方要避免冲突。如何避免两个大国产生战争，我认为这是在考验中国人的智慧，也在考验美国人的智慧，我认为是双轨思路，双边和多边主义结合，在某些层面上可以跟美国人对话，但是在一些其他情况下，我们进行多边的协议。

　　第三，要用多边主义思路，就是一些全球公共问题的治理，比如说气候治理，不仅是中国的问题，也是全世界的问题，反过来讲，不仅是一个国际影响、国际形象的问题，比如说中国的雾霾，不仅是国际的问题，也是国内的问题。前几天北京大规模雾霾，武汉也是，今天的 PM2.5 是 310 多。这不仅是一个国际问题，也不是一个面子的问题，而是关系到中国的老百姓的切身利益的问题。其他方面的一些治理，不仅是一个国际上的含义，也是一个国内含义。据说韩国、日本愿意在中国种树，因为在中国把树种起来，雾霾就不会进入到韩国、日本去，武汉也是这样做。这是一种全球气候的治理，需要多个主体的共同合作，需要一个多边的战略思路。比如说打击恐怖主义毒品走私，都需要这样的多边治理。中国参与治理，需要不同的轨道，里面可能有一些区隔，可能也有一些融合，所以是双轨和多轨来发挥作用。谢谢大家，我就介绍这些。

（华中师范大学）

加强"软实力"建设，提升中国参与全球治理的话语权

刘再起

本人现在在武汉大学经济管理学院任教，武汉大学俄罗斯乌克兰研究中心也是本人在负责。武汉大学乌克兰研究中心成立比较早，是在1962年教育部在武大成立的乌克兰研究中心的基础上发展起来的。在苏联时期，乌克兰与湖北省是友好加盟共和国与省，武汉市跟乌克兰的基辅市是友好城市，中国参与全球治理，尽大国之责任。这个会在武汉开，我觉得非常好，非常合时宜，武汉开埠比较早，19世纪中叶后，从汉口沿汉江至襄阳，然后经河南、山西、河北、内蒙古、蒙古一直到俄罗斯当时的首都圣彼得堡市，再辐射到东欧、北欧、西欧，有一个重要的茶道，就是起于有"东方茶港"之称的汉口，连接中华文明与俄罗斯文明的著名的中俄万里茶道。武汉处于万里茶道的重要节点，武汉市跟俄罗斯、蒙古国于2014年10月召开了万里茶道沿线城市的市长大会，发表了武汉宣言，本人是研究中俄关系的，湖北省武汉市跟俄罗斯打交道比较早，有可能一谈到中国和俄罗斯，大家就会想到北方或东北或西北，其实，在俄罗斯与中国的交往当中，除了北京以外，以武汉为中心的楚文化，是俄罗斯商界、学界和政界非常感兴趣的地方。俄罗斯的东正教在中国的第一批信徒就是在武汉地区受洗的，武汉市汉口还有东正教教堂。

陈刚老师打电话邀请我参加这个会议时，我正在参加中俄关系

研讨会，就是关于中俄关系的未来，俄罗斯跟中国关系有三个方面要厘清，加强"软实力"建设，加强中国参与全球治理的话语权。我为什么会想到这个问题？

第一，武汉大学骆郁廷教授做了中国"软实力"研究的教育部重大攻关课题。后来摩尔多瓦科学院学者到武汉大学来谈"一带一路"问题，本人也参与了。我在想，我们 GDP 综合实力处在世界上前三甲的位置，为什么"一带一路"战略，我们国家这么好的创意，这么善意的目标，在俄罗斯，在中亚、东南亚等地却没有那么热烈的反响，甚至遇到一些抵触，为什么中国一强大，周边就有人怕我们。2003 年、2005 年，我拜访了一些俄罗斯著名学者，包括一些俄罗斯的智库，他们讲了这个问题，讲了苏联的垮塌，不是硬实力不行，是"软实力"的不行，是"软实力"导致了苏联的垮台，导致了苏联人民对苏共和苏联国家，对制度和意识形态发生了认同的问题。人民不认同这个意识形态和制度体系，这是苏联分崩的一个重要原因，当时希望苏联垮台的不是老百姓，而是苏共的一些中高级干部，他们贪污腐败，大搞特权，搞了大量的国家财富，希望共产党倒台，然后他们摇身一变，就变成了资本家。为什么苏联一强大大家都怕他，美国强大了，却还有这么多的盟友，这些问题是值得我们深思的。比如说，最近俄罗斯以反恐的名义袭击叙利亚，为什么俄罗斯打击 IS 以后，世界上有不同的声音，赞美的少，质疑的多。特别是土耳其在叙利亚的领空把俄罗斯的飞机打掉了，飞机掉了，人死了，这应该引起世界的同情，但是恰恰相反，同情者寥寥无几。我们中国当时说的话也比较中立，俄罗斯的飞机是在叙利亚领空被土耳其袭击掉了，为什么普京这个时候软下来了，反而说的一些话好像是受委屈的样子，为什么俄罗斯没有立即进行军事反击。所以我觉得，俄罗斯不是硬实力不行，而是"软实力"不行，俄罗斯乘人之危夺取克里米亚，挑动乌克兰东部叛乱，击落马航班机，这些在西方看来是违反游戏规则，是不可接受的行为。还有我们国家，为什么加大我们在国际货币基金组织份额会受到其他国家的阻挠，参与到全球治理是一个非常好的路径，为什么一带一路战略，包括亚洲基础设施开发银行也会受到一些质疑。我看，问题是我们的价值观、我们的模式、我们的话语表达还不能被一带一路沿线国家普遍认可。增强国家的“软实力”，增加其他国家对我们的认同，文化自信是一个非常重要的方面。我们要加强“软实力”的建设，20世纪80年代，美国有一个著名学者约瑟夫·奈提出了“软实力”这个概念，他说“软实力”是说服和劝服人家的力量，是摸不到、看不见的实力。“软实力”跟硬实力是相辅相成的关系，“软实力”好，可以增强硬实力，增进国家治理，法律、政治、文化的认同感。

今天我们说作为大国，参与全球治理，除了加强硬实力的建设外，我们还要着力提升“软实力”，使“软实力”和硬实力协同发展，使中国的政治清明，中华民族能够凝聚共同的价值观，共同的信仰，真正建设成有说服力，有推广性的社会主义，这样我们来参与全球治理，来解决国际关系问题，解决周边问题，解决国际争端问题，对我们来说可以起到事半功倍的作用。谢谢！

（武汉大学经济管理学院）

协商自主治理：全球治理的中国方案

李志永

全球治理是当前中国崛起过程中非常时髦的概念。在中国崛起过程中，中国对自己的硬实力地位应该可以满意了，但是我们面临一个非常大的短板，就是我们的"软实力"。很多学者的发言均证实了这点。那么，我们该怎么办呢？虽然硬实力还有待加强，但"软实力"更要增强。为此，在对既有的全球治理模式批判性分析的基础上，我将试图提出一个增强中国国际话语权的全球治理方案。当前的全球治理主要模式，大致可以归为三个：权力治理、制度治理和民主治理。

权力治理，是现实主义在全球治理领域的体现，存在单极霸权治理和多极大国治理两种形式。制度治理是自由主义在全球治理领域的体现，主要通过国际组织和国际机制体现出来。世界主义的民主治理是国内政治自由主义理念在全球治理领域的延伸，各种国际组织的民主改革可以看到民主治理的影子。总体而言，全球治理的主要困境体现为二律背反，即全球治理的合法性与有效性难以同时得到强化。有的治理模式合法性很强，但有效性很弱；有的治理模式合法性很弱，但同时，有效性很强。

具体而言，全球治理的困境表现在四个方面：第一，治理的全球性与国家性的困境；第二，国家治理与多元治理的困境；第三，利益治理与伦理治理的困境；第四，当代治理与未来治理的问题，这是合法性和有效性四大具体体现。为了缓解这些困境，中西方有一些探索。中国的探索是由外交学院秦亚青老师提出的关系治理，他提出了多元主义、伙伴关系与实践参与核心的关系治理理念，这一方案很具有启发性、创新性，但我觉得理想色彩很重，实践起来很难。还有一个是中西方都在实践的协商治理，协商治理具有提升全球治理合法性的巨大潜能，但无法解决治理的有效性问题。总体来说，实践当中这三大治理模式，体现了西方的一元主义文化的优越性，理性主义的工具性和二元对立的狭隘性特征，体现的是规则治理，均忽视了非西方国家对全球治理参与的能动性和多元理性的存在。而协商治理与关系治理均试图纠正规则治理的不足，但又由于有效性不足而难以实现。协商治理具有合法性天然优势，而规则治理具有有效性天然优势。为此，全球治理的出路应该在协商治理与传统的规则治理模式之间找到一条中间道路。

协商民主是全球化时代的要求，协商民主不仅在西方文化中存在，也在中国古代传统文化和现当代红色文化中存在。因此，协商民主将有利于保障全球治理的公平与合法性，但协商治理的效率可能不高，有效性可能存在疑问。而就中国政治实践来说，中国特色的民主集中制是既包括了协商民主优势又具备集中决策优势的公共决策制度。当然，实践中的民主集中制虽然非常有效但还存在诸多不足和弊端，我们需要的是一个更加完善的民主集中制，从而成为全球治理中国方案的基础。以民主集中制为基础，既能够保障全球治理的充分民主也能够保障全球治理的高效决策和集体实施，能够实现全球治理合法性与有效性的平衡，从而真正化解全球治理的困境，为全球治理找到出路。这将是崛起的中国对全球治理的最大最新贡献。

（对外经济贸易大学）

全球治理与当代中国话语体系建设

陈　刚

　　首先向大家表示歉意，我一来次序就打乱了，因为我四点钟要到机场接一个俄罗斯的学者，经过我们成汉平老师的批准，经过我们林老师的批准，我发言的题目是"全球治理与当代中国话语体系建设"。

　　我重点谈中国的话语体系建设，这个话语体系跟我们全球治理是相关的，也是跟我们国家治理相关的课题。我上个月到人大开了一个关于全球治理的会议，我当时写了一篇文章。我的基本看法是话语体系建设，这不是一个很简单的事情，我们现在有很多人要搞话语体系建设，主要是因为在参与全球治理，怎么样提高中国话语权的问题，我也认为我们不要太过分强调"中国特色"，这是我的看法。如果我们构建一个有效的话题体系，一是要听得懂别人讲什么，二是要让别人听得懂你讲的东西，三是别人听完了还可以接受你的东西。如果你过分强调自己的东西，最后就是自说自话，不要说中国的国力达不到这一点，像美国这样超强的国家，想这样做也是不行的。

　　可能很多人有类似的看法，具体构建话语体系，有很多人提出要发明新概念。我个人认为新概念很难提出。旧理论，新概念是很难提出的，我觉得大家低估了构建话语体系的难度，一个民族的话语体系是由它的价值体系、信仰体系、基本理论体系构成的，所以所谓的话语体系表达了这么多的东西，再加上你的利益诉求，所以这样来看，我们构建话语体系首先要对我们国家目前的文化状态做一个分析。

我们知道 20 世纪 80 年代有一个片子叫《河觞》，提出了蓝色文明和黄色文明。我觉得中国应该有三种文明，还有一个就是红色文明。就是共产党成立了以后，把马克思主义跟中国体系结合，慢慢形成了一个中国体系、信仰体系、价值体系。我认为这就是红色文化体系，红色文化体系，右派对它疑点很多，我认为这种红色文化是一种强势问题，它能够让共产党在陕北，在没有明显外援的情况下，让不适合人民生活的黄土高原走到北京去，它是一种强势的文化。还有一些特征，比如说在陕甘宁、晋察冀，他们形成了一种当地的生活方式。还有他们自力更生的发展模式、文化模式，就是延安文化座谈会，有很多人在批延安文化座谈会，我觉得它是渗入工农兵的文艺发展策略，我认为是正确的。我们的作家不能像贾平凹那样只写作家的生活，共产党是很有文化的，大家可以看一下《沁园春·雪》。

中国的传统文化，不仅仅是一个儒家的问题，应该是百家都包括进来，包括服饰、生活习惯，蓝色文化就不介绍了，就是从西洋军舰到洋务运动等，每一种文化我们都不能否定，但是每一种文化都有局限性。我的基本观点是中国下一步的文化发展，文化建设，就应该是这三种文化的一种成功的融合，一种创造性的融合。我们以前认为日本的现代化成功是因为搞了全盘西化。中国是强调"中体西用"，如果把日本的历史读得细一点，日本的现代化不完全是"全盘西化"，只有一部分认为是"全盘西化"，它们认为东方文化跟西方文化还是有差距的。西方的自由主义并不是特别好，从结果来看，日本把它的东方文化和传统文化也保留得很好。西方文化也学得比较好，我们有一个形象的说法叫"天皇与议会并存，和服与西服并存，商社与和社并存"，日本的传统文化保留得比较好。但是中国不一样，洋务运动不是在于如何弘扬中国文化，而是如何给洋人使绊子。各种文化有没有可能融合，不同的科学范式之间是一个什么关系，它主张是一种冲突的关系，一种绝对分析的关系。我们从科学史来讨论，库恩可能有一些理论不是正确的，我认为他是一个大哲学家。从理论上来论证，如果科学范式互相之间能够融合，文化范式比科学的范式差一点，可能有更多的融合性。从理论上来分，文化有可融合的可能性。这三种文化，红色、蓝色、黄色，是我们绘画中间的三原色，三原色调出什么色就是你的本事。同样是调红色，意大利人比中国人调的红色好看多了。这三种文化如何来整合是一种技巧问题，在整合的技术上进行创新。

我还主张一个观点，根据不同的用途，你可以调出不同的东西。比如你在国际场合参加论坛的时候，如果你开始就是国际的，你的内容就不太好。比如说共产党按照正统就是一个左派，左派在西方没有过时。在西方国家左派没有过时，在中国也不应该过时。但是我们在香港交流的时候，我们注重官、商，老百姓关注比较少。我相信我的观点不是极左，也不是极右。我相信传统文化对我们中国人的行为方式不是一个规范，而是一个总结，在不同的场合，我们可以用不同调的颜色。有人说可能是变色龙，其他别的国家也是这样，说话分场合，美国人在国内讲一套政治，在国际上讲的又不同。我们在强调大国崛起，中国治理，中国怎么样成为一个复兴的国家，将来如何掌握话语权，不妨做一些历史的例子，比如说英国、美国在二战的时候，它们有没有传统的体制推翻，它们只是做了一些修改。国内有一些人说建立自己的话语权，我觉得是不现实的。

（华中科技大学）

全球视野中的后发国家的治理与国家建构的和合性

何 飞

刚才各位老师对全球治理和全球视角做了一个非常好的发言。我这里的发言，算是我的一个课程论文的介绍，更多是听听各位老师的批评指正。我的题目是"全球视野中的后发国家的治理与国家构建的和合性"，基于这个问题，我在选题的时候，也非常的紧张，这两个理论是关于治理和国家建构，是两个宏大的理论，以我现在的学识很难把握。所以更多的是一点初步的想法。在这个题目的过程中，我在选择用全球视野还是比较视野做了一个犹豫，最终选择了全球视野，因为我认为全球视野具有更大的广泛性，符合后发国家转型的需求。第三个理由是后发转型国家在各个方面不同于先发国家，它的发展处在这个全球化时代，更多是一个后发外生性的，不可避免受到全球化时代的影响和先发国家的示范效应，所以用全球视野在这里比较适合一点。

论文的大要内容，谈起治理，治理在本源内涵上抱怨去国家化、多中心协商合作、互动性、反思维性等后现代性的色彩，国家建构强调的权威的合法垄断、强大政府、秩序、稳定、规则等重大色彩，所以它们两个之前看起来针锋相对甚至非常矛盾，但是事实上，它们彼此之间也有一些交融互通的地方。特别是在后发国家，因为在后发国家频频遭遇难于治理、治理失败等问题，所以治理的升级版——"元治理"应运而生，而国家或政府能承担起元治理的角色，元治理市值要求在于重构国家、政府再造。政府意味着需要国家建构作为一个顶层设计的基础，而国家建构也是为了使政府和国家承担元治理的角色和确保更有效的治理，所以它们两个是又紧张、又和合统一的关系。我用传统文化当中的"和合性"来进行借代，也不知道合适与否。这是论文的大致内容，在这个论文里面大致有这样几个部分，简单介绍一下治理的兴起与基本内涵、治理的失败与作为升级版的元治理的产生。一般情况下一些治理和元治理，然后把它放在这样一个后发国家，这样一个治理语境中做了一个介绍，后发国家治理都具有一个时代任务，就回到了后发国家治理和国家建构的紧张矛盾，第六点就讲到了交融互通的关系，最后谈到了治理与国家建构之间需要通过法治的方式进行规范，提供一个制度基础。

第一，对于"治理"的兴起与盛行，是作为一种市场失灵理论和国家失败理论的修正和补充，有去国家化、强调多元、谈判和协作，强调权力多方面的运作，也有强调策略和工具需要更加的适宜。

而治理有很多的好处，但是从理论和现实来说，失败的案例也比比皆是，从理论的层面来说，它的一个多中心可能导致无中心的混乱状态，在全球风险状态，有一些风险性，不确定性，导致了治理不可预期性大大增加。从实践层面来看，数量众多的后发国家，它们在这样一个治理实践中频频出现很多问题，导致这样一个治理失败的现象非常多，所以福山有这样一个总结，国家治理能力跟不上受欢迎的民主责任制的步伐，会引发民主合法性丧失，他认为不适当地向社会全面放权，削弱国家职能范围的同时亦削弱国家的能力，导致了无能国家、失败国家甚至无政府状态，称为研究文化的祸根。

第二，治理失败与升级版"元治理"应运而生，后发国家的治理语境，我的论文也有介绍，第五种是介绍政府和国家已经正常建立和有序运营，但是整个国家尚未发达，大多可以有序正常运行，只是发展水平跟发达国家相比在各方面稍有逊色。这些大致是它治理的语境，所以后发国家在这样一个语境下面，谈一个国家的治理，无法想象一个国家能力低下、经济软弱，能够在如此复杂的情况下带领民众迎接各种风险和挑战，所以在这种情况下，国家建构就非常重要。谈到国家建构这些方面的研究非常多，它们两个矛盾紧张方面，从内在特性而言，治理强调多元、谈判、对话、协商和协作。从目标指向来说，国家建构作为一种现代性工程或成就，其组织形式、制度体系、政治文化、生态等都是以国家或政府为中心，政府是一个多中心、反对权力的独占。

就全球化时代和全球化语境而言，国家建构是要国家或政府全面增强迎接抵御全球风险社会挑战的能力，要求国家或政府花费更多时间和精力加大全球化时代的国家形象建构和国家认同的建构力度，增强国家的国内社会层面的相对自主性和国际社会层面的相对独立性。另一方面它们有一些交融互通的地方，只有国家能够承担元治理的角色，国家治理不排斥治理体系的建构和发展，所以治理国家建构在本源建构上有一个矛盾紧张关系，但是在实质上能交融互通。所以两者之间这样一个理论和实践要求，有这样一个殊途同归的内涵。福山所构建的理论框架现代政治秩序的三个基本要素，国家能力、法治和问责制，理想的现代政治制度是要在这三者之间达成一种平衡，国家能力意味着能够有效地行使政治权利，而法治和问责制则构成了对国家权力的合理限制，相对于本文，国家能力属于国家建构的核心，问责制所倡导的政府与社会间的回应，对话、互动等于治理具有相当的呼应，而法治的构建与运行就有利于实现三者之间的平衡，从而生成和保障现代政治秩序。

（武汉大学）

治理理论的全球化和中国化

杜志章

治理理论在今天的学术界已成为一门显学。一是因为当今全世界各个不同文明、不同类型的国家，都面临一个道路选择和制度设计的难题。例如欧洲的没落，东欧剧变，苏联解体，拉美困境，伊斯兰动荡，唯有北美和东亚尚充满发展的生机。但无论是北美的美国和加拿大，还是东亚的中国和日本，也都面临诸多新问题和新挑战。因此，世界各国都存在变革治理体系和提升治理能力的内在需求。其次，在全球化深入发展的背景下，许多世界性的问题超越了国家边界，也超出了单个国家的治理能力。例如全球气候变化、世界性的经济危机、能源资源安全、网络信息安全、跨国犯罪、国际恐怖主义、重大传染性疾病等全球性问题，需要世界各国通力合作，协同应对。因此，推进全球治理体制变革，建立更加公平合理高效的全球治理体制，也是世界各国的外在需要。要解决上述国内的乃至全球的问题，需要智慧，这种智慧不只是来自各个国家或地区的治理经验，其中产生于 20 世纪 60—70 年代的"治理理论"也许会给我们提供一些思想资源。

一 治理理论与全球化

治理理论的产生，从单个国家、单个地区的经验，经过总结和抽象概括上升到学术界的一个理论，这个过程与全球化有一个紧密的联系，也就是说治理理念是全球化的产物。这从三个方面体现出来：一是 20 世纪 70 到 90 年代，世界普遍出现"政府失效"、"市场失效"的问题，在自由主义思潮的冲击下，批判政府控制，呼吁除政府和市场之外的社会力量参与治理。其基本精神是实现政府再造，使"政府角色最小化"。二是伴随传统工业化深入发展，出现了诸多超越国界，超出单个国家治理能力的全球性问题。从人类整体利益出发，着眼于后工业化时代的目标，提出了对当前世界治理体系的挑战。呼吁建立更加合理、更加公平、更加高效的全球治理体系，提升人类应对全球性问题的能力。三是传统学科的困境。从20世纪70年代末80年代初以来，在西方社会乃至整个世界，人们发现以信息控制、技术治国和集权为基础的科层体制愈来愈不适应社会变化，其赖以建立的两大理论基础——威尔逊和古德诺的政治行政相分离的行政理念以及马克斯·韦伯的官僚理论，都无法回答和解决政府所面临的财政危机、管理危机和信任危机等困境。传统各学科领域原有的范式已经不再具有足够的能力来解释和描述现实的世界。治理理论应运而生。

治理理论在全球化背景下产生，同时治理理论本身也有一个全球化的过程。从空间上看，治理理论有一个从非洲到整个亚非拉发展中国家再到全球各国的发展的过程；从内涵上看，治理理论有一个从公司治理等某一领域治理到国家治理再到全球治理的发展过程。

二　治理理论中国化

当今世界多数理论都是产生于某一领域或某一地区之后，经过传播和广泛应用而成为全球性理论，这是一个理论全球化的过程。但，当这些所谓全球化了的理论被其他国家和地区借鉴或运用的时候往往又会发生一个逆向的民族化过程。在这个过程中，全球性的理论必然会与输入国的民族文化及其国情结合起来。

就治理理论而言，是伴随中国在全球化过程中而进入到中国人的视野中的。近代中国被迫加入全球化进程，传统以专制主义为核心的体制遭到全面批判，新文化运动完全摧毁了统治者力图坚守的"中体西用"原则，在民主和科学的旗号下，旧中国走向了全球化。新中国成立后的前30年，中国在国策的取向上基本是封闭的，当然也就自绝于全球化。改革开放初期，国门大开，中国快速加入全球化进程。但由于中国与世界隔绝时间太久，中西方差距太大，在全球化过程中中国出现了严重的民族虚无主义，同时全盘西化论盛行。这几乎使中国走向了最危险的边缘。1989 年之后中国在全球化进程中适当调整了步伐，对全球性的一些理论多了一些理性选择，也多了一些民族化的因素。

中国的特殊国情也要求治理理论中国化。一是因为作为国土面积广袤而且拥有世界最多人口的超大型国家的治理，其复杂程度是西方国家不能比拟的；二是因为在当前中国价值多元化背景下的治理，需要适应各方面、各阶层、各地域、各行业之间的差异性，寻找其共性，其困难程度也是西方国家单一价值体系下的治理所不能比拟的。所以，要把中国治理好，非常困难。有人说新加坡治理那么好，为什么中国不借鉴新加坡的治理理论和治理经验？事实上，新加坡其体量只相当于中国的一个城市，如果借鉴新加坡治理理论来治理中国的某个城市也许有效，但用其来治理整个中国是不太可能的。

具体而言，治理理论中国化主要包括以下几个方面的任务：一是治理价值中国化。将西方中心主义价值观，诸如自由、民主、人权等价值，置于当前中国特色社会主义的语境中，实现中国化诠释和创造性转化，充分体现"民族振兴、国家富强、人民幸福"的价值目标。二是治理原则具体化。把抽象的善治原则，诸如合法性、法治、透明性、责任性、回应、有效、参与、稳定、廉洁、公正等，具体化为治理的政策、措施和方法，便于实践，也便于评估。三是治理评估体系系统化。现有的评估体系多是单项评估，如民主测评、幸福指数、GDP、CPI 等。需要对国家治理体系、国家治理能力、国家治理绩效三个方面做系统评估。

以上是我的一些粗浅认识，请各位批评指正！谢谢！

（华中科技大学）

第七分论坛

全球治理与社会、政治及文化

"中国21世纪议程"与全球治理

甘师俊

非常高兴今天能够和这么多年轻的同志、年轻的教授、精英们在一起开会，对我来讲也是一个很好的学习机会。我记得在1986年的时候我在科委工作，负责全国的软科学研究，这是国家第一次把国家的软科学列入科学计划，我们在1986年召开了第一届全球软科学研讨会，当时万里同志做了一个报告，决策治理和决策伦理是一个最好的课题。这个报告当时发表了以后，很多同志有很好的反响，有一个非资产阶级自由化的倾向，我要说一点，从那个以后，政治体制改革以后，这个改革就有点停滞。很有意思，我这次是从政治体制改革到治理现代化，这两者中间有什么联系没有？我没有想好，我觉得是有很多可以思考的问题。在政治体制改革上，甚至在全球治理方面我都没有专长，但是我曾经长期在中央工作，退休后一直参与社团活动。今天我想谈一点近似于全球治理的案例。也就是中国在联合国开发计划署，也就是在UNDP协助下制定了实施"中国21世纪议程"文件，中国政府和知识界积极响应，在尽快制定"中国21世纪议程"上很快达成共识，同年9月由国家计委国家科委牵头，成立了包括政府部门、社团组织研究机构在内的58个单位参与的"中国21世纪议程"推进小组，同时建立了多部门、多领域、多学科，由300多人组成的高层专家团队，UNDP对此给予了十分紧密的合作，不仅在资金上予以支持，而且邀请了一批富有经验的国际专家与中方共同工作。作为全球第一部国家级的"中国21世纪议程"，"中国21世纪议程"于1994年3月

25 日由国务院通过。同一天，两委共同组建的"中国 21 世纪议程管理中心"开始运行，负责相关的具体工作。"中国 21 世纪议程"的推出，产生了很大的影响，不仅在国内纳入了国民经济计划，在国际社会也得到广泛认可。在 20 世纪 70 年代的前几年，我国在外交上遇到了一些暂时的困难。但在实施可持续发展战略方面，"中国 21 世纪议程"为国家争得了不少的话语权，可以说这是我国参与全球治理的一次成功的实践活动，在整个流程中体现了"共商、共建、共享"的理念。

第一，这不是一个"单一的政府治理"，也不是"没有政府的治理"，是政府官员从国务院领导到一般干部充当引导、组织和提供支持的角色。

第二，以中国可持续发展研究会为代表的社团组织起到了 NGO 的作用，依靠着专家团队，不仅在文件形成、优先领域项目选择等方面贡献了专业知识，而且通过与政府人员的交流商讨，可以说在某种程度上是直接参与了决策。

第三，联合国、世界银行等国际机构从一开始就具体地参与了这项工作，中国政府还和 UNGP 合作，召开了两次"中国 21 世纪议程高级国际圆桌会议"，有效的国际合作对有效的国际治理是十分重要的。

我感觉这个活动，从某种意义上讲是把全球治理的要求都体现出来了。治理是 20 世纪 90 年代初由西方提出来的理念，此后在国家治理实践上实现了一些探索，对全球治理而言，还只是一个理想或者神话。西方所追求的全球治理模式实际上是美国的霸权模式和西方治理模式，甚至是用西方的价值观全盘改造世界的工具，但必须承认，这对于正确变革的历史转折中的世界，治理和全球治理的思想的提出，具有十分重要的理论和实践意义；对中国的发展尤其重要，中国是当今世界经济增长最快、社会变革最广泛、生态环境压力最大的国家，由于信息的传播迅速，中层阶段的不断扩大，公民的生产需求不断扩大，即使是强势的政府，也面临很大的治理挑战，我们要改革我们传统的管理模式，与传统的管治最大的不同，治理的能量不是自上而下强制性的，而是出自于社会内部，社会多成员是社会治理的成员和参与者，因此社会与政府合作，政府与非社会团体的合作，形成共同的目标就特别的重要。实际上治理就是指的由这种共同目标所支持的活动。由于社会力量在治理中的作用日益增强，要求现代治理的现代化，政府治理和非政府的治理活动是一个绕不开的议题。公民和NGO在治理中的话语权，应该是社会成熟程度的一个度量，单一的政府治理是低效的，没有政府的治理是不成功的。现在也有学者讲，现代的治理就是没有政府的治理，我想这显然是行不通的，特别是在中国。管治往往与官本位联系在一起，文化传统和优良文化传统的利益搞乱了社会价值观，导致社会很难达成统一价值目标，强势的政府还是要起到拨乱反正的导向作用，也只有强势政府理性地放下强势的身段，才有可能迈出治理现代化的第一步。但是正是在如何对待非政府组织的基础上，我国有很长的路要走，所谓的一个非政府企业，就是NGO，学者常用的一种概念。实际上NGO没有得到正式的承认。NGO在西方标准的意义上面，是一种促进国家经济发展的独立的社会组织，是社会的第三部门。事实上在我国并不真正地存在。今天我不准备涉及敏感的问题，只想谈一下公民社会和政府之间的某种解决方案，因为这两者之间确实需要一个桥梁，为了体现中国特色，又与国际接轨，作为过渡，可以选择逐步地改革和放开官办非政府组织。我在这方面还是有点经历，首先我作为政府官员，想办法让那些草根NGO起来，政府要求我这样做。但是我退休之后，我又被别人限制我这样去做，所以两方面的体会，我确实感觉到还是很有意思的。这种由政府导向的非政府组织，在我国数量很大，实力很强，信息和人才资源丰富，但发挥的作用很小，是十分可惜的。现在各类机构止在面临机构、社会上跟主管部门的企业脱钩，就像我们中国可持续发展理事会，很多事情需要交党组讨论的，现在提出来这个改革是重点。

还有一个要求就是限制退休三年以下的干部不能担任机构的领导人，主要业务向咨询业务转移等，这都是逐步形成独立业务的良机，中国的非政府企业是一个值得信赖、大可作为的机构。刚才我提到了一个推动中国可持续发展的战略的制定和实施，就是一个很好的案例，我们应该有充分的道路自信、理论自信，信任我们的人民，信任我们的干部，信任我们的知识分子。从人类面临诸多危机入手，一定能够开辟贡献中国和世界的新路。谢谢大家！

（中国可持续发展理事会）

制度变迁与中国媒介产业资本化

朱振华

各位专家、各位老师下午好！刚才来自中国可持续发展理事会的甘师俊老师介绍了他自身的一些经历，谈到了非政府组织（NGO）在国外以及在中国的定位及其所发挥的作用并不一样。我也在这方面做过一些思考，其实"治理"这个词和"NGO"一样，在西方和在中国的语境之下，无论是其定义还是其所发挥的作用，应该也是不一样的。"治理"这个概念也是从国外引进来，所以在中国是不是要对"治理"一词做一个符合中国语境的定义，我觉得很有必要，所以我非常认同甘老师的说法。

我先介绍一下我自己的情况，我就职于浙江传媒学院国际文化传播学院，从事英语教学工作，现在在北京外国语大学读博士。我的导师是李莉文教授，主要从事国际政治经济学（IPE）研究，所以我目前也跟她一起开展 IPE 研究。我一直在思考，能不能把 IPE 与媒体研究相结合，因为我在传媒类高校工作，有这方面的资源优势。我发现 IPE 的不同理论和学派都提到了媒体和信息流通的问题，但是在 IPE 视角下专门研究传媒问题的并不多，更谈不上体系化。而反过来，从媒体或传播学视角下研究国家与社会或者是国际关系的有不少，这方面主要是传播政治经济学的学者在开展相关研究。所以我就在思考，如果能从 IPE 的视角去探讨传媒问题，肯定能发现一些新意。而 IPE 的研究中，很多理论都与"治理"或是"全球治理"相关。所以，这是我这个研究主题的由来。

今天我主要想讲三个方面的内容。首先是全球化与传媒全球化的关系；其次在传媒全球化影响下，中国传媒的发展；最后我想落脚到中国传媒的治理问题上。

首先，我简单介绍全球化的目的是为了引出传媒全球化的定义。因为在全球化的研究中，传媒全球化并没有引起足够的重视。在媒介或传播视角下，英国社会学家约翰·汤普森（John Thompson）曾经给出了"媒介化的全球化"定义，他认为，"全球化是一个过程，在这个过程中，世界范围的政治、经济和文化以及其他社会关系都越来越超越了时空的束缚而媒介化"。我国也有学者对传媒全球化做了定义，比如明安香在《传媒传球化与中国崛起》一书中提出，"传播全球化就是信息能够在地球上任何地方跨时间、空间、地域和边界的限制，进行及时、广泛的传播或交流"。我想给出的结论是，传媒全球化是全球化的重要维度之一，传媒全球化与全球化不可分割，传媒全球化既是全球化的触媒，也是全球化的结果。

然而，传媒全球化并不意味着传媒均质化，信息的传播是非常不均衡的。不论是信息的数量，还是信息制定的规则，都是由西方发达国家所主导。所以现在，信息主权、信息鸿沟等问题，也需要得到重视。对于处在传媒全球化格局中的中国传媒的地位，我们可以从一些理论中去考察一下。根据 IPE 的世界体系论，中国当前和巴西、印度一样，是一个半边缘国家，中心国家是美国、加拿大和一些西欧发达国家。我认为，把中国传媒置于这样一个位置，基本上还是准确的。虽然中国传媒在传媒全球化格局中的地位不断在提高，比如有一些电视节目和节目制作形式，也开始被美国等发达国家引入，这是一种新现象。但是总体而言，美国等西方发达国家依然在传媒全球化格局中处于主导地位。当然，我们要把中国传媒的地位放在一个动态发展的过程中加以考察。

第二个我想谈的是传媒全球化格局中的中国传媒问题。其实在 21 世纪之前，中国的传媒领域并没有"治理"这个概念，使用得更多的是"管治"和"规制"这样一些名词。中国的传媒从 20 世纪七八十年代开始历经了市场化和集团化的改革过程，而这个过程，用"管治"或者"规制"这样的名词进行描述更加贴合实际。

在进入 21 世纪后，尤其是近年来从事媒体研究的学者们纷纷提出了一些媒体治理的理论和理念，体现了国内学者对传媒领域进行治理的呼声越来越高，希望用"治理"代替"管制"。比如学者们提出利益相关者理论，替代性规则；又比如说呼吁传媒回归其公共属性和主体性等，都体现了一种对媒体管理的理念转变倾向。

因为时间所限，国内层面的传媒治理不再具体展开，最后我想提一下国际层面的传媒治理。对于国际层面的治理，我在写这篇文章的时候一直在思考，中国传媒起步相对较晚，在很多方面依然落后于美国等发达国家，那么，能在什么层面参与全球治理？目前最有利的契机显然就是参与互联网治理。互联网集成了传统媒体的功能，且在中国具有后发优势，即将在乌镇召开的"世界互联网大会"，以及习近平总书记 2015 年访美时在西雅图参加的第八届中美互联网论坛，其中一个重要议题就是互联网治理，中国也表明了要参与互联网治理的理念和决心，而且中国也确实具有技术优势和实力。根据当前最新的网站排名，当前全球前十的互联网公司中，中国就占了四席。此外，技术的发展也为我国提供了机会，比如从 IPv4 至 IPv6 的升级，给了我国更大程度上参与互联网治理的可能性。我国目前有世界上最大的纯 IPv6 网络，正准备逐步推广商用。另外，我国也已经在更深更广的层面，参与到了互联网治理的国际机制中，并且在其中发挥着越来越重要的作用。像广州大学黄旭老师对于互联网工程任务组（IETF）的研究，也给了我很多启发。当然，我们不能陷入技术决定论，需要把技术的发展置于全球的政治经济结构中进行考察，才具有现实意义。同时我们也不能否认，技术的进步，正如工业革命，有可能会对现有的世界秩序造成翻天覆地的影响！谢谢大家！

（北京外国语大学）

毛泽东国际战略思想与自强不息民族精神的现代转换

王国学

　　大家好，我来自哈尔滨工程大学马克思主义学院。大家都知道，中国的高等学校和西方有一个重要的不同点，就是我们有一个思想政治理论课的教学活动。我们可以把这个活动看成高校治理的一个组织措施，也可以把它看成是国家治理或者社会治理的一个过程。我在教学实践当中常常遇到一些具体的问题。套用咱们治理研究院院长欧阳老师的一个分析框架来说明，就是我们政治理论宣传和研究工作，是分成这四个层次的：顶尖上是政坛的层面，就是国家高层；接下来第二个层面是论坛，也就是专家学者的讨论；第三个层面是讲坛，就是高校的政治理论课老师所做的工作；最后是大众，有学生也有非学生的社会人员。在这个过程当中，高校老师在进行宣讲的时候，直接对应是上面政坛的观点和主张，中间论坛的一些内容，很难融入到教学当中去。这是由这个活动本身具有较强的政治性所决定的。高校的思政老师好比参加一个辩论赛，你坐在正方的位置上，你在讲你的论点的时候，是不能违背你正方立场的，这就使我们在实际工作中遇到很多困难。

　　我在这篇文章当中，就讲到了这样一种情况。如果把中国目前在国际社会中的角色定义为国际秩序的参与者或者叫受益者（这个秩序是以西方为主导的）的话，那么这个角色显然跟改革开放之前，也就是毛泽东时代的那个角色不一样。当时中国是西方主导的国际秩序的挑战者的身份。如果这种认识是正确的话，那么接下来有一系列的问题需要我们回答。这些问题是我在教学过程中遇到的，有一些是老师提出来的，有一些是学生提出来的。我在这里归纳为四点。

第一，是不是毛泽东当年的挑战错了？改革开放政策实施以后，我们的国家实力提高了。二战之后跟着美国走的国家，例如韩国、日本，实力都增强了。而跟着苏联走的国家如朝鲜、越南都很穷。

第二，现在中国的胆子是不是变小了？中国国力弱的时候，敢于挑战美国，现在中国强大了，但在面对美国遏制政策的时候，是不是反而缺乏了当年斗争的勇气？

第三，中国和平发展道路是否意味着中国崛起和美国守成大国的结构性矛盾一定不会引起战争？

第四，毛泽东外交思想或者叫国际战略思想还有没有现实价值？如果有，这个现实价值在哪里？如何解释前两年习近平总书记提出的改革开放前后两个"三十年"不能相互否定的论断？

上述问题关乎中国在国际上的角色定位问题，同时也关系到新中国成立 60 多年国家政策的成败、功过、是非等评价问题，是思想教育和理论宣传无法回避的意识形态问题，也是中国国家治理庞大体系当中不可缺少的一项内容。我的论文就是通过对上述问题的思考而写成的，具体内容我就不赘述了，在论文集 236 页到 241 页有详细介绍。

我的基本想法是，中国近现代历史，包括我们当代历史，是不是应该有一种一以贯之的东西？这是我做的一种假设，这种想法可能比较落后，有"本质主义"或者"普遍主义"的嫌疑，这两种主义现在饱受诟病。但不如此就不能对上述问题给出比较令人满意的回答。我提出，在中国的近代、现代、当代有一个东西没有改变，就是中国的"民族精神"，我在文章中用"自强不息"民族精神的现代转换来试图回答当代中国外交与毛泽东时代外交的关系问题，强调的是毛泽东当年的努力为当代中国参与全球治理所做出的重要贡献，毛泽东的国际战略对于现今的中国仍然具有现代价值，这种价值既体现在一种政治遗产上，也体现在一种思想遗产上，具体内容，由于时间关系，我就不叙述了，谢谢大家！

（哈尔滨工程大学）

龙文化精髓与全球治理

庞 进

很高兴来参加这个会，跟大家有一个交流的机会，我的这个题目是"龙文化精髓与全球治理"，因为我做龙凤文化研究有30年时间，我的老同学欧阳康给我发了邀请，让我参加这个会，我自然就想到从龙文化的角度谈一谈我对全球治理的一些粗浅的认识，因为我不是研究这个领域的，只能是从我这个角度来想一些问题。

首先，龙是中华民族的广义图腾、精神象征、文化标志、信仰载体和精神纽带，海内外华人都认同自己是人文意义上的龙的传人。龙文化具有超越党派、地域、国家、族别的功能，龙的基本精神是"融、福、谐、奋"，就是多元融合，造福众生、与天和谐，奋进创新。我还提出了龙道信仰，基本理念就是尊、爱、利、和，就是尊天尊己尊人，爱天爱己爱人，利天利己利人，和天和己和人，"融、福、谐、奋、尊、爱、利、和"构成了龙文化的精髓，它们是"立足中华文化，融合世界闻名，关注当下民生，聚焦人类未来"的思想结晶，具有"有根、有容、公约、普适、时新、精练"的特点，可以与世界各大文明相对接、相融通，可以为全球治理提供智慧参考。而全球治理根本上就是思想治理，龙就是中国古人对自然界中的多种动物和天象经过多元融合而创造的具备喜水、好飞、通天、善变、显灵、征瑞、示威等神性，和融合、福生、谐天、奋进等精神的一种神物，其实质是先民对自然力的神化。

经过至少八千年甚至三万年的创造、演进和升华，龙已成为中华民族的广义图腾、精神象征、文化标志、信仰载体和情感纽带。

海内外华人大都认同自己是人文意义上的"龙的传人"。

一个世纪以来，龙已完成了它的当代转型，已随着中华民族前进的脚步，告别了皇权、保守和软弱，成为自觉自信、适变图强、爱惜和平、以天下人的幸福为幸福的新龙。

龙文化有一个极其深远的宽广的坐标系，它的时间纵轴已可以探伸到万年以上，它的空间横轴扫揽了整个中华大地，乃至地球上所有华人、华裔生息、繁衍的地方。

龙文化有广义龙文化和狭义龙文化之分，广义龙文化，指的是以龙为象征，为标志的中华文化。狭义龙文化，指的是人类创造的有关龙的各种成果的总和。人们一般认知、言说的龙文化，都是狭义龙文化，当然也牵涉到广义龙文化。

龙文化既是根源文化，也是标志文化；既是民间文化，也是官方文化；既是物质文化，也是精神文化；既是传统文化，也是时尚文化；既是中国文化，也是世界文化。

龙的精神可用"融合、福生、谐天、奋进"来概括。它可以是一种天然观，生态论，奋进就是奋发进取、开拓创新、适变图强。从龙舟竞渡上昭示出龙的奋进的精神。龙的奋进的精神反映在了龙的形象上，与时俱进、不断创新、持续发展。

福生是"造福众生"的建成，龙本来就是中国人为福生而创造的。也就是说，中国人创造龙的目的，是为了有利于、有福于自己，而不是为了有害于、有祸于自己。

谐天是与天和谐、与大自然和谐，龙是多元融合的神物。龙的取材对象，囊括了与古人的生产、生活关系密切的众多动物和天象，这些动物和天象，代表着古人心目中的"天"，也就是我们讲的自然界。

龙道是以龙为象征标志，来自中华民族，在汲取中华文化和世界优秀文化基础上融合创新的思想学说、理论体系。龙道就是立足中华文化，融合世界文明，关注当下民生，瞩望人类未来之道。

龙道信仰就是对龙道的信仰，之所以提出龙道信仰，是鉴于中华民族相对统一的根本性信仰缺失。

龙道信仰的基本理念可以概括为四个字"尊、爱、利、和"，对应着四句话：尊天尊己尊人、爱天爱己爱人、利天利己利人、和天和己和人。

尊就是处世观、交往论；爱就是感情观、关系论；利就是互利观、共享论；和就是理想观和境界论。

龙道信仰可以成为中华民族的根本性信仰，为什么这样？

第一，有根，龙道是从中华文化根上生长出来的思想学说，理论体系。习近平总书记讲了求大同，求和合。我加了一个"利有为"。我提到这个龙道有可能来完成这个任务，可以吸纳儒家、道家，甚至世界各家之长，回避它的局限。

第二个是有容，第三个是公约，第四个是普适，第五是时新，第六是精练。现在以美国为首的西方治理，我想的就是一个"霸"字，霸权治理，霸道治理，我提出用龙文化的精髓作为一个智慧参照，就可以对它的霸道进行一番纠正，仅仅是一个参考。

（西安中华龙凤文化研究院、西安日报社）

媒介动员视域下表演式抗争的发生、过程及效果

郭小安

　　各位同人下午好！非常荣幸能参加这样一个高大上的国际论坛，今天我向大家汇报的题目就是关于抗争表演的一个小讲座，我有一些忐忑，我这个论文跟这个全球治理的气质不搭，大家高屋建瓴，我不能比。我非常想回武汉，我在武汉待了十几年，然后去了重庆。

　　因为时间关系，现展开我的汇报内容。第一，问题的缘起及文献回顾，有关底层抗争里面美国学者詹姆斯提出了生存理论，弱者的武器就是弱者的身份，以前有一个人讲了弱者的身份、弱者的想象，给我很大的启发。比如说以法抗争，以理抗争。在中国互联网上有一个法则是微观就是力量，势力抗争就是喝药、自杀等。还有一个以气抗争，我今天讲的表演式抗争，社会学讲的社会抗争和新闻事件。表演式抗争主要是以抗争的剧目、仪式等，人越多越容易表演，越容易世故。还有一些老百姓上访等，认为表演式抗争是公众利用新闻报道进行自我赋权的形式之一，目的是借助媒介适量使事件得到解决。这也是以势抗争，就是把事情弄得最大，就搞一些段子，把事情最大化。今天引出我的研究，原来的研究是来自于政治学和社会学，今天从传播学的视角把媒介动员和抗争表演结合起来研究，为什么我会选择用中青报门口喝农药事件？以前很多农民抗争选择在政府和天安门广场自焚，但是现在选择在中国青年报，

中国青年报原来报道了越级上访，影响很大，所以他们把抗争的地点选择在中国青年报，以前的上访是一个人，两个人，现在往往达到七个人，但是这个表演式抗争是越少越表演，越少越暴力。

为什么会选择抗争表演，首先不能忽略在抗争表演之前他们有29次维权失败，里面有很多尝试，媒介动员他们在动员的时候是自媒体动员，他们发了2000多条的帖子，农民拥有一些媒介素养，但是他们的叙事这一块非常的平淡，没用。当时的主流媒体说没有非常大的爆点，就没有理他，所以这个时候有一个意图，经常在去上访的时候，有一些会去上学习班，坐黑牢。

第二，今年7月的时候，他们联系到一个中青报的记者，这个记者是一个策划公司的人员。行动者的场地选择，首先是中国青年报，在揭露一些上访时遭受的不公平待遇上，中国青年报非常有影响，他们把它当成救命稻草。第二个道具使用，原来是自焚，现在是农药，有一些人喝了，还有一些没有喝，但是他们表现得非常痛苦，然后就进行媒体报道。这是一个媒体公司，它发了一个新闻、微博之后，媒体就关注了。中国体制的机制下，不闹不解决，大闹大解决，然后一闹就解决，大家一反抗起来就受到了一些补偿。

还有一个问题值得大家反思，就是表演式抗争有一个示范效应，从7月到12月，很多人学会了喝农药自杀，就是北京王府井大街有很多出租车司机自杀，其实他根本没有喝。为什么在当下中国，正在越来越多地运用媒体进行动员，且动员往往更容易成功，另外媒体为什么席卷与一边倒地支持弱者而反对政府、批判体制。在面对弱势群体抗争事件时，与政府有着怎么样复杂的博弈过程？在媒体里面，公民、全体有一个非常烂的利益博弈问题，这个里面值得我们的反思，在新媒体时代，我们发现媒介素养越来越好，以前老是表演式抗争，有时候喝农药就会死掉。所以现在出现了一个表演，如果不会表演就会请公关公司来策划。出现了各种抗争方式之后，会出现审美疲劳甚至麻木不仁，而当媒体和公众变得无动于衷时，抗争者需要不断创新剧目、道具和方式。抗争表演与公关策划的结合有可能改变抗争事件的性质，它将导致今后的抗争表演有可能和职业医闹类似。个案研究一个最大的挑战是，社会本身是流动性的，变动布局的，如何在这种动态的不确定性中发现更具有普遍性的解释框架，除了需要科学的研究设计和方法外，还需要更多的数据和样本，这是本文的研究局限所在，也是下一步需要完善的方向。

（重庆大学）

中国特色社会组织发展的文化促进渠道

李新慧

首先非常感谢华中科技大学提供这样一个机会，让我可以跟大家汇报一下我的一些思考。我汇报的内容是关于中国特色社会组织文化方面的。全球治理需要社会组织的力量，社会组织参与社会治理乃至全球治理也需要构建一种传统与现代相结合的社会组织文化。这里我先介绍一下社会组织文化的概念，然后介绍社会组织文化的内容，其他关于社会组织文化困境和解决渠道，在论文集里面有。

目前组织文化的研究是企业组织文化，关于社会组织文化还没有一个统一的认识。我认为社会组织文化可以从狭义和广义两个方面去理解。广义的社会组织文化是指在民族文化影响下，在社会组织长期发展形成过程中，形成的共存于各类型社会组织中的精神内核与价值取向。狭义的社会组织文化是在作为个体的社会组织中形成的，用于区别于其他社会组织、影响成员行为的价值、信念、规范。每一个社会组织既要有对作为亚文化系统的广义社会组织文化的传承，也要有区别于其他社会组织的狭义社会组织文化，做到既继承又创新，才能逐步成为社会组织的无形资产，赋予社会组织精神力量，促进组织提高效率，开发员工的创造力，使社会组织在市场竞争中获得持续发展。

关于社会组织文化内容，我主要从三个向度去认识。

第一，人与社会的向度，崇尚忠诚重义、以天下为己任，注重务实。忠首先表现在对国家和君主的忠诚，忠还表现为待人行事的忠诚和信用，主张不管事情大小，只要接受了他人的托付就应履行自己的承诺，忠人之事。轻利重义是儒家思想的重要道德取向，"君子喻于义，小人喻于利"。正是这种重义轻利的思想，使古往今来的仁人志士义行义举源源不断，构成了古往今来社会组织繁荣发展的重要文化源泉，也构成了社会组织文化的重要组成部分。集体至上也是中华文化一直以来的传统，儒墨法家都有一种重集体、轻个人的思想，这种集体至上的思想可以为组织成员在奉献中体现个人价值、得到心理满足提供支持，也为确立科学的组织文化提供依据。慎思务实是中国传统儒家文化治学的根本方法，也为人们理性客观地认识社会、解决社会问题指明了方向。体现在社会组织中，一方面为我国社会组织建设提供了指导原则，即以中国社会基本国情为基础建设中国特色社会组织体系，在中国文化根基上建设中国特色社会组织文化；另一方面也提示我们理性地分析社会组织现状和问题，加强社会组织理论研究，积极进行社会组织实践探索，才能把握中国社会组织建设的规律，更好地服务社会。

第二，人与人向度上，崇尚以人为本、平等自由。以人为本可以追溯至西周时期的"敬德保民"思想，这不仅体现了鲜明的民本思想，还包含了人人平等的观点。这种民本思想发展至今，又成为科学发展观所主张的"以人为本"，这不仅是中华文明和时代精神的完美结合，也构成了社会组织开展活动和构建组织文化的指导方针。有关平等的思想早在《尚书·洪范》中就有"大同"的观点，主张天子、卿士、庶民、卜筮意见一致。平等传承至今，不仅成为近代以来社会组织为争取个人和社会平等与解放的强大动力，也成为社会成员通过自组织维护自己的平等权益、与权力制衡的元基因。仁爱向上，在当今体现为博爱奉献，体现为血脉相通、心手相连，一方有难、八方支援的扶危济困精神，不仅具有了鲜明的时代内涵，也成为众多社会慈善机构的服务宗旨。团结合作是中华民族一直以来的优良文化传承，在各朝各代都有体现，是社会组织良性发展的制胜法宝。

第三，人与自然向度，崇尚合一、和谐。天人协调是中华文化的主要特征，推崇人与自然的和谐，也是我们中国文化的核心，这种文化一方面构成了环境类社会组织的指导思想，也是其社会组织文化的主要来源，更是中国社会组织参与全球环境治理的一个文化支撑。

　　当然，现在中国的社会组织建设，存在一些困境，刚才咱们可持续发展理事会的甘老已经讲了社会组织存在的经济上、管理上的困境，我觉得社会组织文化发展上也存在一些困境，主要表现在依附型的臣民文化强于现代参与型社会组织文化，社会组织文化发展不平衡，而公民教育也存在不足，社会参与精神需要培育，社会组织内部文化需要提升。解决之道首先要大力弘扬传统社会组织文化，积极培育现代社会组织文化。美国著名政治学家阿尔蒙德说过，公民文化是一个混合文化，包括公民文化、臣民文化和参与者文化，中国的社会组织文化，我感觉也可以将传统社会组织文化的醇素融入当代，吸取现代参与型文化的精华，实现传统与现代的完美结合。二是坚持社会组织文化的社会主义性质，以马克思主义为指导。中国特色社会主义即为社会组织文化建设的场域，社会组织文化的直接目标是为中国特色社会组织建设提供精神动力和智力支持，最终目标是为社会主义市场经济的发展提供文化软件服务，所以我们社会组织文化应该坚持社会主义性质，而坚持社会主义性质就必须以马克思主义为主导。另外要推动社会组织文化均衡发展和常态化建设，以推行公民教育为前提，完善公民社会参与和政治参与的实践机制，最后是建设具有中国特色的社会组织内部文化。这是我的一点思考，不妥之处还请大家指正！

（石家庄铁道大学）

闭幕式

总结发言

欧阳康

尊敬的各位嘉宾，各位老师，各位同学上午好！会开到这个地方，应该是画句号了，但是对于我们全球治理问题的研究和探讨，最多是一个分号。我受大会组委会委托，就本次会议做了一些功课，给大家做一个简略的汇报，大家在一天半时间集中在这个会场，感谢在百忙之中来开会的代表。

这个会议在一个非常重要的时刻召开，涉及一个非常重要的话题，我想大家知道它所具有的意义。

首先，我谈一点对会议的印象，也是到我们会议结束之前，让大家对会议有一个总体的了解。第一是关于本次会议的概况，一个突出的特点就是我们有极强的代表性。尽管我们的人不算太多，我曾经办过五百人的会议，我们这次只有一百人左右，但是我们这个会议的代表性非常强，我们的代表来自十多个国家，国家不算太多，有发达国家和发展中国家，而且我们五洲都有自己的代表，北美、南美、欧洲、非洲、亚洲，而且这里面还有国家级的代表，就是大使，我们有六个国家的大使和使节，同时还有一些国际组织的代表，包括各种研究会等。有研究机构的代表，有高校的代表，还有个人代表。所以几乎是各方面的人士都有。

还有一个突出的优点就是老、中、青结合，我想在台上的周教授是最老的，还有我们的研究生、本科生，这是一个全球层次的，讲全球治理在当代学人当中具有的魅力。这些问题通过这样一种方式来讨论，我觉得非常的重要。

第二，这次在湖北武汉，美丽的东湖之滨，在毛泽东待了很久的地方设立了一个国际论坛，以全球治理为主题，全国有很多国际论坛，但是以全球治理为主题是第一家，我们湖北省很多的领导都过来了，王国生省长本来要来但是因为工作原因没有来，还有国家教育部等都来了。这次设立了全球治理·东湖论坛，它所持有的意义，湖北日报是头版头条，李鸿忠书记的讲话已经发上去，我们各位学者的讲话已经传到网络，产生了很大的影响。我觉得更重要的是在于未来的影响，设立这样一个高端论坛，集中在全球治理，将对中国的治理，尤其是中国加入全球治理，更好地引领世界，引领中国发挥非常积极的作用。

第三，在会上、会下进行了比较全面和充分的交流。这次交流，我统计了一下，是30多人次，论文是60多篇，小组发言是60多人，还开展了一些小组交流，这次的会议是我们老师和同学们根据近年来大家对于全球治理、国家治理方面已有的论文影响发出的邀请。来的嘉宾都是专家，就全球的问题做出一些非常有深度的解读，涉及面非常广。还有一点是大家的发言来自于各个学科，各个领域，汇聚起来这样一个主题。

第四，涉及我们这次会议讨论的内容，关于内容大家都有文集，也都听了，我就不详细说了。但是我想，有七个问题，已经形成我们会议的热点，也是我想以后可以进一步研究的大概的版图。

一是关于全球治理的历史。全球治理是一个近代和现代的事情，按照我自己的认识，21世纪以来真正形成而且以二次大战结束联合国成立开始的，从那个时候一直到现在，半个多世纪经历了多次的演变，这一过程对当代人民的自觉性进行了反省。人类遭到了各种灾害，天灾、人灾、二次世界大战，人类变得更加聪明和聪慧，开始了对全球问题的治理，这个里面的内在逻辑进行了一个演变，在某种意义上梳理这个逻辑，对我们理解这个世界格局有一个前提性的作用。在这方面的研究还需要进一步加强。

二是关于全球治理的理论。全球治理我自己的感觉是理论滞后于实践。全人类已经建立了一些机构，而且有了各种各样的宣言和各种各样的政策，包括联合国的宣言、宪章等，都讲了一些问题，但没有把它体系化、系统化。全球治理委员会提出作为一个专门的学术来进行研究，这一次学术研讨会探讨了全球治理的理论性，它们在这里分析了很多，有没有一个统一的理论，有没有一个统一的原则，全球正义有没有一个统一的理解，我想这是一个非常有深度的问题。其实思想的困境就是现实困境的反映，而现实是我们平常所说的是先有鸡还是先有蛋，我们理论研究是理论在先，还是实践在先。如果基于这种条件，不太能想象人类可以在全球治理上变得多么的自觉。

三是全球治理人类面临的问题和挑战。现在所有的国家都觉得原有的体系已经不太够用了，或者原有的体系的合理性，需要做适度的调试，而新的各种各样的机构正在建设，正在建立，而这个社会的格局在打破，打破了之后，所有的国家，最强的国家，最大的国家，最小的国家，最弱的国家，基于区域的全领域、全时空、全领空都出现挑战。当前的人类面临一个智慧短缺，各个民族都面临这样的问题，各个民族面向一个深刻的转型，自己面向何方，如果我们在讨论治理的问题，不能把治理的问题和国度的问题讲清楚，我们不能知道自己向哪个方向转。今天的问题之严峻超出了我们的想象，从最底层的生态到最高端的发展，我们如何更好地走向未来，中间有很多的层次，我想在这些方面，这些文章提供了很多非常重要的分析。我觉得这一些分析还需要进一步的梳理，尤其是找出这些问题存在的深层次的原因，这些问题的提出找不到原因，我们很难找出解决它们的办法。

四是当前全球治理走向何方？涉及全球治理的价值取向，从我们搞国家治理开始，就讲到了一个概念叫善治，什么是全球意义上的善治，这个是我感觉到最困惑的事情。随着经济全球化，好像看来各个国家之间的利益是越来越走到一块，但是仍然存在国度之间巨大的纷争，这样的纷争对我们每一个国家和民族都提出了一个如何在全球共同利益中寻求民族利益和共同利益的问题。刚才金教授谈到了一个赤字问题，赤字这个问题在全球范围感到了困惑。今天我们能不能形成一个非常好的价值取向，这一点在某种意义上确定全球治理应该依据什么样的价值目标来设定现实问题解决的走向，这一个恰恰是各个国度之间会争论很大的问题，有些问题是共识的，有一些问题是争论很大的，尤其是在一个有限空间内部，资源极度匮乏就会产生争论。

五是以什么样的模式开展全球治理最好？全球治理离不开国家，但是要有一个模式问题。虽然现在有联合国理事国，或者是理事会，有一些国家不理联合国的决议，擅自发动一些局部性的战争。这一些战争对联合国是一个巨大的伤害，在某种意义上构成对联合国权威性的挑战，包括 WTO，包括全球金融体系，尤其是现在出现一些新的，从 G7、G8，到 G20，包括我们现在看到的 PPP，还有 TPP，这都是对人类的挑战，当今人类应该以什么样的方式来开展一种全球意义上的治理，这个基础上是各国想各国的办法，中国也提出了像亚投行、"一带一路"，甚至是加入世界货币组织得到特殊期款权等倡议。人类有没有可能达成一种真正意义上的共识，现在基本上是用得着就用，用不着就放到一边。上帝给我们创造世界的时候，世界永远建不起巴比伦塔。超越价值局限，找到途径和通道，形成有效的机构和组织，形成大家的资源遵守的规则，这个恐怕对我们未来是一个很大的挑战。

六是关于中国在全球治理定位的问题。这个问题是我们诸多文章讨论的问题，我们关心全球问题，关心世界各国的问题，特别是世界学者和中国的学者都必然关心各自的问题。我去马尔代夫后知道，如果没有一个对全球治理有很好的调控，马尔代夫生存的空间会受到极大的影响，海平面上升一米，他们的国家都没有了。对中国也是如此，如果中国极度地缺水，那么中国的可用的耕地资源会减少。包括美国这样的发达国家，还有加拿大都面临这样的问题。在这样的背景下，在全球治理的背景中找到中国治理的定位。如果中国治理搞不好，全球治理中国也搞不好，如果全球治理中国搞不好，中国的治理也搞不好。我想我们下一次会议会集中到中国紧迫的问题上来考虑。

七是全球治理思想资源的问题。我们面临如此大的理论思想资源的时候，我们靠什么东西来提升和丰富自己。这次会议我的老同学庞进提出了龙凤文化，还有王主席讲了老子的文化。西方的核心价值有三个，市场经济、议会民主，加上基督教伦理，现在的亚洲价值，要有新三要素，第一是市场经济，第二是新权威主义，第三个是用儒家伦理。我曾经在华盛顿待了四个月，由美国一个基金会支持我研究这个问题，当时我在研究的时候，就考虑这个问题，儒家思想能动性足以支撑中国走向现代化和未来。我想是一个非常重要的资源，但是我们还是要向世界的各种文化资源学习。我们是三种路线，一个是回到传统，中国在这方面有非常多的资源，不能仅仅靠传统，还是要把它活化，把传统的思想融入当今。活化就是要与当今先进的发达国家的一些思想结合，世界文明走到今天，不是没有道理的，一定是有理论作为支撑的，这些东西应当被我们学习和应用。仅仅是这些还不够。我们还需要马克思的思想，各种政治思想理论，这都是我们今天需要学习的。2015 年我们有最重要的思想理论的创新，我们有最广泛的视野和根源，我们还有最重要的活跃的思想典范，所以在这样的意义上产生思想，在这样的意义上，我们引起了全球治理，或者是政府、学界、组织机构的非常重要的重视和撰文的探讨，那将百花齐放，各展魅力，而且会产生启迪和引领的作用。

接下来我想谈谈下一步的工作，我们初步的一些设想。

第一点，我们希望能够巩固和宣传本次会议的成果。我们这一次会议有非常好的翻译，也专门请了速录，从大会到小会，我们每一位学者的发言，很快就会有速录稿出来，我相信我们速录员的录入水平，我们还是要尊重每一个学者对于自己发言的最后的定稿权。所以我们的会务组会把每位学者发言的速录稿发给你们，希望你们尽管完成对它的修订。我希望可以在光明日报或者社会科学等杂志上面进行一系列观点整版的介绍，把我们的好思想推广出去。

第二点，已经有论文提要和论文的，请大家根据本次会议研讨的情况，也吸收其他学者对这些问题的看法，当然是尊重知识产权，然后把自己的论文尽量在两周以内完成，完成了以后我们希望推介到一些杂志来发表。我们本次会议也有很多杂志，很多杂志给我们要稿子，我们可以给大家推到国际上一些有声誉的杂志上去发一些专题性的论文。同时包括华中科技大学，我作为文科学报的主编，我们的副主编也一直在会议上工作。

第三点，结集出版，我想要说一下学术规范的问题，所有的书都要接受社会的检验，希望按照有关的学术规范注释，尊重他人的知识产权。

其次，同时也欢迎各位学者以自己的方式去报道我们这次会议，我们的这次会议有两个亮点，一个是建立了全球治理的东湖论坛，然后还有一个非常好的学术研讨，这个会议的影响超过我们的想象，希望我们大家共同来做，每一个人的微信，每一个人的微博，都可以去宣传。这是我们共同的成果。

关于本次论坛的后续发展，昨天会议结束了以后，李鸿忠书记边走边给我交代了以后会议的工作，所有参加本次会议的使节，见证了我们这一次会议，所有参加我们这一次会议的海外来宾，见证了我们的会议，所有的学者，不管是老师还是同学，见证了我们的会议。我们将把这个会议作为一个重要的契机，我们希望给我们所有与本次研究相关的一些国家外交使节，一些国家的大学，还有一些中国的大学、学院机构、研究机构，所有的国际国内组织建立一个战略合作伙伴关系，我们以后会给大家传来与各位所在的机构建立进一步合作关系的协议建议案，希望大家能够关心和支持。

这个论坛的建设，实际上需要大家共同来关心，我们希望在未来，我们的组织工作能够有一个基本的依托，也欢迎大家再来参加。

最后，我借此机会向与会的代表发出一个郑重、热情的邀请，希望大家能够关注华中科技大学国家治理研究院，希望各位专家到我们华中科技大学开展学术研究等。国内外学者我们都非常的欢迎，通过这样一个机会，让更多的同人来开展活动，这是一个正当的消费途径，也是一个合作的途径。总体上我们感谢大家的光临，共同奉献智慧。

（华中科技大学国家治理研究院院长）